ミネルヴァ日本評伝選

国家を鎮安す

藤原四子

木本好信著

ミネルヴァ書房

刊行の趣意

「学問は歴史に極まり候ことに候」とは、先哲荻生徂徠のことばである。
歴史のなかにこそ人間の智恵は宿されている。人間の愚かさもそこにはあらわだ。この歴史を探り、歴史に学んでこそ、人間はようやくみずからの正体を知り、いくらかは賢くなることができる。新しい勇気を得て未来に向かうことができる。徂徠はそう言いたかったのだろう。

「ミネルヴァ日本評伝選」は、私たちの直接の先人について、この人間知を学びなおそうという試みである。日本列島の過去に生きた人々の言行を、深く、くわしく探って、そこに現代への批判を聴きとろうとする試みである。日本人ばかりではない。列島の歴史にかかわった多くの異国の人々の声にも耳を傾けよう。

先人たちの書き残した文章をそのひだにまで立ち入って読み、彼らの旅した跡をたどりなおし、彼らのなしとげた事業を広い文脈のなかで注意深く観察しなおす――そのとき、はじめて先人たちはいまの私たちのかたわらによみがえってくる。彼らのなまの声で歴史の智恵を、また人間であることのよろこびと苦しみを、私たちに伝えてくれもするだろう。

この「評伝選」のつらなりのなかから、列島の歴史はおのずからその複雑さと奥ゆきの深さをもって浮かび上がってくるはずだ。これを読むとき、私たちのなかに新たな自信と勇気が湧いてきて、その矜持と勇気をもって「グローバリゼーション」の世紀に立ち向かってゆくことができる――そのような「ミネルヴァ日本評伝選」にしたいと、私たちは願っている。

平成十五年（二〇〇三）九月

上横手雅敬
芳賀　徹

興福寺

藤原武智麻呂像
（栄山寺）

はじめに

「藤原四子《ふじわらのよんし》」とは、読者のみなさんもよくご存知の藤原不比等《ふじわらのふひと》（六五九～七二〇）の長子武智麻呂《むちまろ》、次子房前《ふささき》、三子宇合《うまかい》（馬養）、四子麻呂のことである。この四兄弟がそれぞれ始祖となって、その家系は後に藤原南家・北家・式家・京家の「藤原四家」と呼ばれるようになる。

この「藤原四子」は、正倉院文書や出土した木簡などには「南宅」「北家」などとあり、また武智麻呂は次男仲麻呂によって成立した『武智麻呂伝』には、邸宅が内裏の南にあったことから世に「南卿」と号され、房前も「二弟北卿」と称されたとみえる。また『続日本紀《しょくにほんぎ》』天平宝字四年（七六〇）八月甲子（七日）条にも武智麻呂が「南卿」、房前が「北卿」と表記されていることを考えると、これらの呼称は仲麻呂らによって使われるようになったらしい。ただ、宇合の家系が在任した式部卿によって「式家」、麻呂の家系も左右京大夫という職名によって「京家」と呼ばれて、「藤原四家」となったのは平安時代になってからのことであるらしい（町田、二〇〇七）。

さて、この『藤原四子』の叙述にあたっては、単なる伝記として「藤原四子」の生涯を跡づけるということだけではなく、四子が奈良時代という律令国家体制のなかで、その基礎を構築した父不比等のあとをうけて、どのように律令国家を運営してゆこうとしていたのか、その過程のなかで聖武天皇《しょうむてんのう》の擁立と妹光明子《こうみょうし》の立后、長屋王《ながやおう》との対決を中心とする皇親勢力との関係、そしてともに協力しながら藤原氏政権をめざしつつも、独自な政治的立場に立つ四子の様相などを政治的動向のなかから考えることにも留意したい。

また『懐風藻《かいふうそう》』にみえる詩賦からは、正史である『続日本紀』からはうかがうことのできない「藤原四子」の思いを知ることができる。ただ、このことは詩作のなかだけのことであって必ずしも現実を反映したものとはいえないが、このことを前提として四子の人間性にも触れながら、その生涯を明らかにしようと思う。

それだけに「藤原四子」それぞれに触れなければならないので、個別に時系列に記述することを原則にしたが、四子は互いに深い関係を有しており、例えば武智麻呂に焦点をあわせているところでも、房前らにも触れざるをえないところも多い。そうすると、房前に焦点をあわせて記述するところでは、当然のように武智麻呂のことと重複することになるが、四子それぞれについて配慮しつつ叙述するつもりである。ただ、武智麻呂には『武智麻呂伝』があって詳細な叙述ができるが、房前については史料が触れるところが少ないだけに具体的な記述が疎らとなる難点がある。

また論述するにあたっては、特に野村忠夫氏の主張された「房前重視」説と「藤四子体制」論に注視したい。野村説については、瀧浪貞子《たきなみさだこ》氏をはじめ著者らの反論がなされてきているが、いまだ通説化しているようにも感じられる。このことへの訂正と、「武智麻呂重視」説と「藤原武智麻呂政権」

論の論証にも意を尽くしたい。本書の目的は、もちろん「藤原四子」の伝記であり、その政治動向を中心とする奈良時代史の解明にあるのだが、これらの著者年来の主張にも注目してご高覧いただければ幸甚である。

藤原四子——国家を鎮安す　目次

図版一覧

第一章　藤原不比等と四子の出生・出身

1　父不比等とその政治

父不比等の存在

奈良時代は、律令による統治と平城京という二大特性に象徴されると思うが、その点で大宝・養老律令の編纂と平城京の造営を推進した人物こそが、奈良時代を現出せしめた歴史的役割を果たした中心的な人物であったということができる。それだけに、この人物によって奈良時代の基礎が構築され、その子孫が権勢を拡大して、奈良時代を通じて政治を領導する氏族となることは、いわば歴史上の必然でもあったといえよう。

そして、この人物が藤原不比等《ふじわらのふひと》であるということに異論の余地はないが、このような不比等もなぜか後世にはあまり評価されていない。これは平安時代になって、不比等が系譜的にも政治的にも密接な関係にあった天武天皇皇統から、光仁《こうにん》・桓武天皇《かんむてんのう》にはじまる天智天皇皇統に皇統が移ったこと、また、そのもとで成った『続日本紀』も積極的に記事を採らなかったことに加えて、天智天皇を崇敬する風潮が摂関家を中心とする平安貴族に色濃くあったからであろう。ゆえに不比等が埒外におかれて、天智天皇とともにあって改新を成しとげることに大功のあった鎌足《かまたり》に藤原氏祖の功業が集積されるようになったことも、また当然のことであった。

けれども、藤原不比等は四家のすべてに通じる始祖で、一門の門祖ともいうべき存在であり（上田、一九八六）、不比等政権で生じた事例はその後の政治展開のなかでさまざまに活用されてゆくことから（中川、一九七六）、不比等が奈良時代に多大な影響を与えたことは動かしがたい事実である。五千戸の食封《じきふ》を賞賜され、没後に太政大臣・正一位を授けられて、天平宝字四年（七六〇）八月には斉太公《せいのたいこう》の故事にならい、近江国一二郡をもって淡海公に封じられるなどの処遇がとられていることからしても納得することができる。

しかし、このような不比等が史料にはじめて姿をみせるのは遅く、三一歳の時、『日本書紀』持統天皇三年（六八九）二月己酉（二十六日）条に判事に補任《ぶにん》されたとあることである。よって、この時から不比等が法令に明るかったことと思われるが、必ずしも有望視される存在ではなかったらしいことが理解できる。だが、同十年十月には資人《しにん》五〇人を賜ったことがみえており、これは高市親王の皇位継承を阻止することに協力した褒賞であるとか、翌同十一年二月の立太子に先立って珂瑠親王《かるしんのう》（軽親王、文武天皇）の擁立が事実上決定されたことへの賞賜であったとかいわれているが、いずれにしても不比等が持統天皇のもとで徐々に大きな存在となってきていたことを明示している。

文武天皇《もんむてんのう》が即位したことによって、不比等は律令の撰進と施行を推進し、官僚統制の政治社会の構築をめざしつつ、その一方で天武天皇と持統女帝双方の子草壁親王の血統である文武天皇に娘宮子を納れ、そのあいだにできた首皇子《おびとおうじ》（聖武天皇）に宮子の妹である光明子《こうみょうし》を配し、草壁皇統と姻戚関係をむすび擬ミウチとなることによって政治勢力の拡大をはかった。

また不比等は、当時は各氏族の代表で構成されていた太政官組織に、息子四子を南・北・式・京と四家に分離独立させることによって、自身のみならず養老元年（霊亀三・七一七）七月に次子房前《ふささき》を参議朝政として加えることに成功し、没後の長子武智麻呂《むちまろ》の中納言登用と、そして三子宇合《うまかい》・四子麻呂の参議補任への道を開き、藤原氏による議政官組織内での勢力扶植に意を尽くしたのである。

不比等の政治と遺業

四子は、父不比等の諸方針をうけて、さらにその政治路線を拡大・発展させていった。不比等の内政策とその特質については、文武朝前期・文武朝中後期・元明《げんめい》朝・元正《げんしょう》朝の四期に大別されるが、そのなかで四期を通して重視されるものとして、①律令の編纂と施行、②平城京の造営、③銭貨の鋳造、④百官の粛正と風儀矯正、⑤国域の拡大と国郡の建置、⑥巡察使の派遣と国郡司の監察、⑦学術の奨励と有芸者の活用、⑧国史・地誌などの編纂、⑨鉱物資源の開発と定着などのことがある（高島、一九八五）。

このような特質をもつ不比等の政策が、四子の時代にどのように継受されていったのかは、第五章を中心に後述するが、これは「藤原四子」時代のみならず、次代の藤原仲麻呂《ふじわらのなかまろ》政権まで確実に承継されている。

例えば①に関して、大宝律令よりも不比等色の強い養老律令が天平宝字元年（天平勝宝九・七五七）五月に施行されるが、仲麻呂自身らが新令講書を開催して法解釈を治定したり（早川、一九八一）、史生《しょう》以上に律令格式の必読を課すなど、不比等政治を継承して律令官僚制政治を志向していたことが指摘されている。

つづいて③について、仲麻呂は天平宝字四年三月に開基勝宝・大平元宝・万年通宝の金・銀・銅貨を鋳造しているが、これも不比等らが和同開珎の鋳造をしたのにならっているし、④についても仲麻呂は天平勝宝八歳（七五六）十一月に官物を出納する諸官人に対して弾正台《だんじょうだい》をして巡検させたり、同六年十月には官人・百姓が熱中して家業を失うとして双六を禁断して、違反する五位官人には解任、位禄と位田を没収するなど厳罰で臨んでいるのも不比等政治を踏襲したものである。

また、⑤については、養老六年（七二二）からはじまる蝦夷《えみし》政策があり、神亀元年（養老八・七二四）四月の宇合による蝦夷征伐がある。それは仲麻呂によって受けつがれて、天平宝字二年十月には桃生《ものおのき》城を造営して柵戸《きのへ》を設置、同三年九月には出羽国に雄勝《おかち》・平鹿《ひらか》の二郡を建郡し、玉野・避翼《さるはね》ら六駅を設けるなど東北制圧を行い、同元年五月には和泉国を河内国から、能登国を越中国より、上総国より安房国をもとどおりに分立させるなどしている。

⑥の巡察使の派遣については、文武天皇三年（六九九）三月、同三年十月、同四年正月、大宝三年（七〇三）正月、和銅二年（七〇九）九月と、不比等政権下においてはたびたび派遣され、同五年五月には今後は毎年派遣して、国内の豊倹得失を検校することが決定されているから、不比等がもっとも

熱心であった施策の一つであった。この巡察使は四子没後の天平十六年（七四四）以降途絶されていたが、仲麻呂は天平勝宝六年十一月になって復活させて、引きつづいて天平宝字四年正月に派遣するなどおおいに成果をあげている。また養老三年七月には、行政監察を目的に按察使《あぜち》が創設されているが、仲麻呂は天平勝宝四年十一月に但馬・因幡按察使を、天平宝字五年正月には美濃・飛驒・信濃按察使と伊賀・近江・若狭按察使を命じている。

⑦学術の奨励と有芸者の活用であるが、武智麻呂らの施策については第五章第2節で神亀五年七月と天平二年三月の大学寮改革など詳述するが、これも天平宝字元年八月に大学・雅楽・陰陽の各寮と内薬司に公廨田《くがいでん》を設けるなどのことに反映している。⑧の国史・地誌の編纂についても、不比等は『日本書紀』の編纂に関わり、『風土記《ふどき》』撰進の主唱者であったが、これなども宇合の『常陸国風土記』・九州の風土記の編纂関与につながっている。仲麻呂も天平宝字五年二月以前に『続日本紀』前半部にあたる「曹案」三〇巻を完成奏上しており（森田、一九八四）、『新撰姓氏録《しんせんしょうじろく》』に先立つ系図の『氏族誌』の編纂も行われた。

このように不比等の政策は、次代の武智麻呂らの政権をへて、さらに孫の仲麻呂の施策へと承継されていることが確認されるのであり、これらの仲麻呂の諸政策は、祖父不比等の遺業として注視されるとともに、その存在が藤原氏の後代にとっていかに大きなものであったかを示している。

2　四子の出生と出身

不比等の存在について述べてきたが、ここからは本題の「藤原四子」について著述してゆくことにする。四子のうち、長子の武智麻呂に関しては、奈良時代の基本史料である『続日本紀』に加えて、次男の藤原仲麻呂が主導し僧延慶に撰述させて、天平宝字四年（七六〇）正月～八月頃に成った『武智麻呂伝』（長谷部、二〇一三）があることから詳細に論じることができる。しかし次子の房前、三子宇合、四子麻呂については『続日本紀』などのほかに史料がないことから、記述内容について武智麻呂と房前・宇合・麻呂とはおのずから密疎があることを事前にお断りしておかなくてはいけない。

長子武智麻呂の出生と出身

それでは武智麻呂であるが、早速その出生に関して『武智麻呂伝』の記事を左記に掲げてみよう。

太政大臣史《ふひと》の長子にして、其の母は宗我蔵大臣の女なり。天武天皇即位九年歳次庚辰四月十五日に、大原の第に誕《う》まれき。義、茂《も》く栄ゆるを取りて、故名《かれな》としき。幼くして其の母を喪ひ、血の泣して摧《くだ》け残《そこな》はれ、漿《こみず》も口に入らずして、幾《ほとほと》に性《たましい》を滅さむとしき。茲《これ》より尫弱《ちからな》く、進趣すれども病饒《ほこ》りぬ。

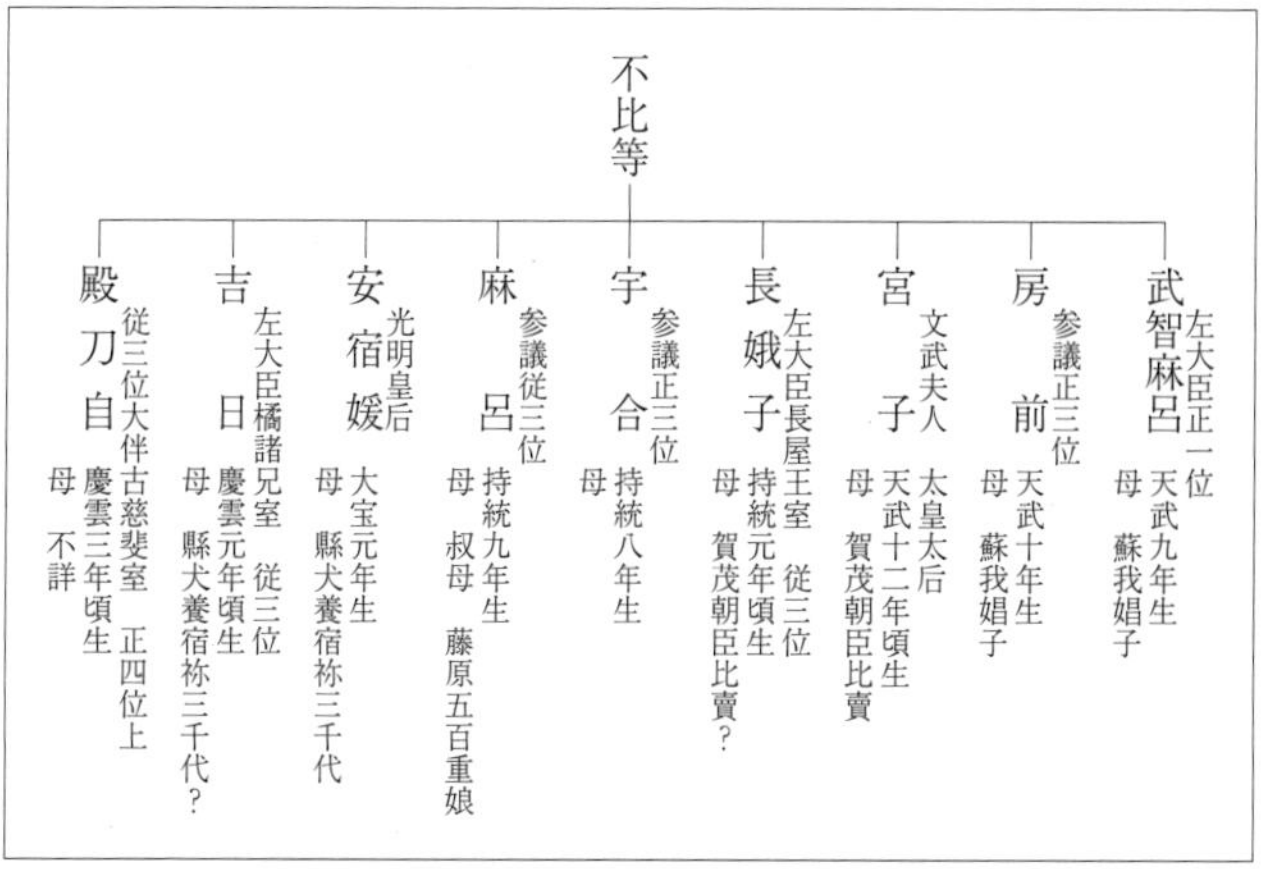

藤原不比等子女関係系譜（角田，1964より）

この記事によれば、武智麻呂は藤原不比等の長子として天武天皇九年（六八〇）四月十五日に不比等邸である飛鳥の大原第で生まれたことがわかる。「武智麻呂」との名は、繁栄の意をこめて名づけられたのだという。母は宗我蔵大臣の娘というから、蘇我馬子の孫で、中大兄皇子や鎌足とともに大化改新を成しとげたことで知られる蘇我倉山田石川麻呂の弟である蘇我連子《そがのむらじこ》（蘇我武羅志・蘇我武羅自古）、その娘の娼子《しょうし》である（『尊卑分脈《そんぴぶんみゃく》』）。

天武天皇九年というと、不比等はまだ二三歳であって、これから政界に礎を築こうとしている頃であった。不比等は大化改新の功臣で内臣鎌足の次子であり、姉妹の氷上娘《ひがみのいらつめ》・五百重娘《いおえのいらつめ》が天武天皇夫《ぶ》人《にん》となっていて縁故はあったが、その将来は必ずしも約束されたものではなかった。その証にこの頃の不比等の動向はなにひとつ知られることがない。このような不比等が政界での地位を高めてゆくためには妻の出身氏族の政治力というのも大切な要件であった。

不比等が武智麻呂の母である蘇我（石川）娼子を妻として迎えたのも、娼子がかつて右大臣を歴任した蘇我連子という蘇我馬子の孫で蘇我本流を出自とする人物を父親にもつ女性であったからであろう。不比等は、武智麻呂に右大臣阿倍御主人《あべのみうし》の孫娘を、宇合に物部氏後裔氏族である左大臣石上麻呂《いそのかみのまろ》の娘を嫁として迎えているが、これらは新興氏族の藤原氏発展のためには古代最大の氏族蘇我・物部両氏や旧氏族と姻族関係を結び、これら姻族との連携の大切さを認識していたからである。

そのことからすると、不比等と娼子との結婚は政略的なものであったに違いなく、それだけに武智麻呂は、不比等にとって藤原氏を継ぎ、さらに発展させる存在として期待されるはずであった。だが、武智麻呂は『武智麻呂伝』には母の娼子が弟房前を生んで間もなく没したことのショックから重湯も口にできずに死にそうになったとみえているように、病弱な子供であったから、不比等にとっては武智麻呂に物足りない気持ちもあったかもしれない。

ただ、この『武智麻呂伝』の記事は、武智麻呂の温良な人柄を強調する修飾であったとする意見もあり（中川、一九九三）、仲麻呂が父武智麻呂を顕彰する意図で制作したものであることを考えれば、そのまま事実として鵜呑みにすることはできないが、内容は強調する修飾があるとしても事実としては大筋で認めてもよいのではなかろうか。

しかし、武智麻呂は成長すると、病弱を克服したようで、囲碁に興味をもち、夜を徹して書物を読むような青年になった。『武智麻呂伝』には、財色（財貨と女色）を愛せず、喜怒を表わさず、自己を誇らず、他人の悪口を言わず、三玄（『荘子《そうじ》』『老子』『周易《しゅうえき》』）の趣意を究め、仏教をも信じて毎年四月から三カ月間は高僧による法華会を請じて聴講するような成年になったということが記されている。これらのことも大筋で認めてもよいと思うが、考えてみればこのようなことは当時の公卿の子弟にとってみれば当りまえのことであって特別なことではないのである。

そして、武智麻呂をみた天武天皇々子の穂積親王《ほづみしんのう》は「此の児必ず台鼎《たいてい》の位に至らむか」と、武智麻呂が大臣になることを予言したということも記されている。いずれも武智麻呂を顕彰しようとする意図のもとに文飾を施した文章となっており、もちろんそのまま信じることはできない。この予言者がなぜ穂積親王であったのか、たぶん武智麻呂が叙爵して本格的に官人として活動するようになった時、刑部親王《おさかべしんのう》（忍壁親王）が没したのに代わって穂積親王が知太政官事として議政官の中心にいたからであろう。

大宝元年（文武天皇五・七〇一）、二二歳となった武智麻呂は、大織冠（正一位）鎌足の嫡孫として正六位上に蔭叙《おんじょ》された（横田、一九六二）。この時、家令《けりょう》の小治田志毘《おはりたのしび》は位階に不満を漏らしたが、これを聞いた不比等は新たに制した律令に拠るものであり、妄りにそのようなことをいうものではないと制止したというが、大宝律令作成に深く関与していた不比等の言葉として納得できる。

そして大宝元年六月には内舎人《うどねり》に任じられた。内舎人は中務省《なかつかさしょう》に属し、定員の九〇人が天皇の近くに侍って帯刀宿衛して、雑使に奉仕しながら、行幸に際しては前後を警衛する（「養老職員令」中務省条）。五位以上の子孫で二一歳以上になる性識聡敏である者から選任するが、三位以上の公卿の子は検簡なしに任用される規定であった（「養老軍防令」五位子孫条）。その点で内舎人は、貴公子が任じるエリートコースであった。

次子房前の出生と出身

次子の房前について、正史である『続日本紀』天平九年（七三七）四月辛酉（十七日）条には、次のように、

参議民部卿正三位藤原朝臣房前薨《こう》しぬ。（中略）房前は、贈太政大臣正一位不比等の第二子なり。

とあり、天平九年四月に没したことが知られる。不比等の第二子とあるだけで生年などは記されていない。しかし、『懐風藻《かいふうそう》』は「藤原総前」とも記して、享年を「年五十七」としている。『尊卑分脈』にも同様のことがみえている。逆算すると天武天皇十年（六八一）の生まれで、長子武智麻呂と一歳違いの年子であることがわかる。母については、『尊卑分脈』の「房前卿伝」には「母は上（武智麻呂）と同じ」、「摂家相続孫」にも「母右大臣大紫冠蘇我武羅自古女娼子」とあって、武智麻呂と同母の娼子である。

房前が出身したのは、武智麻呂が出身した翌年の大宝二年（七〇二）のことであろう。蔭位《おんい》の位階は、父不比等が正三位であったから「大宝選任令」の規定にしたがって従六位下であるが、武智麻呂は鎌足による蔭位であったから、房前も鎌足の冠位である大織冠、つまり正一位の庶孫ということから嫡孫正六位上を一等降した正六位下の位階に蔭叙されたはずである。そして、やはり武智麻呂と同

じ内舎人に任じられた可能性が高い。

その後、房前は大宝三年正月に東海道巡察使を命じられている。そして、この時には正六位下であったとみえている。蔭叙から一年たっていないこの時の位階が正六位下であったことからしても、蔭叙の位階が正六位下であったことが確認できる。

巡察使は、天武天皇十四年九月に国郡司と百姓の消息を巡察するためにはじめて派遣され、つづいて持統天皇八年（六九四）七月、そして文武天皇三年（六九九）三月から翌同四年二月にかけても派遣されている。「養老職員令《ようろうしきいんりょう》」太政官条には、巡察使は常置ではないが、太政官に属しており、「清《しょう》正《じょう》灼然《じゃくねん》」な者を任じて、その時の巡察すべき事条によって諸国に派遣されることが規定されている。

この大宝三年の巡察の事条は、国司の政績を巡検し、冤罪を申告させることであったが、同三年十一月には巡察使視察の結果として国郡司の黜陟《ちゅっちょく》・賞罰が制せられているから、比較的効果を挙げたものと思われる（林、一九五七）。房前も正月に東海道諸国の巡察に発ち、十月中には帰京していたのである。

三子宇合の出生と出身

三子の宇合については、『続日本紀』天平九年（七三七）八月丙午（五日）条の薨伝《こうでん》に次のような一文があるが、

参議式部卿兼大宰帥《だざいのそち》正三位藤原朝臣宇合薨しぬ。贈太政大臣不比等の第三子なり。

とみえるのみで、それ以上の詳しいことは載せない。しかし、『懐風藻』に「年四十四」とあり、『尊卑分脈』の「宇合卿孫」にも「天平九年丁丑八月五日薨、四十四」とみえ、「摂家相続孫」にも同様のことが記されていることから、逆算すると持統天皇八年（六九四）の生まれであることがわかる。

この四四歳没年に対して、五四歳没年説をとって一〇年早い天武天皇十三年（六八四）生まれを主張する見解もある。その根拠は、『万葉集』巻一・七二番歌に「右の一首、式部卿藤原宇合」との左注が付された「玉藻《たまも》刈る　沖辺《おきへ》は漕がじ　しきたへの　枕のあたり　忘れかねつも」の歌が文武天皇の慶雲三年（七〇六）九月〜十月時の難波行幸時のもので、この時宇合一三歳での作詩が無理だとして一〇歳年長に理解するのである（金井、一九八四i）。

しかし、左注は一般的には題詞よりも信憑性に欠けるといわれており、慶雲三年の作歌時の官職ではなく、養老五年（七二一）正月以降の極官《ごっかん》「式部卿」を記していることや、目録に「作主未詳の歌」とあるのも、目録が作成された時には本文に宇合の名がなかった可能性が高いなどのことから（大野、一九七六）疑念を感じる。

また、宇合は前掲の『万葉集』をのぞけば、史料による初見は『続日本紀』霊亀二年（七一六）八月の遣唐副使の任命記事で、その時には正六位下であったとある。宇合の蔭叙は、時の「大宝選任令」はないが、「養老選叙令」授位条にみえている二一歳以上の規定と同様であったと思われるから、持統天皇八年の生まれだとすると和銅七年（七一四）、天武天皇十三年生まれだと慶雲元年（大宝四・七〇四）ということになる。宇合の蔭階《おんかい》は、この時に父不比等は正二位・右大臣であったから、「養老選叙令」五位以上子条の規定を援用すれば従六位上に蔭叙されるが、祖父鎌足が一位に相当する大織冠であったから、房前と同じようにこれを適用して一位庶孫に与えられる正六位下であったろう。

このように考えると、和銅七年に蔭叙だと二年間変わらず正六位下だったが、慶雲元年だと一二年間も正六位下に留まっていたことになる。不比等が大宝元年（文武天皇五・七〇一）三月に大納言、和銅元年（慶雲五・七〇八）三月に右大臣となって政界に権勢をふるいつつあった時だけに、一二年間も宇合が一階も昇叙しなかったとは思えない。

また、宇合には広嗣《ひろつぐ》・良継《よしつぐ》ら九男があった。長子広嗣の出生時はわからないが、次子良継が霊亀二年であることから、和銅四年とする説（稲光、一九五八）や同七年とする説（野村、一九八五）がある。広嗣、良継ともに石上麻呂の娘である石上国盛《いそのかみのくにもり》（国守）大刀自の所生とされているから、広嗣の出生は良継の霊亀二年よりそうは遡らないとすると和銅七年頃が妥当ではないかと思う。天武天皇十三年生まれだと長子広嗣を三一歳、持統天皇八年の生まれだと二一歳でもうけたことになる。

石上国盛（国守）、小治田牛養《おはりたのうしかい》の娘、久米若女《くめのわくめ》、佐伯徳麿の娘家主娘《やかぬしのいらつめ》、高橋笠朝臣の娘など五人の女性とのあいだに九人もの男子と藤原弓主《ふじわらのゆみぬし》の母、藤原鷲取《ふじわらのわしとり》らの母など三人の女子にめぐまれて、四四歳で没した宇合が三一歳まで子供をもたなかったとは考えられない。古代貴族階級の男性の初出子をえる年齢が二〇歳前後だとの研究成果（直木、二〇〇一）を併考すれば、やはり宇合の生年が持統天皇八年であることは動かない。持統天皇八年というと、不比等は三六歳で徐々に頭角を現しはじめていたが、どちらかといえば次代に羽ばたくべき潜在勢力をたくわえていた時といえる（横田、一九六二）。

宇合の母については、『尊卑分脈』の「宇合卿孫」には「母は大紫冠蘇我連右大臣の女娼子」とあり、同じく「蘇我氏」項にも同様のことがみえているが、問題がないわけではない。武智麻呂のところでも前述したように、『武智麻呂伝』には娼子は武智麻呂が幼い時に没したとあるから、宇合の母も娼子だとすれば、娼子が亡くなったのは持統天皇八年以降のことでなくてはならない。武智麻呂は天武天皇九年生まれであるから、娼子は少なくとも武智麻呂の一五歳時まで生存していたことになる。これでは武智麻呂は幼くして母を喪ったということにならない。

このことについて角田文衛氏は、娼子は天武天皇九年に武智麻呂を、翌年に房前を生み、間もなく他界したのであって、宇合の母については全く不明というしかないとされ（角田、一九六四）、林陸朗氏も十数歳も違う宇合の生母は娼子とは別人であるとされている（林、一九九五ｉ）。『尊卑分脈』の「宇合卿孫」は宇合の母を娼子とするが、別項「藤氏大祖伝」のうちの「武智麻呂伝」には「母は大紫冠蘇我武羅自古大臣の女娼子娘なり」、「房前卿伝」にも「母は上と同じ」として娼子と明記し、「麿卿伝」も「母は大織冠内大臣の女、五百重《いおえの》夫人《ぶにん》なり」と掲記するのに対して、一方「宇合卿伝」にのみ、その母の記述がみられないのは不明であって娼子ではないからであろう。

宇合が出身したのは二一歳となった和銅七年頃で、兄たちと同じ内舎人に任じられた可能性が高い。

四子麻呂の出生と出身

四子の麻呂について、『続日本紀』天平九年（七三七）七月乙酉（十三日）条には、左記のようにある。

参議兵部卿従三位藤原朝臣麻呂薨しぬ。贈太政大臣不比等の第四子なり。

とみえているが、ここでも宇合の場合と同じで不比等の四男であることがわかるのみで、享年が記されていないこともあって、いつ生まれたかは分明ではない。

『尊卑分脈』の「麿卿伝」には「薨、年四十四」あるが、別項の「摂家相続孫」・「麿卿孫」、『公卿《く ぎょう》補任《ぶにん》』天平九年項、『大鏡裏書《おおかがみうらがき》』五巻には「年四十三」とあるから、後者をとって、逆算すると持統天皇九年（六九五）の生まれということになる。

麻呂の生まれた時、父の不比等は三七歳、まだ判事で、冠位は直広肆《じきこうし》（従五位下）から直広弐《じきこうに》（従四位下）に昇格する直前のことであり、娘宮子を珂瑠皇子（文武天皇）に納れて廟堂《びょうどう》で権勢をふるう足がかりをつかむ以前であった。

母は、『尊卑分脈』の「麿卿伝」に「母は大織冠内大臣の女、五百重夫人なり。（中略）初め浄御《きよみ》原《はらのてんのう》天皇と新田部親王《にいたべしんのう》を生む。のちに淡海公に嫁して麿卿を生めり」、「麿卿孫」にも「母は大織冠の女五百重夫人（中略）不比等の異母妹なり」とあるとおり、天武天皇の夫人で末子新田部親王をもうけていた不比等の異母妹藤原五百重娘であった。五百重娘は、天武天皇と死別後にいつからか異母兄の不比等と関係をもって麻呂を生んだのである。新田部親王の生年は明確ではないが、天武天皇八年（六七九）前後であろうから、この時に五百重娘が一八歳〜一九歳と仮定すると、五百重娘は三〇歳代半ばで麻呂を生んだということになる。

麻呂が生まれたのは、母五百重娘が天武天皇と死別して九年後のことで、けっして密通ではないが、『尊卑分脈』の「麿卿孫」が「不比等と密通し、麻呂卿を生ましむ」とも記すように、なぜか麻呂にはその出生の陰湿なイメージが終生つきまとったように思われる。それが、例えば第七章第1節に後述するように、麻呂自身が漢詩で詠った「僕《われ》は（聖代の）狂生ぞ」（自分は変わり者だ）との言葉となったようにも思える。

麻呂は、幼少期は母の五百重娘のもとで育ったことであろう。五百重娘は、『万葉集』巻八・一四六五番歌題詞の注に「字《あざな》を大原大刀自といふ。即ち新田部皇子の母なり」とみえ、巻二・一〇三番歌に天武天皇が夫人であった五百重娘に「我が里に　大雪降れり　大原の　古《ふ》りにし里に　降らまくは後」との歌を贈っていることから併考すると、夫人時代も天武天皇と死別後も大原に住んでいたらしい。

五百重娘は、不比等の大原第でともに暮らして「大刀自」とまでいわれていたのである。五百重娘が同居のなかで異母兄不比等と関係をもって麻呂を生んだことは不思議なことではない。母を亡くした病弱な武智麻呂を麻呂ともども面倒みたのは大刀自五百重娘であったかもしれない。よって、麻呂が大原第で幼少期を武智麻呂ら兄達とともに過ごしたことは確かなことであろう。武智麻呂にとって麻呂は異母弟ではあるが、歳が一五歳も下であることから、末弟に対しては優しい眼差しで接したように想像され、このことが後述のように武智麻呂と麻呂との家政機関の親密な関係にも繋がっているものと思う。

大原に育って一五歳を迎えた頃、麻呂の生活の場は遷都によって平城京に移ることになる。この頃には母五百重娘は生きていただろうか。この後、麻呂は兄達がそうであったように内舎人となった可能性が高い。そして「大宝選任令」の蔭位制の規定によって二一歳の霊亀元年（和銅八・七一五）、もしくは翌同二年には蔭叙されたはずである。その蔭階は、房前・宇合と同様に祖父鎌足の庶孫に与えられる正六位下であったろう。

蔭叙されて本格的な官人生活を踏みだした麻呂が、最初にどのような職に任官したのかは史料にみえない。麻呂が史料に初出するのは、養老元年（霊亀三・七一七）十一月のことで、美濃介に在任中であることがわかる。出身してより間もないことから、麻呂はまず美濃介に補任されたようである。美濃国は三関国《さんげんこく》の一つであり、軍事的には重要な位置にあった。時の美濃守は笠麻呂《かさのまろ》であったが、その在任期間は一〇年を超えて、政績を賞されるなど地方行政に通じた官人であって、不比等からも信頼されていた。不比等が麻呂を地方官に任ずるとすると、もっとも適した国司であったといえよう。

その美濃介にあった養老元年十一月に、当耆郡《たぎぐん》多度《たど》山《やま》の美泉（養老の滝）が大瑞に合うということで、養老と改元されるできごとがあった。それにともなう叙位で、麻呂は正六位下から従五位下に二階昇叙している。麻呂は二三歳で五位、つまり叙爵したのである。叙爵時が二三歳というのは三人の兄達、武智麻呂の二六歳、房前の二五歳、宇合は前年の霊亀二年八月に叙されているから二三歳、兄達に比べても早い。

麻呂の昇叙につながったこの美泉祥瑞については、『続日本紀』養老元年九月丙辰（二十日）条に、元正天皇《げんしょうてんのう》が当耆郡に行幸して多度山の美泉を覧じたとみえているから、偶然に発見されたわけではない。元正天皇の行幸にあわせてあらかじめ用意されていたと考えられる（水口、一九九六）。そうすると、この祥瑞には国守の笠麻呂や国介の麻呂も深く関与していたといえるが、これを主導したのは後に同じような祥瑞に多く関与することになる麻呂だったに違いない。

3　不比等政権下の四子

武智麻呂と大学寮

大宝二年（七〇二）正月、武智麻呂は刑部中判事に任官した。父不比等も持統天皇三年（六八九）二月に判事に就いているから、これを意識した補任であったのかもしれない。この時、不比等は大納言に昇任して、前年十二月には長女宮子が文武天皇とのあいだに首皇子（聖武天皇）を生んでおり、ますます政界での主導力をましていた。

しかし、武智麻呂は大宝三年四月には病を得て中判事を辞している。これは二四歳になっても病弱であったことをものがたっているが、この年の正月には前述したように房前が巡察使に任じて十カ月近く東海道諸国を巡察して帰京しているのと対象的であった。この後、武智麻呂は一年ほど養生しているから、これが原因となって一歳年上の武智麻呂のキャリアは房前と大差のないものとなった。従五位下・従五位上への昇叙が同時であったのはこれに起因している。

ただ、武智麻呂の病状はそれほど深刻なものではなかったようで、安倍貞媛《あべのさだひめ》と結婚して翌慶雲元年

（大宝四・七〇四）には長子豊成をもうけている。そして健康を取りもどした武智麻呂が三月に官人として復帰して就いた官職は大学助《だいがくのすけ》であった。当時の大学寮は、藤原京遷都から国民が慌しく多忙なこともあって衰微していた。これを憂慮した武智麻呂は、国を治めるには儒教を盛んにすることが必須だと考え、大学頭《だいがくのかみ》の良虞王《ろうぐおう》（百済義慈王の曾孫）とともに陳情して、碩学を招き経史を講説させている。これによって遠近の学者がおおいに集まって大学寮は充実したという。

このように儒教に熱心であった武智麻呂は、大学助として釈奠《せきてん》にも関心を抱いている。武智麻呂は慶雲二年正月の釈奠をひかえた日、刀利康嗣《とりのやすつぐ》に後世への模範となるような釈奠文を作成させている。釈奠とは、大学寮で孔子と弟子の像を掲げて祭る儀式で、釈奠文とは孔子の霊を祭る文である。釈奠の儀式はのちに吉備真備《きびのまきび》によって整備されたとされるが、「養老学令」釈奠条にも大学・国学では毎年春秋二仲月の上丁の日に行うことが規定されており、すでに大宝元年二月十四日に初めて行ったことがみえる。もちろんまだ十分なものではなかったが、真備以前にも武智麻呂らの努力のあったことが知られる。

この釈奠文は、我が国に現存するもっとも古いものであるが、孔子の事跡に関する主要な部分は王《おう》勃《ぼつ》の「益州夫子廟碑《えきしゅうふうしびょうひ》」に依拠しているようであり、これを収載する『王勃集』がこの釈奠文以外にも『懐風藻』や『万葉集』などにその痕跡をとどめていることから、刀利康嗣は釈奠文を作成するに際して『王勃集』を参看していたものと思われる。『王勃集』は、正倉院に所蔵される「王勃詩序」の旧鈔本一巻の巻末に「慶雲四年七月廿六日」と記されていることから、慶雲元年に帰国した遣唐使によってもたらされたのであろう（北山、二〇〇〇）。

慶雲二年十二月、武智麻呂は従五位下に昇叙したが、房前も同じく叙爵している。武智麻呂は正六位上から一階の昇叙であったが、房前は正六位下からの二階である。この差は武智麻呂が一年間ほど病気で官界から離れていたからであろう。けれども武智麻呂は、翌同三年七月に大学頭に転任（昇任）している。『武智麻呂伝』には、武智麻呂はしばしば明経博士《みょうぎょうのはかせ》らを集めて、学生に『詩経《しきょう》』『書経《しょきょう》』『礼記《らいき》』『易経《えききょう》』を吟詠させるなど訓導して、さらなる大学寮の発展に尽くしたことがみえている。

武智麻呂の図書頭・侍従

慶雲四年（七〇七）六月十五日、前年の十一月頃より病気がちであった文武天皇が没した。二五歳であった。房前は、下毛野古麻呂《しもつけののこまろ》・土師馬手《はじのうまて》らとともに造山陵司を命じられている。そして、文武天皇の死が契機となって、翌年には四子にも大きく影響する政治体制の変化があった。それが「和銅元年体制」の成立である。

これは文武天皇の予期せぬ死をうけて、急遽元明天皇《げんめいてんのう》が即位するという今まで例のない子から母に皇位が継承されたという混乱に対応するためにとられた対処策であった。また文武天皇には藤原宮子の生んだ首皇子（聖武天皇）、石川刀子娘《いしかわのとねのいらつめ》の生んだ広成・広世両皇子がいたが、いずれも一〇歳以下という幼少であったから、元明天皇後の皇位継承にも見通しが立ってはいなかった。

このような政治的状況を打開するために、まず慶雲五年正月をもって和銅元年に改元し、二月には平城京への遷都の詔を発し、そして三月には大人事異動をともなう新たな政治体制が構想されたのである。まず右大臣の石上麻呂が左大臣に、大納言の不比等が右大臣に昇任し、大納言に大伴安麻呂《おおとものやすまろ》、中納言に小野毛野《おののけの》・阿倍宿奈麻呂《あべのすくなまろ》・中臣意美麻呂《なかとみのおみまろ》、参議に下毛野古麻呂が新たに任じられている。慶雲二年四月に中納言に任命されていた粟田真人《あわたのまひと》は大宰帥を、高向麻呂《たかむくのまろ》は摂津大夫《せっつだいぶ》を命じられて太政官からのぞかれている。

そして左大弁・右大弁や式部卿以下の七卿と左京大夫・右京大夫、五衛府、地方国司も大倭守《やまとのかみ》以下三〇国近い国守の遷替が行われている。この大人事異動の主眼とするところは、不比等の右大臣昇任後の後任大納言が補充されず、また不比等の義兄である中臣意美麻呂がいきなり中納言に登用されているなどのことを考慮すると、不比等の右大臣補任にあったといえる。また不比等に加えて中臣意美麻呂が中納言に補任されたことは、太政官構成員は一氏一名という原則を崩すものであり、藤原一族の連任を志向するものでもあった（高島、一九九七）。

この「和銅元年体制」の成立、それは取りもなおさず不比等政権が成立したということである。このような父不比等が政権を掌中にするという政治変革、この時にあたって武智麻呂二九歳、房前二八歳、宇合一五歳、麻呂一四歳、宇合と麻呂はまだ出身していないが、従五位下という中堅官人であった武智麻呂と房前の具体的な動向が知られないのは残念というほかない。

ただ、武智麻呂は三月の大異動で、『続日本紀』の五〇人を超える異動記事にはみえないが、『武智麻呂伝』には大学頭から遷任して、図書頭《ずしょのかみ》を本官に侍従を兼任したことがみえている。よって、「和銅元年体制」が『続日本紀』にみられる補任数を超えて、さらなる大きな異動をともなうもの、つま

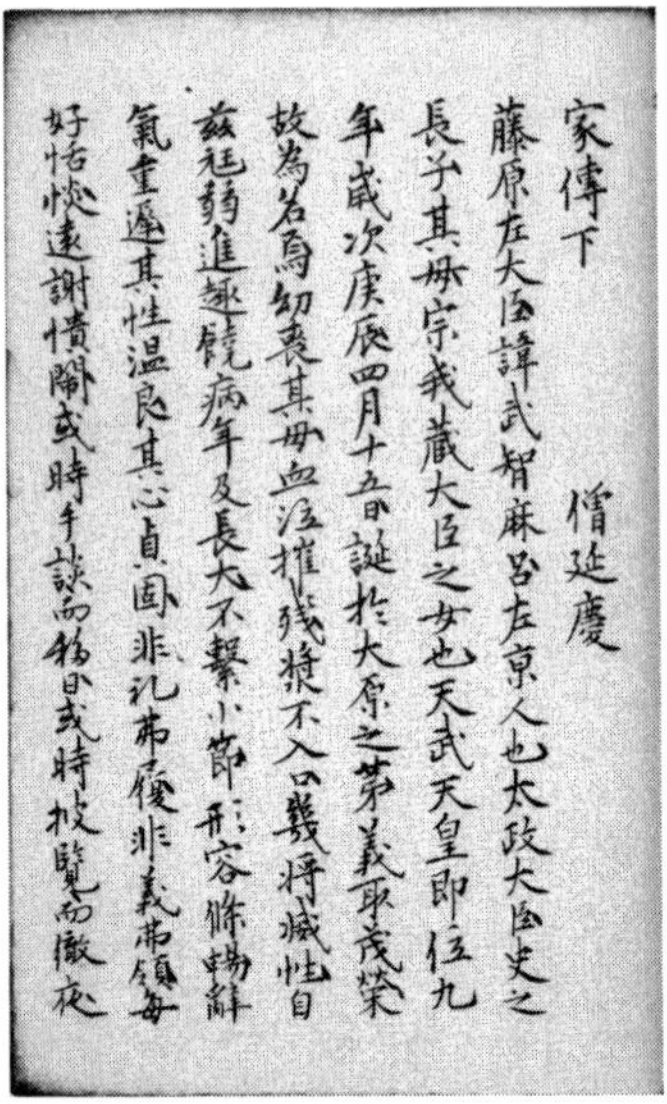

家傳下　　僧延慶
藤原左大臣諱武智麻呂左京人也太政大臣史之
長子其母宗我蔵大臣之女也天武天皇即位九
年歳次庚辰四月十五日誕於大原之第義取茂榮
故為名焉幼喪其母血泣摧残漿不入口幾将滅性自
茲尩弱進趣饒病年及長大不繫小節形容條暢辭
氣重遲其性温良其心貞固非礼弗履非義弗領毎
好恬惔遠謝憒鬧或時手談而極日或時披覧而徹夜

国会図書館本『武智麻呂伝』
（佐藤他，1999より）

り不比等政権の成立は大政治改革でもあったことが推察できる。

図書頭に遷り、侍従を兼ぬ。公、朝に内裏に侍ひ、祇《つつし》みて綸言《りんげん》を候《ま》つ。爰《ここ》に其の間に、図書・経籍《きょうじゃく》を検校《かんが》ふ。先に壬申の年の乱離より已来《このかた》、官書は或は巻の軸零《お》落ち、或は部の帙《ちつ》欠《か》少けたり。公、爰に奏し請ひて、民間を尋ね訪ひ、写し取りて満て足《たら》はす。此に由りて、官の書、髣髴《ほのか》に備はること得たり。公、官として克《よ》く勤め、敢へて怠り息《やす》まず。仁に体《かな》ひて人に長とあるに足り、貞しく固くして事を幹《つかさど》るに足る。

この図書頭の補任は、大学助・大学頭の経験をふまえて、武智麻呂に配慮したものと感じられるから、この人事は父不比等の気づかいの結果であったように思われる。図書頭の職掌は、「養老職員令」図書寮条に「経籍図書」とあるから、「図書・経籍を検校ふ」とのことは納得できる。「図書」とは『河図《かと》』『洛書《らくしょ》』という陰陽五行の書物のことで、また「経籍」は『易経』『詩経』などの五経をはじめとする儒教の古典であるが、武智麻呂が儒教とともに陰陽道にも関心のあったことが知られる。

武智麻呂は、壬申の乱によって図書寮の書籍が散逸していたのを民間に採集して充実させることに努力したというが、この頃になって武智麻呂は事にあたって主導的役割を果たすことができるように成長してきていたのである。

また武智麻呂は侍従をも兼任したという。侍従は「養老職員令」中務省条に「侍従八人、掌《つかさど》らむこと、常に侍せむこと」とあるように、武智麻呂は時の天皇元明に常に近侍することになった。これは即位して半年後、「和銅元年体制」の成立に際して、元明天皇と藤原氏との密接な関係を維持し、次代の藤原氏のことを考慮した人事であったといえる。図書頭への任官は武智麻呂自身のことを思慮したものであったのに対して、侍従への補任は藤原氏の長子としての武智麻呂の存在を考慮した不比等の人事であったといえる。

房前の東海・東山道巡察使

房前は、慶雲二年（七〇五）十二月、正六位下から従五位下に昇叙し、同四年十月には六月に没した文武天皇の造山陵司に任じられている。父不比等政権の成立に際して、房前はまだ造山陵司に任じていたのだろうか。よくわからない。ところが、房前は和銅二年（七〇九）九月までには造山陵司を解任されていたようで、次に東海・東山二道の巡察使を命じられている。『続日本紀』和銅二年九月己卯（二十六日）条には、

遠江・駿河・甲斐・常陸・信濃・上野・陸奥・越前・越中・越後等の国の士の、征役経ること五十

中尾山古墳（文武天皇陵）

日已上の者に、復一年賜ふ。従五位下藤原朝臣房前を東海・東山の二道に遣して、関剗《かんせん》を検察し、風俗を巡り省《み》せしむ。仍て、伊勢守正五位下大宅朝臣金弓《おおやけのあそんかなゆみ》、尾張守従四位下佐伯宿禰大麻呂、近江守従四位下多治比真人《たじひのまひと》水《み》守《もり》、美濃守従五位上笠朝臣麻呂に、当国の田各一十町、穀二百斛、衣一襲賜ふ。その政の績《いさおし》を美《よみ》すればなり。

とある。前述のように大宝三年（七〇三）正月には東海道巡察使の経験があり、このことが今回の東海・東山二道の巡察任務につながったのであろう。この巡察使は東海・東山の二道にのみ房前が派遣されており、巡察の事条にも「風俗を巡り省せしむ」とはみえているものの、「関剗の検察」ともあって通常の巡察と異なっている。

房前の記事の前文には、遠江国以下一〇カ国の越後蝦夷の制圧に出征した軍士に復（調の免除か）一年を賜ったことがみえ、房前の報告によって政績を賞された国守の伊勢・尾張・美濃三国が軍事上重要な国々であって、その国々の国境に設けられている関所である関剗を検察していることからすると、この年の三月に越後・陸奥両国の蝦夷の反乱に対して陸奥鎮東将軍、征越後蝦夷将軍などを任じて以来の征越後蝦夷に関わる派遣であったらしいことが知られる。

それだけに、この東海・東山二道の巡察使は特殊であって、これに房前が任じられたことは、房前が政界にその存在を確かにしていたことを示唆しており、二年後の和銅四年四月には従五位上、そして霊亀元年（和銅八・七一五）正月に三階昇って従四位下にまで叙されたことはその現れであろう。

しかし、この頃に房前よりも政界にその存在を明確にしたのが長屋王《ながやおう》であった。和銅二年十二月に式部卿の下毛野古麻呂が没したが、この後任として同三年四月に長屋王が擢用されたのである。もちろん、この抜擢は義父でもある不比等の推輓によるものに違いない。不比等がこの時に後に起こる長屋王と四子による権力闘争を予想していたかはわからない。長屋王の存在は四子との関係上、本書の主要な課題であるが、ここではまず長屋王が式部卿として重要職に就任した事実だけを記して、詳細は次章以下に委ねることにしよう。

武智麻呂と近江守

「和銅元年体制」成立後、不比等政権の政治体制のなかで武智麻呂・房前兄弟が父の政権政治にどのように関わっていたのか、どのような役割を担い、そしてどのような存在であったのか、具体的なことは明らかでない。

しかし、不比等の息男として徐々に政界に地歩を固めつつあったことは確かなことで、和銅四年（七一一）四月には武智麻呂・房前がともに従五位上に昇叙している。この時の叙位は、慶雲四年（七〇七）二月につづく内長上官の成選《じょうせん》（勤務成績によって昇叙が決定する）の四年毎（四考）の定期的な叙位であった。このような叙位は霊亀元年（和銅八・七一五）四月にも行われるが、その後は正月の叙位へと変移するようになってゆく。ただ、武智麻呂の従五位上昇叙については、『武智麻呂伝』には和銅元年四月とみえて異なるが、これについては後述する。

そして翌年の和銅五年六月、武智麻呂は近江守となる。近江国は鎌足・不比等時代より藤原氏が重視してきたところで、その理由としては『武智麻呂伝』にあるように、広大で肥沃な土地柄であり、不作もなく人民も豊かであることや東は不破関《ふわのせき》（東山道）に、北は愛発関《あらちのせき》（北陸道）につながり、山《やま》背国《しろのくに》をへて平城京にも通じるという軍事的要衝でもあったからであろう。後の天平宝字四年（七六〇）八月に藤原仲麻呂が父武智麻呂を淡海公に封じているのも、武智麻呂が近江守となった地縁を考慮し、また自らも長く近江守に在任したことによるものである。近江守在任中の武智麻呂に関して、『武智麻呂伝』には、

公、道《みちび》くに徳を以てし、斉《ととの》ふるに礼を以てす。小さき過《あやまち》を赦《ゆる》して化《おもむけ》を演《の》べ、寛《ゆるるか》なる政を行ひて衆を容《ゆる》す。閭閻《さと》に入りて、父老を敬ひ訪ひ、百姓の所苦を矚《のぞ》きて、国の内の悪しき政を改む。農桑を勧め催《うなが》して、使ふに時を以てす。差課すること有るに至りては、富饒《ふにょう》と多丁《たちょう》とを先にし、貧窶《びんぐ》と単弱とを後にす。老を貴び、小を恵みて、其の所を得しむ。国人悦びて曰はく、貴き人境に臨み、百姓蘇ること得たりといふ。

とあって、武智麻呂は徳と礼を基本に寛容な政治を行い、農桑を勧め、課税に際しても豊かな正丁《せいてい》の多いところから取ったなどのことから、人民は武智麻呂が国守となったお蔭で豊かになったと喜んだというのである。この記事が息子仲麻呂による伝記という性格を勘案すると、必ずしも事実であったということではない。しかし、『武智麻呂伝』に記された武智麻呂の功業が事実であったことが確かめられるのもある。その一つが寺院政策である。

仏法を貴んでいた武智麻呂は、近江国内の寺々で檀越《だんおち》（寺の経営助力者）が寺田や財物を統領して僧侶に運営させないなどのことから荒廃していた現状を嘆いた。しかし、武智麻呂はただ嘆いただけではなかった。このような寺家の荒廃が近江一国にとどまらないことから、元正天皇に上奏に及んだ。『続日本紀』霊亀二年五月庚寅（十五日）条の関係する一部を引用する。

近江国守従四位上藤原朝臣武智麻呂言《もう》さく、部内の諸寺、多く壃区《きょうく》を割《さ》きて、造り脩めずといふこと無く、虚しく名籍《みょうじゃく》を上《たてまつ》る。そのかくの如くなるを観るに、更に異量無し。有《たも》てる田園、自ら利を専らにせむと欲すればなり。若《も》し匡正《ただ》さずは、恐るらくは滅法を致さむことを。臣ら商量するに、人能《よ》く道を弘むることは、先哲の格言なり。仏法を闡揚《せんよう》するは、聖朝の上願なり。方《まさ》に今、人の情《こころ》稍《やや》薄くして、釈教陵遅《りょうじ》すること、独り近江のみに非ず。余国も亦爾《またしか》り。望まくは、遍《あまね》く諸国に下して、弊を革《あらた》め淳に還して、更に弛綱《しこう》を張り、仰ぎて聖願に称《かな》へむことをとまうす。これを許す。

この時の寺院政策は、諸寺では僧尼の住居を整備せず荒廃するのにまかせて、仏像も塵をかぶっていることも多いことから、①このような寺々は数寺をまとめて一寺として仏法を盛んにすること、②また国司はこの旨を国師（国内の寺院・僧尼を監督する僧侶）・僧尼や檀越に告げて、併合する寺の財物を記録して奏聞すること、③檀越の子孫は寺の田畑を占有して妻子を養うことから僧尼らと訴訟が起こっている、このようなことを一切禁止して、寺の財産や田地・園地は今までのように檀越らが勝手に行うことを戒め、国師・僧尼・国司・檀越らが立ち会って検査し、それを記録して支出することをも命じるものであった。

これらのことは『武智麻呂伝』にもみえており、近江国だけのことではないことから、諸国にこれらの弊害を改め、綱紀粛正の必要性を要請したものであった。

この一連の寺院政策は、不比等を中心とする政府によるものであったが、その契機となったのは仏法の篤信者であった武智麻呂の上奏であったといってよいと思う。

さらに仏教を信心する武智麻呂が近江守時代に関わったのが、滋賀山寺《しがせんじ》への参詣と越前国の神宮寺建立のことであろう。ある時、武智麻呂は公務の合間をみて滋賀山寺に参詣、発願して近江国内で産出した鉄から作らせた剣を護身用にと元正女帝に献上した。体調がすぐれず精神的に不安定であった元正女帝はこれによって夜も穏やかに眠れるようになったとして、その忠効によって田一〇町を武智麻呂に賜ったという。

国司が国内で産する鉄で作った剣を天皇に献上するのは珍しくなく、不比等が草壁皇子から賜った

「黒作懸佩刀《くろづくりのかけはきのたち》」を文武天皇に献上し、文武天皇の死後に返却されたものの再び聖武天皇《しょうむてんのう》に献上し、聖武天皇没後に孝謙天皇《こうけんてんのう》より東大寺大仏に献上されたことはよく知られている。武智麻呂の元正天皇への刀剣献上には、不比等の文武天皇への「黒作懸佩刀」献上のことが念頭にあったのかもしれない。

また、ある時に武智麻呂の夢に気比大神《けひのおおかみ》の化身として奇人が現れ、神威によって一寺の建立を求めた。これをうけて武智麻呂は越前国に神宮寺を建立した。これが今の敦賀市寺尾の廃寺となっている気比神宮の仏寺であるという。越前国敦賀郡は、北陸道の要衝で三関の一つである愛発関が置かれており、近江国と隣接していたから、武智麻呂も国内巡行で身近に感じることがあったのであろう。この『武智麻呂伝』の記事は、気比大神とヤマト王権との密接な関係を記した記紀説話に関心をもっていた仲麻呂の意図が下地になっていることが指摘される（佐藤他、一九九九）。

また記紀説話の影響をうけたものとして、『武智麻呂伝』にみえる武智麻呂の伊福山（伊吹山）登山のエピソードがある。国守として坂田郡（琵琶湖東の郡）に国内巡行した武智麻呂は伊吹山に登ろうとするが、地元の人から神のために亡くなり白鳥となって飛び去ったヤマトタケルの故事を聞かされ止められた。しかし、自分が仏教だけでなく神祇をも信じてきたことを鬼神が知ったならば殺されることはないといって、五・六人を率いて登ったところ、果たして荒ぶる鬼神の化身である蜂が襲ってきたが、武智麻呂が袂を掃うと逃げ去った。これをみた従者は、「武智麻呂の徳行が神に感応した」と感嘆したという。

この話も前述のように記紀にみえる伊吹山の神を討とうとして没した「ヤマトタケルの伝承をふま

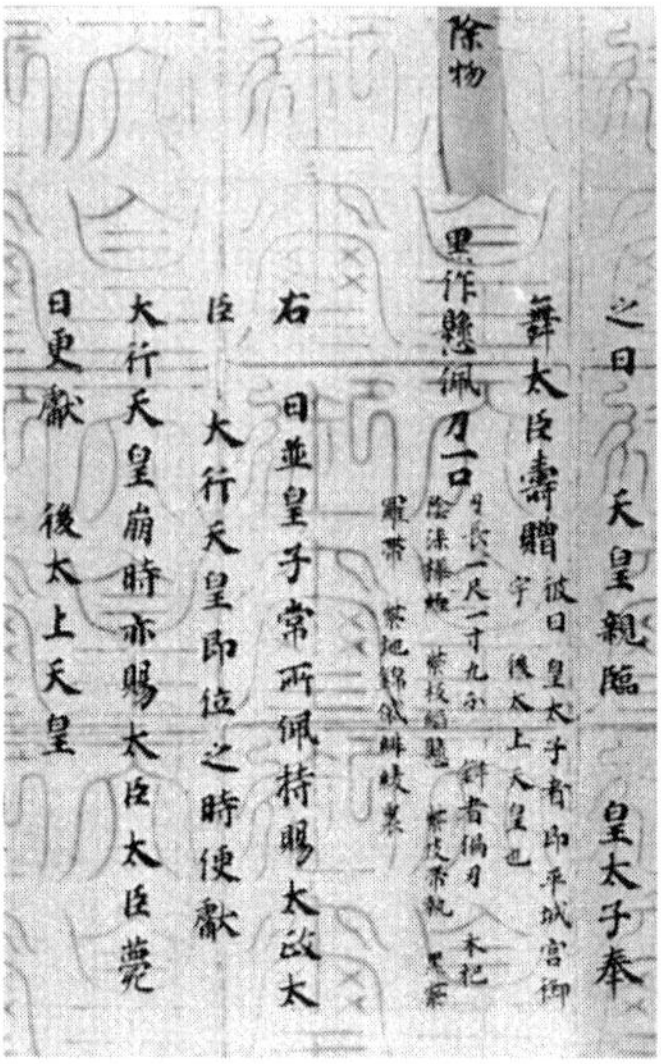

「黒作懸佩刀」記述部分

えて、在地で畏怖されていた伊吹山の神の害を受けることなく登頂・帰還し得た武智麻呂の徳の勢いを称える挿話」（佐藤他、一九九九）であるが、いくらか異なる部分もあることから在地に伝わった独自のものであって（兼康、一九九五）、それは部内巡行の記録にもとづくものとする見解もある（鈴木、一九九六）。

このように国内巡行する武智麻呂も、遊楽で比叡山に登ることもあったようである。そこで後人に自分が遊息したところを知らしめるために柳樹を一株植えたという。比叡山は大山咋神《おおやまくいのかみ》が祭られる信仰の山であり、また仏教でも清浄な修行の場であったというから、この比叡山登山も単なる遊楽ではなく、伊吹山登頂と同じような武智麻呂の意図があったといってよいであろう。

この後、この柳樹を主題に「藤江守」、つまり息子の仲麻呂が「裨叡山の先考が旧禅処の柳樹を詠む」という詩を作っている。たぶん、仲麻呂が近江守に任官した天平十七年（七四五）九月以降間もない頃のことであろう。この仲麻呂の詩は残っていないが、仲麻呂の詩に和した麻田陽春《あさだのやす》の詩が『懐風藻』にみえている。次掲しよう。

五言。藤江守の「裨叡山の先考が旧禅処の柳樹を詠む」の作に和す。一首。

近江は惟《こ》れ帝里、裨叡は寔《まこと》に神山。山静《しず》けくして俗塵寂み、谷間《しず》けくして真理専にあり。於穆《ああうるわ》しき我が先考、独り悟りて芳縁を闢《ひら》く。宝殿空に臨みて構へ、梵鐘風に入りて伝ふ。烟雲萬古の色、松柏九冬に堅し。

日月荏苒《じんぜん》去れど、慈範独り依々なり。寂寞なる精禅の処、俄《にわ》かに積草の墀《にわ》に為る。古樹三秋に落《ち》り、寒花九月に衰ふ。唯余《ただのこ》す両楊樹、孝鳥朝夕に悲しぶのみ。


「（第一首）神山である比叡には俗塵がなく、谷には空の理が思われる。我が父の武智麻呂はここでよい縁を結び、寺を造り建物は大空にそびえ、鐘は音をたてる。見渡す景色、萬古かわらず松や柏は冬でも茂っている。（第二首）年月は過ぎ去ったが、父武智麻呂の教えは残る。その修禅の処は物寂しく荒れ果てた。秋も深く古い樹は葉が落ち、草も衰え枯れる。ただ二本の楊樹があって朝晩には鳥が来ては鳴く」というものである。

林古渓の『懐風藻新註』の【解】に拠ったが、林は、この詩は判然と二首に扱われており、第一首は鷹揚な態度であるのに対して、第二首は謹直な態度で、同一作者とは信じられず、仲麻呂の第一首に麻田陽春が和したのが第二首だと説かれるが（林、一九五八）、これを否定して目録・題詞のごとくすべて麻田陽春の作とする見解もある（小島、一九六四）。

これら『武智麻呂伝』にみえる一連の近江守としての武智麻呂の記事は、武智麻呂の人徳を称揚しようとするものであるだけに、いずれも粉飾されていることに疑いないが、だからといって事実にもとづくものではなく延慶による作文であったとする（篠川、二〇一一）までのことはなく、『続日本紀』や『懐風藻』によって確かめられることから、おおむね事実として認めてもよいと思われる（鈴木、一九九六）。

さて、前掲した『続日本紀』の武智麻呂上奏文にみえるように、この時には武智麻呂はすでに従四位上の位階にあった。武智麻呂は慶雲二年十二月に従五位下に、和銅四年四月には前述したように従五位上に、同六年正月には正五位上から従四位下に、霊亀元年正月に従四位上に昇叙したことが『続日本紀』にみえているが、従五位上から正五位上までの二階についての昇級の状況がわからない。つまり和銅四年四月から同六年正月までの二年足らずのあいだに二階昇叙していたことになる。ということは、従五位下から従五位上までの一階昇るのに六年を費やしたことになる。こうなると『武智麻呂伝』の同元年四月の従五位上昇叙に整合性があるようにも思われる。

しかし、和銅元年四月には『続日本紀』によれば無位の村王《むらおう》の従五位下のみの叙位しか知られないのに対して、同四年四月は前述のように四年毎の成選叙位であり、房前がともに従五位上に叙されているなど多数の官人への叙位が知られる。このことからすると、『続日本紀』の記事を採って武智麻呂の従五位上への昇叙は同四年四月とするのが穏当な判断だと思われるが、同四年四月からの二年足らずのあいだの二階昇叙はどういうことになるのだろうか。正五位上へ一階の昇叙を二回重ねたのか、一挙に二階の昇叙だったのか、同五年正月の叙位の可能性が高いが、『続日本紀』にみえる二〇人余の昇叙者のなかには武智麻呂の名はみえない。武智麻呂の従五位上昇叙時は、一応『続日本紀』に拠って和銅四年四月としておくが、後考を俟つことにしたい。

宇合の遣唐副使

霊亀二年（七一六）八月二十日、宇合が正六位下の官位にある時に第八次遣唐使の副使に任命されたことは前述したが、二十六日になって宇合にのみ叙位があって二階昇叙して従五位下に叙せられている。これは遣唐副使補任にともなう叙位であろう。

この第八次遣唐使節では、押使の多治比県守《たじひのあがたもり》が従四位下であることは当然にしても、阿倍安麻呂《あべのやすまろ》に代わって新たに大使となった大伴山守《おおとものやまもり》は従五位下であって、宇合とは同じ位階である。副使が大使と位階を等しくするのは珍しく、宇合の官位が副使拝命直後の二階昇叙で、宇合だけの特別の叙位であったことは、そこに不比等の政治力が働いていたことを認めざるをえない。

この時には、武智麻呂は従四位上で、二カ月後の霊亀二年十月の式部大輔への補任をひかえて官僚体制の中枢に参加することが予定されており、房前も従四位下にあって、翌年の養老元年（霊亀三・七一七）十月には「参議朝政」となるのであって、いずれも三〇歳代半ばの壮年に達し、絶対的権力を有する父不比等を助けて廟堂で存在感を高めつつあった。だからといって武智麻呂・房前をのぞいて宇合に遣唐副使の任命があったということではなく、遣唐使には面貌に優れ文才の豊かな人材が求められていたことから、『懐風藻』や『万葉集』に載せる宇合の詩賦や倭歌からみて、四子のなかでももっとも文才のあった宇合が任命される必然性はあったのである。

入唐《にっとう》した宇合は、『旧唐書《くとうじょ》』日本伝に玄宗が儒士達の経を授かることの要請に応えて四門助教の趙《ちょう》玄黙《げんもく》に詔して鴻臚寺《こうろじ》でこれを教えさせたということがみえているから、儒士らとともに趙玄黙から経学を授かり、『修文殿御覧《しゅうぶんでんぎょらん》』・『駱賓王集《らくひんおうしゅう》』などの漢籍蒐集にも意欲的であったはずである。

また、宇合は入唐をともにするなかで大和長岡《やまとのながおか》と深い親交を結ぶようになる（井上、一九八六）。長岡は、養老律令編纂に功績があり、この時に請益生《しょうやくしょう》として遣唐使に加わっているから律令編纂にかかる目的で入唐したのである。宇合にも按察使などの唐の政治制度の調査や長岡ら請益生への督励などとともに、律令についても不比等からの大きな期待があったものと推察される。宇合が用語に習熟するなどして律令に詳しかったことは、小島憲之氏の提示以降指摘されてきている（小島、一九六二）。宇合にとって入唐は、人的にも学術・文化的にも大きく影響したのである。

そして宇合は入唐を契機として、これまでの名前「馬養」を「宇合」の表記に変えたらしい。利光三津夫氏は、『続日本紀』霊亀二年八月癸亥（二十日）・己巳（二十六日）両条には、「馬養」とあるのに、養老三年七月庚子（十三日）条には「宇合」と記され、入唐をはさんで変わっていることから、「馬養」という称は、ともすれば唐人より賤民とみなされる危険性があることから、「馬養」の字と同訓の賀字である「宇合」を用いたものと推察している（利光、一九六七）。

確かに入唐前である『続日本紀』霊亀二年八月癸亥・己巳両条には、「馬養」とみえ、帰国後の養老三年七月庚子条には「宇合」とあるのは、利光氏のいわれるとおりであるが、帰国直後の養老三年正月壬寅（十三日）条には「馬養」とみえ、それから二年後の同五年正月壬子（五日）条にも「馬養」とみえている。『続日本紀』が、以後変わらず「宇合」と統一して記すのは、神亀元年（養老八・七二四）四月丙申（七日）条以降のことである。

利光氏のいわれるのと違って入唐をはさんで截然と「馬養」と「宇合」とは使いわけられてはいないようである。「宇合」への改名の契機は、唐でのできごとにあったのかもしれないが、在唐中にただちに改名したと理解するのには、なお慎重であるべきであろう。吉川敏子氏は、養老三年七月庚子条は宇合が私的に用いていた原資料の表記の影響をうけた可能性を考えられている（吉川、二〇〇六）。

帰国一カ月後の養老三年正月、宇合は正五位下から正五位上に昇叙している。しかし、入唐前には二階昇叙して従五位下であったはずである。大使の大伴山守も入唐前は宇合と同じ従五位下でありながら、この時にはやはり宇合と同じ正五位下から正五位上に昇っている。よって帰国後からこの時までにすでに従五位下から正五位下に二階昇っていたことになる。同元年正月の叙位でさらに昇叙して正五位下で入唐した可能性もあるが、そうなると宇合の正六位下から従五位下への昇叙の意味がわからなくなる。

たぶん帰国して押使多治比県守が節刀を進めるなど、帰国報告をした養老二年十二月十五日に、その功績を賞して大使・副使の山守と宇合に従五位下から正五位下への叙位があったのであろう。そして、さらにこの二人は翌同三年正月の定例叙位でも一階昇って正五位上に位したのである。つまり宇合は、入唐前に二階、帰国直後の復命時に二階、定例で一階、霊亀二年八月から養老三年正月までの二年半に満たない短いあいだに、あわせて五階の昇叙に預かったのである。遣唐使は帰国すると賞賜としての昇叙はめずらしくないが、それでも宇合の五階の昇叙というのは特異であって、ここに不比

遣唐使船（復元）

等の容喙のあったことは確かなことであろう。

房前の参議朝政

和銅八年（七一五）九月に元明天皇は譲位し、元正天皇が即位したのにともなって代始改元して霊亀元年となった。七月には知太政官事であった穂積親王が没して、太政官は、左大臣石上麻呂、右大臣不比等、中納言粟田真人・阿倍宿奈麻呂・巨勢麻呂《こせのまろ》の五人のみで、大納言・参議は欠員であった。それだけに「和銅元年体制」成立後七年余をへて、石上麻呂が七〇歳代半ばという高齢でもあったから、五八歳となった不比等の政治的立場は揺るぎのないものとなった。

長子武智麻呂は三六歳、従四位上・近江守。次子の房前は三五歳、従四位下。三子の宇合は二二歳、正六位下で内舎人、四子の麻呂は二一歳、宇合と同じ正六位下で内舎人であった。宇合と麻呂は出身したばかりであったが、武智麻呂と房前は従四位という位階からいっても政治の中心に参画すべき立場になってきていた。

この前後の四子の動向というと、『武智麻呂伝』の記事によって武智麻呂が霊亀二年（七一六）十月に式部大輔に任じられていることが知られる。この人事は養老二年（七一八）九月の式部卿昇任を前提としたものであって、不比等の深謀によるものであるが、その政治的意図については式部卿補任時のところで言及する。

さて房前であるが、和銅二年九月に東海・東山二道に関剗の検察、風俗巡省のために派遣されて以来、従四位下まで昇叙してきていたものの明記した史料はなく、八年間というものその動向はよくわからない。しかし、やっと養老元年十月になって朝政に参議することになったことが知られる。

『続日本紀』養老元年十月丁亥（二十一日）条には、

従四位下藤原朝臣房前を朝政に参議せしむ。

とある。簡潔すぎる記事であるが、この房前の武智麻呂に先行する太政官構成員となる参議朝政への補任は、内臣補任とともに房前が不比等の実質的な後継者であったとする根拠と見なされていることから重視される。

参議朝政について、つとに竹内理三氏は、新官制に収容しきることができなかった旧氏族を新機構による政治機構に参加させるために案出された便法だとし、房前の補任も政治上の必要というより特定の人のために設けられた便宜的なものという感じが強いとされた（竹内、一九五八）。

これをうけて野村忠夫氏は、議政官構成が大化前代の大臣・大連や「大夫」クラスの伝統をひき、大貴族氏の氏上的な代表者一名ずつによる合議体としての性格をもっていたから、参議朝政は太政官の官制（定員）と上級貴族氏の欲求とを調整し、官制からはみ出した上級貴族氏を収容するために案出されたものであったとする。

そして不比等が自分の子の房前を起用したことは、その伝統を破ることであって、上位官人であり同母兄の武智麻呂をさしおいて任じたことは、首皇太子（聖武天皇）の即位を安泰にし、皇太子妃となっている安宿媛《あすかべひめ》（光明皇后）の地歩の確立をはかるために、温良凡庸なだけの武智麻呂では政界の中核に立つことが不適当と判断して、後事を託するに足る房前を実質的な政治的後継者として明確にすることにあったと推測されている（野村、一九六八）。

この野村氏の見解に対して、高島正人氏はこの年の養老元年正月に中納言巨勢麻呂が、同元年三月に左大臣石上麻呂が相次いで没して正官五名が欠員となったので、形式的にはその欠員補充のためであったとする。

しかしながら、高島氏はその一方で正官五名の欠員に非正官一名の任用では必ずしも欠員補充とはいいきれず、当時は大納言・中納言に補任可能資格の従四位上以上の公卿・官人は一〇人以上存在しており、ただちに大・中納言の欠員を充足できることが可能であったのに房前の参議朝政だけであったこと、また房前の参議朝政補任からわずか四カ月後の養老二年三月に長屋王・安倍（阿倍）宿奈麻呂を大納言に、多治比池守《たじひのいけもり》・巨勢祖父《こせのおおじ》・大伴旅人《おおとものたびと》を中納言に任用して、太政官の欠員を補充する人事が行われているにもかかわらず、これを待たずに房前の参議朝政補任が先行していることには、何らかの背景（理由）がなければならないとされている。

そして、その理由とは房前が才幹衆に超え衆望のあつかったこともあるが、もっとも重要な理由は不比等が自己の子弟を議政官に連任し、将来における家門の発展を期したかったからであるとする。この点では高島氏は野村氏と見解をほぼ同じくしているが、決定的に相違するのは、「武智麻呂は早くから従四位上で、位階の上からは中納言への補任も可能であったが、もし武智麻呂を起用すれば右大臣は父の不比等、中納言はその長子武智麻呂という正官二名の父子連任となる。この時点では前例のない正官の父子連任は、不比等であってもなおはばかるところがあった」のに対して、従四位下の房前は「参議を命ずるにふさわしい位階であり、参議は正官ではなく、（中略）世論の批判抵抗も正官の連任ほどではないことが計算された」（高島、一九八一）と理解されたことである。

つまり房前の参議朝政補任は、不比等の藤原氏発展を企図としたものであったが、野村氏が武智麻呂よりも政治家的資質がまさる房前を自己の後継者として明確にするためであったと理解するのに対して、高島氏は、不比等は武智麻呂が長子であるから太政官正官（中納言）として登用したいが父子の連任が認められがたいので見送り、政治状況からとりあえず正官でないことから連任への軋轢が少ない房前の参議朝政への登用をはかったというのである。

また加納宏志氏は、藤原氏の勢力拡大のためという氏族的な観点ではなく、律令租税制度の破綻から、二度にわたって巡察使となった房前の特に地方政治に関する専門家的知識を期待しての議政官登用であって、この房前の参議任官から「参議朝政」は、その性格が資格から官職へと移行してゆくとする（加納、一九八六）。

これらの説についての正否を詳細に検討されたのが、瀧浪貞子氏である。瀧浪氏は、房前はこの時まで散位で格別な功績があったと思えないから異例の抜擢であるが、野村氏のいう「房前を実質的な政治的後継者として明確にすることにあった」とする理解なり評価は、「参議・内臣に対する先入観から導き出された房前の虚像のように思えてしかたがない」とされる。

そして、野村氏が温良で凡庸なだけだとされる武智麻呂は、じつは『武智麻呂伝』や『続日本紀』の記載からすると、「凡庸なイメージとはうらはらに、（中略）むしろ精力的・積極的な行動型人間へと成長したことを思わせる」と述べ、①位階については、基本的には武智麻呂が上位にあり、②官職からも武智麻呂が中判事、大学助・大学頭、図書頭兼侍従、近江守、式部大輔と京官を通して昇進しているのに対して、房前は文武天皇造山陵司と東海・東山道巡察使のみの臨時・地方官的なもので、いわば職事と散位ほどの違いがあって、武智麻呂＝嫡子、房前＝庶子との立場は不比等存生中から厳密に区別されていたとされる。

よって、房前が参議朝政に抜擢されたのは彼の能力にもとづくものではなく、別個の原理によるものであり、それは房前の継母であり、妻の牟漏女王《むろのおおきみ》の母という二重の親子関係にあった義母県犬養《あがたいぬかいの》橘《たちばなの》三千代《みちよ》による引級であったとされる（瀧浪、一九八六）。

このような房前の参議朝政への登用の主な見解については、野村氏の主張が通説となってきたが、これには野村説が有用なものであったというわけではなく、どちらかといえば瀧浪氏まで有力な反証が試みられてこなかったことがある。ことに武智麻呂を「法的後継者」、房前を「実質的な後継者」とするような理解は、瀧浪氏も「使い分けが現実に可能であったのか、疑問である」といわれたように内実のない空虚な主張である。

その点で武智麻呂と房前の両者について、位階・官歴からの検討結果を主要な理由として、武智麻呂＝嫡子、房前＝庶子との立場は不比等存生中から厳密に区別されていたとし、「房前の参議朝政への登用は不比等の実質的な政治的後継者を明確にするものだ」とする野村説を斥けた瀧浪氏の見解は妥当なものと評価することができる。そして、房前の参議朝政への登用理由を、武智麻呂の中納言登用が連任を避ける慣習法に抵触することから、これをクリアーできる房前の参議朝政登用を選択したとする高島説が今のところ理解に無理がないが、もちろんこのような不比等の意図に、瀧浪氏の指摘される妻の県犬養橘三千代が関与していたこともまた間違いないところであろう。

この時、後述するように不比等には嫡子である武智麻呂は自分の死後に後継者として自ずと議政官になることができるとの考えがあり、単なる「法的な後継者」などと決して思っていたわけではない。それは藤原氏の発展を期して、政治的に重要職である式部大輔・式部卿に任じて人事を統括させる一方で、即位を見越して首皇太子の東宮《とうぐう》傅《ふ》を命じて、親密な関係を構築させようとした事実をもってしても理解できる。不比等は武智麻呂を「実質的な後継者」と考えていたことは間違いない。このことは不比等の功封《こうふ》が武智麻呂へと伝世されたことからしても動かしがたい事実であろう（吉川、一九九四）。

これに対して、庶子である房前は、一家一人で連任はできないという不文律があったことから議政官の一員として議定に参与することはむずかしい状況にあった。

そこで不比等は、房前を藤原氏嫡流である武智麻呂の南家とは別の北家として独立させ、また前述のように「和銅元年体制」の構築にあたっては一族の中臣意美麻呂を中納言に登用するなど、房前の議政官登用の事前工作をしてきていた。しかし、自身の没後では、房前の議政官参加はむずかしいとみた不比等は、生前にまず房前を「参議朝政」に任用したのであって、従来の見解のように武智麻呂に優先して房前を登用し、藤原氏の将来を託すなどという意図は決してなかったのである。よって、この年の正月に中納言の巨勢麻呂が、三月に左大臣の石上麻呂が病没したことが不比等にとっては絶好の機会となったのである。

武智麻呂の式部卿と東宮傅

石上麻呂と巨勢麻呂の病没によって生じた太政官の補充人事は養老二年（七一八）三月に行われたが、この太政官人事によって、さらに不比等政権の政治体制は確固なものとなった。なかでも注目されるのが、長屋王がいきなり参議・中納言を越えて大納言に任用されたことである。

長屋王についての詳細なことは後述することになるが、不比等の二女で持統天皇元年（六八七）頃の生まれである長娥子《ながこ》（角田、一九六四）を妻として、そのあいだに安宿王《あすかべおう》・黄文王《きぶみおう》を生んでおり、不比等にとっては娘婿となる。

長屋王は慶雲元年（大宝四・七〇四）正月にはじめて実施された（皇親）蔭位の制で、「大宝選任令」の規定より特別に三階高い正四位上に蔭叙されている。二九歳であった。その後、和銅二年（七〇九）十一月に宮内卿に任官しているが、なんといっても翌年の同三年四月には式部卿に抽擢されて、大納言登用までの八年余もの長きにわたって重要な官職にあったことは、政治を領導する不比等との関係が良好であったことを推察させる。これは不比等が長娥子の婚姻とともに、長屋王を自己側へ引き入れる意図のもとになしたことであり、漠とした皇親たちの対抗意識を自覚させまいとした結果でもあった（中川、一九七七）。

また中納言から大納言に昇格した阿倍宿奈麻呂は、大宝三年（七〇三）閏四月に没した右大臣阿倍御主人のあとをうけて、慶雲二年四月の中納言創設にともなって抜擢されている。武智麻呂の次男である仲麻呂は宿奈麻呂から算道を学んだことがあり、また豊成・仲麻呂兄弟の母が御主人の孫娘貞媛であることを併考すると、不比等と宿奈麻呂とは政治的にも親しい関係にあったものと推量される。

巨勢祖父は、巨勢麻呂が没したのをうけて、一氏一人の慣習によって中納言に採用されたものであり、同じく大伴旅人も和銅七年五月に没した父の大納言安麻呂の後任であり、この太政官人事については不比等の意思が反映されていることが推考される。

そして、その半年後の養老二年九月、武智麻呂は式部大輔から式部卿に昇任する。これは式部卿であった長屋王が一挙に大納言に抜擢されたあとをうけて昇格したものであった。

ついで、翌養老三年七月には武智麻呂は東宮傅の兼任も命じられていることが知られる。この武智麻呂の式部卿・東宮傅への補任に

右大臣	藤原不比等
大納言	長屋王
大納言	阿倍宿奈麻呂
中納言	粟田真人
中納言	多治比池守
中納言	巨勢祖父
中納言	大伴旅人
参議	藤原房前

太政官構成員表

は、不比等の宿意である藤原氏発展への意図が看取される。

式部省は、「文官の叙位・任官の名簿である名帳《みょうちょう》、諸官司からの考文《こうもん》（勤務評定の結果を報告した文書）を校定して太政官に送る考課、諸官司からの選文《せんもん》（位階を上げる名を列記した文書）を校定して太政官に送る選叙」など、人事を管掌する重要な官司であり、藤原氏がこの式部省を掌握して勢力拡張をはかったことは、つとに指摘されるところである（茨木、一九六三）。武智麻呂を中心とする政権時代も、武智麻呂の後任となった宇合が没するまで一七年間もずっと在任して政権を支えつづけたことを思うと、この不比等の武智麻呂を式部大輔・式部卿に補任した意図が奈辺にあったかもわかる。

武智麻呂の式部卿転任に際しては、『続日本紀』養老二年九月庚戌（十九日）条にみえるように、穂《ほ》積老《づみのおゆ》を少輔から大輔に、中臣意美麻呂の息子東人《あずまひと》を少輔、波多与射《はたのよざ》（余射）を員外少輔に補任して、式部省の次官を一挙に入れかえている。これは八年にわたって式部卿の任にあった前任長屋王の式部省内における体質を一新して、東人や与射ら不比等に近い官人を加えた武智麻呂による新たな執務体制を考慮した結果であろう。『武智麻呂伝』は、武智麻呂が公正な態度で考課、選叙を行う人事を貫き、「国・郡の考文の奸濫《かんらん》が永く絶えた」ということを記すのみで、具体的な政績については触れない。

養老三年正月二日、武智麻呂は唐から帰国したばかりの多治比県守とともに首皇太子を賛引する役割を果たしている。賛引とは、皇太子が元日や冬至の時、天皇に大極殿で朝賀の拝謁をするのに際して先導して案内するもので、学識豊かな武智麻呂と唐風賛引に詳しかった県守がこの役にあたったものであろうが（笹山他、一九九〇）、武智麻呂の場合は来たるべき東宮傅就任を前提としたものであった。武智麻呂の東宮傅補任は『武智麻呂伝』の潤色であって認めがたいという説もあるが（本間、二〇〇二）、この賛引のことと併考して史実としてもよいと思う。

　武智麻呂が、東宮傅に就任したのは養老三年七月のことで、東宮傅とは首皇太子を「道徳を以て輔け導く」職掌である（「養老東宮職員令」東宮傅条）。それは、不比等にとってはやがて即位して天皇となる孫の首皇太子を支え、その治政を補弼して、藤原氏の発展を領導するための前提として、武智麻呂と首皇太子との親密な関係を築きあげるためにも大切な官職であった。東宮傅は、皇太子を「道徳を以て輔け導く」役だけに学識がもっとも必要とされた。そのことからすると、前述してきたように大学助・大学頭、そして図書頭を歴任して、学問に通暁していた武智麻呂が適任であったといえよう。武智麻呂にこのような官職を経験させたことも、不比等の遠謀であって、その意図は式部卿への補任とまったく同じであろう。

　この年の六月、首皇太子がはじめて朝政を聴いたことが『続日本紀』にみえる。一九歳となった首皇太子の近い即位を念頭にしたものであろう。「養老公式令《ようろうくうじきりょう》」の規定では、天皇不在時に奏上されてきた事案の決裁について制約があったが、現実には聖徳太子や中大兄皇子の事柄からもわかるように、皇太子が執政することは伝統的にあったから、首皇太子が朝政を聴いたことは不思議ではない。これにはもちろん不比等の意思があり、ゆえに首皇太子を「道徳を以て輔け導く」必要性もましたことから、武智麻呂の東宮傅補任があり、十月の舎人親王《とねりしんのう》・新田部親王の皇太子輔佐職への補任もあったのである。
武智麻呂が東宮傅として、どのように首皇太子に接していたのかは『武智麻呂伝』に、

副君《もうけのきみ》を賛《たす》け衛り、勧むるに文学を以てし、匡《ただ》すに淳風を以てす。太子、爰《ここ》に田獦の遊を廃《や》め、終《つい》に文教の善に趣きたまふ。是に由《よ》りて、即位《みくらいにつ》きたまひて已後、常に善き政を施して、百姓を矜《めぐ》み愍《あわれ》び、仏法を崇《あが》め重《とうと》びたまふ。

とみえている。田獦の遊に盛んであった首皇太子に文学を勧めることによって学問好きにさせたことから、首皇太子は即位後には善政を行い、人民を思いやり、崇教心をもつ天皇になったというのである。

宇合の按察使補任

宇合が唐からの帰国後にどのような官職に就いていたかは定かではない。けれども、『続日本紀』養老三年（七一九）七月庚子（十三日）条には、

始めて按察使を置く。（中略）常陸国守正五位上藤原朝臣宇合は安房・上総・下総の三国、（中略）その管《おさ》むる国司、若《も》し非違にして百姓を侵《おか》漁すこと有らば、按察使親自《みずか》ら巡り省《み》て状を量りて黜《ちゅっ》陟《ちょく》せよ。その徒罪《ずざい》已下は断り決め、流罪《るざい》以上は状を録して奏上せよ。若し声教の条条有り、部内を脩めて粛清ならば、具《つぶ》さに善最を記して言上せよ。

とあるから、半年後にはすでに常陸守を帯任しており、さらに按察使にも任じられていることがわかる。常陸守の補任がいつかはわからないが、おそらくは正五位上昇叙後の早い時期に、前任者である石川難波《いしかわのなにわ》麻呂《まろ》を襲って任じたものと思われる。常陸守の宇合が、安房・上総・下総三国をも管轄する按察使に任じられたのは、常陸国が東北方面への前進根拠地であり、朝廷の意のあるところが汲みとれるからであったとの見解がある（橋本、一九六三）。常陸守時代の宇合については、詳しいことはわからない。ただ、『常陸国風土記』の撰述に尽力したことが知られているが、このことについては第七章第2節に詳述しているので、ここでは述べない。

　また宇合が任じた按察使であるが、この創設には宇合自身が深く関与したものと思われる。按察使は、わが国固有の総領制が根底にあったとされる（菊地、一九五六）。遣唐押使だった武蔵守多治比県守が相摸国・上野国・下野国の、大使だった遠江守大伴山守が駿河国・伊豆国・甲斐国の、副使の宇合が安房国・上総国・下総国の按察使に任じられていることから、これは宇合らが唐で見聞した政治制度を導入したものである（渡部、一九七六）。地方在任制をとる唐制の按察使をモデルにしながらも管掌制をとるのは総領制を考慮したものであろう（中村、一九八六）。

　唐に按察使が創設されたのは、『旧唐書』巻七、『新唐書』巻四九下、『通典《つてん》』巻三二などによれば、景雲二年（七一一）閏六月、『文献通考《ぶんけんつうこう》』巻六一では景龍二年（七〇八）、『唐会要《とうかいよう》』巻七七では同三年ともいうが、今は通説にしたがって景雲二年としておく。その後に廃止されたものの、『唐会要』には開元元年（七一三）十二月に礼部侍郎《れいぶじろう》張庭《ちょうてい》が上疏して復置を願い、同八年五月に復置されたことがみえる。

しかし、『旧唐書』巻八には開元二年閏二月に「また十道に按察使を置いた」との記事があり、その時のものと思われる同二年閏二月七日付の「遣㆔陸象先等依㆓前按察使㆒」とする制文が『唐大詔令集』巻一〇四にみえているから、同八年五月を待たずに同二年閏二月に復置されたのである。開元八年はわが国の養老四年、開元二年は和銅七年（七一四）である。遣唐使が在唐したのは、開元五年から同六年にかけてであるから、宇合らがもっとも身近に参考とした按察使の制は、同二年に復置した時の按察使であろう。

按察使は、国司官人を政績によって黜陟し、徒罪以下の科罪を専決する権利を有していたが、議政官の兼官でもあることから制度として恒久的な措置の決定ではなかったといわれる（高橋、一九五五）。その具体的な職掌は『類聚三代格《るいじゅうさんだいきゃく》』巻七にみえる養老三年七月十九日制定の「按察使訪察事状事」や、『続日本紀』養老五年六月乙酉（十日）条などの条々にも示され、また坂元義種氏も説いているように当時の地方官人の乱れた施政を粛正し、調庸増益に勤め、民政の安定をはかることにあった（坂元、一九六六）。これは律令による国家体制の整備、そのための政治体制改革をめざしていた不比等にとっても重要な課題であったが、按察使はその不比等の要望に応えるためのものであったことは明らかであって、不比等が第八次遣唐使を、そして宇合を入唐させた目的もまさにここにあったといってもよかろう。

按察使が、遣唐使帰国後半年で創設されたのには、不比等の並々ならぬ決断があった。というのも、創設にあたっては入唐した三人、宇合の常陸守、大伴山守の遠江守、多治比県守の武蔵守補任はもちろんのこと、従来より美濃守に在任して施政を賞されていた笠麻呂をのぞいて、伊勢守門部王《かどべおう》（管伊賀・志摩）、越前守多治比広成《たじひのひろなり》（管能登・越中・越後）、丹波守小野馬養《おののうまかい》（管丹後・但馬・因幡）、出雲守息《おき》長臣足《ながのおみたり》（管伯耆・石見）、播磨守鴨吉備麻呂《かものきびまろ》（管備前・美作・備中・淡路）、伊予守高安王《たかやすおう》（管阿波・讃岐・土佐）、備後守大伴宿奈麻呂《おおとものすくなまろ》（管安芸・周防）らは、すべてこの按察使として近隣国司を「親自ら巡り省て状を量りて黜陟」するために、新たに国司に補任されたのであった。

丹波守・伊予守・備後守・出雲守の前任者は、それぞれ榎井広国《えのいのひろくに》・当麻大名《たいまのおおな》・巨勢安麻呂《こせのやすまろ》・船秦《ふねのはた》勝《かつ》で、ともに霊亀二年（七一六）四月二十七日の補任で、補任後三年である。交替年限の六年には満ちてはいないし、秦勝一人をのぞいて前任者よりも位階の高い官人が按察使兼任国守に任じられている。

按察使が任じられた美濃・伊勢・越前・丹波・播磨各国は、三関国を含んで、畿内を包囲する枢要国であり、そこに意中の官人を配して、その重点国を中心に周辺の二国〜四国を管轄する形式のブロック制がとられている。帰国後半年間、ここらに宇合らの創意工夫のあとが感じられるのである。

第二章　不比等の死没と長屋王政権

1　不比等の死没と四子

養老四年（七二〇）八月一日、不比等《ふひと》は危篤となり、三日に没した。六二歳であったと伝えられる。『続《しょく》日本《にほん》紀《ぎ》』養老四年八月辛巳（一日）・癸未（三日）両条には以下のようにみえている。

不比等の死没

八月辛巳の朔、右大臣正二位藤原朝臣不比等病む。度卅人賜ふ。詔して曰はく、右大臣正二位藤原朝臣、疹疾《やまい》漸《やや》く留りて、寝膳安からず。朕疲労を見て心に惻隠《いた》む。その平復を思ふに、計《はかりごと》、出さむ所無し。天下に大赦して患ふ所を救ふべし。養老四年八月一日午時より以前の大辟《だいびゃく》罪《ざい》以下、罪軽重と無く、已発覚も未発覚も、已結正《いけっしょう》も未結正も、繋囚《けいしゅう》も見徒《げんず》も、私鋳銭《しじゅせん》と盗人と、幷せて八虐《はちぎゃく》、常赦の免さぬも咸悉《ことごと》く赦除《ゆる》せ。その廃疾の徒《ともがら》の、自存すること能《あた》はぬ者には量りて賑恤《しんじゅつ》を加へよ。因て、長官に命《おお》せて、親自《みずか》ら慰問して量りて湯薬を給ひ、勤めて寛優に従はしむ。僧尼も亦これに同じとのたまふ。

癸未、（中略）是の日、右大臣正二位藤原朝臣不比等薨《こう》しぬ。帝、深く悼み惜みたまふ。これが為に朝を廃め、内寝に挙哀《こあい》し、特に優勅有り。弔賻《ちょうふ》の礼、群臣より異なり。大臣は、近江朝の内大臣大織冠鎌足《かまたり》の第二の子なり。

元正天皇《げんしょうてんのう》は、仁政・徳治を施すことによって不比等の病気平癒を願い、度者（得度する人）三〇人を賜り、養老四年八月一日午時（正午）以前の死罪以下、罪の軽重を問わず、発覚・未発覚の者、既判決・未判決の者、囚人、八虐の罪で通常の赦除で免罪されない者など、すべての者を赦免し、廃疾の人（障がい者）・自活できない者にも食糧・薬物を支給している。また翌二日には、京内の四八寺に一昼夜の薬師経の読経を命じている。

しかし、この効験はみられず、三日に不比等は没した。元正天皇の悼惜は深く、執政をやめ、宮中で挙哀（声を挙げて喪意を表す）を行っている。そして賻物《ふもち》や喪葬具については「養老喪葬令《ようろうそうそうりょう》」に規定する以上のものを賜るなど優遇している。

また養老四年十月には養民司（造陵役夫の給養を行う臨時役所）・造器司（葬儀使用の器物を造る役所）・造興福寺仏殿司（北円堂造立の役所）の三司が置かれたり、長屋王《ながやおう》と大伴旅人《おおとものたびと》が不比等邸に派遣されて、太政大臣・正一位を贈る詔を宣べたりしている。

不比等死没後の政治体制

「和銅元年体制」成立以降、一二年以上も政権を領導してきた不比等の死は、政界に大きな動揺をもたらした。ただちに政治体制の再構築がはかられた。翌日には舎人《とねり》親王《しんのう》が知太政官事に、新田部《にいたべ》親王《しんのう》が知五衛及授刀舎人事《たちはきのとねりのこと》に急遽任じられた。これは不比等死後の太政官を中心とする行政は舎人親王に、令制五衛府である衛門府《えもんふ》・左右衛士府《えじふ》・左右兵衛府《ひょうえふ》と授刀舎人寮という軍事を新田部親王に委ねるという、天武天皇々子の皇親に依拠することによって、この政界の混乱を収束しようとするものであった。

そして八月十二日には征隼人持節将軍として南九州にあった中納言の大伴旅人に帰京を命じているが、これなども不比等を喪ったことによる政界の動揺がいかに大きなできごとであったかを示唆している。十月九日に発令された左大弁に石川石足《いしかわのいわたり》、右大弁に笠麻呂《かさのまろ》を任じたことをはじめとする弁官局、兵部大輔、民部大輔・民部少輔、式部少輔・式部員外少輔、刑部・大蔵・宮内・造宮少輔など八省の大輔・少輔などの一連の異動もそれに対処しようとするものであった。

2　長屋王政権の成立とその政治

長屋王政権の成立と武智麻呂の中納言

明けて養老五年（七二一）正月、不比等死後の新政治体制が成立した。この人員を一瞥すると、天武天皇々子の舎人親王と新田部親王、高市《たけち》親王《しんのう》々子の長屋王らの皇親を中心に、左大臣多治比嶋《たじひのしま》の子の池守《いけもり》、中納言巨勢麻呂《こせのまろ》を継いだ祖父《おおじ》、大納言大伴《おおとも》安麻呂《やすまろ》の子の旅人、右大臣藤原不比等の子の武智麻呂《むちまろ》・房前《ふささき》、右大臣阿倍御主人《あべのみうし》の子の広庭《ひろにわ》と、前代の議政官の子が登用（一氏一人制）されている。ここに皇親勢力に拠る長屋王政権が形式的に成立したといえる。

長屋王、この時四六歳。天武天皇十三年（六八四）生まれで享年四六歳説が信じられてきたが（川崎、一九八二-i）、その根拠となる「大宝選任令」の蔭叙《おんじょ》年齢規定によって二一歳時であったとする慶雲元年（大宝四・七〇四）正月の蔭叙が、必ずしも同元年に二一歳であったとはいえないことや長屋王生誕時の父高市親王、母御名部内親王《みなべないしんのう》の年齢を考慮すれば疑問で、『懐風藻《かいふうそう》』にみえる享年五四歳、天武天皇五年の生誕が正しい（木本、一九九三-i）。

さて、この異動をみれば理解できるように、長屋王の右大臣への、多治比池守の大納言への昇格は注視されるものの、結果的にはこの人事は、不比等の代わりに武智麻呂を一挙に中納言として登用することを主目的とするものであった。このことは再三前述してきたとおり、嫡子の武智麻呂が不比等の死後に後継者として太政官に入ることが当然視されていたことを示しており、参議として参画した庶子房前とは、その存在が厳別されていたことがわかる。

この人事に先立って長屋王を従二位、巨勢祖父・大伴旅人・藤原武智麻呂・藤原房前を従三位、多《た》治比県守《じひのあがたもり》・多治比三宅麻呂《たじひのみやけまろ》・藤原馬養《ふじわらのうまかい》（宇合）を正四位上、藤原麻呂を従四位上に昇叙することが行われている。また、養老五年三月には長屋王に帯刀資人《たちはきのしじん》一〇人、巨勢祖父・大伴旅人・武智麻呂には四人を賜っている。

この叙位などは、新政治体制の構築にあたってのものであって、ここに掲出した官人らを中心として長屋王政権が構成されようとしたことがわかる。

つまり、知太政官事の舎人親王、知五衛及授刀舎人事の新田部親王、そして太政官首班の長屋王という皇親勢力を主流とする政治体制の成立は、「和銅元年体制」によって成立した不比等政権の終焉を意味するものであったともいえる（野村、一九六八）。しかし、そのなかにも藤原四子がそろって昇叙しているし、注目されるのは多治比氏出身の多治比県守・多治比三宅麻呂がそろって正四位上に昇叙していることである。

知太政官事	舎人親王
右大臣	長屋王
大納言	多治比池守
中納言	巨勢祖父
中納言	大伴旅人
中納言	藤原武智麻呂
参議	藤原房前
（参議	多治比三宅麻呂）
参議	安倍広庭

太政官構成員表

長屋王以下の太政官公卿が昇叙に預かるなかで多治比池守のみ昇叙していないのは、多治比県守・多治比三宅麻呂二人が昇叙したからであろう。というより、池守が昇叙をひかえることの代わりに県守・三宅麻呂二人の昇叙があり、ここに藤原四子とともに池守・県守兄弟と三宅麻呂の多治比氏が台頭していることが指摘される。

このことは昇叙だけのことではない。『続日本紀』には太政官人事について、先述の異動しかみえていないが、『公卿《くぎょう》補任《ぶにん》』にはこの時に多治比三宅麻呂が参議に擢用されたことがみえている。三宅麻呂の参議補任《ぶにん》があったのかどうか明確ではないが、この叙位で正四位上に昇叙していることや翌養老六年正月に三宅麻呂が誣告罪《ぶこく》によって配流された直後に、その欠員を補うように長屋王に近い政治的立場にある安倍（阿倍）広庭が参議に任命されているなどのことを併考すると、三宅麻呂の参議就任は事実であった可能性が高い（中川、一九七五ii）。

長屋王の政治と性格

長屋王の政治について、早くから検討されたのが川崎庸之氏で、それは為政者の政治が妥当でないときに、天地がこの不徳を問うために災異が現出するということを意識した災異的政治であったとされる。例えば、養老五年（七二一）二月などには「王者の政令が事に添わない時には、天地がこれを譴責して、その咎めの徴《しるし》を示すものと聞いている。道にはずれた行いがあるから災異が起こっている」との詔を発したりしている（『続日本紀』養老五年二月甲午条）。川崎氏は、長屋王はこの災異現出の社会的・政治的な諸問題打開の有効な手段をもたず、極めて理想主義的な態度をとるのみで、その処理は職務に精励することによって解決されるべきであるという官人の儒教的な道義的責任にすりかえたとされた（川崎、一九八二i）。

これをうけて野村忠夫氏も、養老七年八月の官人への衣服の乱れを指摘して、弾正台《だんじょうだい》と式部省による監督を厳正化したことや神亀三年（七二六）二月には勤務評定にもとづく官位昇進の場合に、定められた日時に出席しないものの処置法を定めたなどのことから、官人に厳しいあり方を要求することで律令体制の振粛をはかったとされた。また仏教政策についても、不比等政権の方針を継承したものであったが、養老四年十二月に転経唱礼の先規を遵守して、道栄らの発音に拠ることを命じ、同五年五月には諸寺を併合させるなど厳しい仏教統制を行ったとする。

そして、養老六年閏四月の百万町歩開墾令にしても、農民の徭役《ようえき》労働によって膨大な耕地を開拓しようとしたものであったが、到底実現できない机上のプラン的性格の濃いもので、ここに長屋王の理想主義的な態度をみてとることができるとする（野村、一九六八）。

この川崎・野村説を検証しながら、さらに長屋王政治を追究した成果に中川収氏の論考がある。中川氏は、長屋王政権の施策は、養老六年七月の荒年に備えて麦などの栽培を進めたことや同七年二月の種子・布などを支給して産業の定着を計ったこと、神亀元年三月の出挙《すいこ》利息を調庸運搬の担夫の粮料に充てたこと、同三年六月の諸国の重病者に医薬を与えた措置などの撫育《ぶいく》・救恤《きゅうじゅつ》的傾向が顕著であるとされる。そして、このような長屋王の民政重視の政治姿勢は、租税増収を意図とする律令体制の維持を目的としたものであったとされる。

さらに長屋王は、神亀四年二月には官人にひたすら公務に精勤すべき旨を要請し、違反者の厳罰、管掌官司の監督・指揮強化を行うなど、不比等の政治路線を脱して、儒教的善政理念を強烈に打ちだしているが、これは儒教の教義を、支配階級がその支配欲を満足させる手段として政略的に濫用したものと考えられるとしている（中川、一九七七）。

一方、森田悌氏は、長屋王の治政は律令負担の重圧により公民の窮乏化がすすみ、田地不足も痛感されて、辺境では蝦夷《えみし》が反乱を起こして国司を殺害するような事態にいたっているなかで、負担軽減や義倉改善ないし担夫粮料支給・開田促進などの政策を行い、叛乱に対しては適切な対応をとって成果をあげたと評価されている（森田、一九九三）。

以上の諸説を参考に、長屋王政権の政策基調について、現在の研究成果をまとめられたのが寺崎保広氏である。寺崎氏は長屋王政治の特徴として、まず目につくのは養老五年正月、同五年二月に、官人に対して災異があった場合には率直に上申することを命じているなど、儒教の災異観がしばしば表明されていることであるとする。しかし、寺崎氏はこうした災異観念はむしろ当時の支配者層には一般的であったとして、この災異の強調は必ずしも長屋王の主張によるものではないとされている。

そして、長屋王時代の特色は、①官人に対する綱紀粛正と②公民に対する撫育・救恤などの対応策であるとする。ただ、これもまた格別に長屋王自身の特性とみるべきでなく、前代以来の律令制度を徹底させる方向を再認識したまでで、不比等政権が進めていた和銅年間の方針となんら異なるものではないと結論づけられる（寺崎、一九九九ｉ）。

このような寺崎氏の長屋王政権の政策基調についての見解は、氏一人ではなく中川氏も長屋王個人の政治志向からでたものであったのかどうか明らかでなく、長屋王の政治的権能の弱さと廟堂《びょうどう》構成員の大半が律令体制を推進した不比等政権時の者たちであったことから、議定のままに流された可能性もあるといわれ（中川、一九七七）、同様に理解されている。

けれども、不比等政権時の施策から転換したものもある。これが銭貨政策であって、養老五年正月に銀銭一に対して銅銭二五、銀一両を銅銭一〇〇とする交換比率を公定したことである。この施策は和銅二年（七〇九）八月の銀銭を廃止して専ら銅銭の使用を命じたり、同三年九月の銀銭を禁止した方針を転換するものである。これは銀銭と銅銭の交換比率を公定した貨幣政策上の一大変革といえる。さらに翌年の養老六年二月には前年の銀一両＝銅銭一〇〇を銀一両＝銅銭二〇〇に改めている。つまり市場では銀が安く銅銭が割高になっていたのを是正したものであったが、この交換比率は長屋王が社会経済状勢や物価を分析して算出したものではなく、一〇〇・二〇〇とかの数に呪術的意味をこめて、理想的境地にたって実施したものであると考えられる（高橋、一九六九）。

著者は、長屋王が政権の首班である以上は、その政治志向に自身の資質の影響がなかったとはいえないし、反映されていてしかるべきだと考える。そこで、その長屋王の資質というか、性格をうかがわせる施策として次に挙げるのが、『続日本紀』神亀四年二月甲子（二十一日）・同四年三月乙亥（三日）・乙酉（十三日）条にみえる官人への綱紀粛正策である。

二月甲子、（中略）左大臣正二位長屋王、勅を宣《の》りて曰はく、比者《このころ》、咎徴《きゅうちょう》荐《しきり》に臻《いた》りて災気止まず。如聞《きくな》らく、時の政違ひ乖《そむ》きて、民の情愁へ怨めり。天地譴《とがめ》を告げて鬼神異を見《あらわ》すときく。朕、徳を施すこと明かならず、仍《なお》、懈《おこた》り欠《か》くること有るか。将《はた》、百寮の官人、奉公を勤めぬか。身、九重《きゅうちょう》を隔てて、多くは詳らかに委《くわ》しくせず。その諸司の長官、精《くわ》しく当司の主典《さかん》已上の、心を公務に労《つか》ひて清く勤むること著《あき》らかに聞ゆる者と、心を姧《かだま》しき偽《いつわり》を挟みてその職に供《つか》へぬ者と、此の如き二色を択《えら》ひて、名を具《つぶさ》にして奏聞《そうもん》すべし。その善き者は、量りて昇進を与へ、その悪しき者は、状に随ひて貶黜《へんちゅつ》せむ。隠し諱《わす》ること莫《な》く朕が意に副ふべしとのたまふ。

三月乙亥、百官、勅を奉《う》けたまはりて官人の善悪の状を上《たてまつ》る。
三月乙酉、天皇、正殿に御《おわ》しまして、詔して善き政の官人に物賜ふ。最も上《すぐ》れたる二位は絁《あしぎぬ》一百疋、五位已上は卌疋、六位已下は廿疋、次に上れたる五位以上は廿疋、六位以下は一十疋、その中等は賜ふ例に在らず。下等は皆解黜《げちゅつ》す。

	二位	五位以上	六位以下
最上	一〇〇	四〇	二〇
次上	ー	二〇	一〇
中等	ー	ー	ー
下等	解黜		

賞賜の絁数

この頃は咎徴（天帝が天皇を咎めるしるし）が頻りで災いの気配がやまないが、政治が違い乖いて民が愁い怨むようになると、天地の神々が譴責して鬼神が異常を表すという。これは朕（聖武天皇）が徳を施すことをしないためか、官人が奉公に勤めないためなのか、九重（内裏）に離れて住んでいる朕には詳細はわからない。そこで諸司の長官に、主典以上の官人について公務に精勤な者と偽り心で忠勤でない者とに二別して、名前を記して奏上するように命じたというものである。まさに災異主義にもとづく官人の綱紀粛正策である。

二月二十一日の命令をうけて、三月三日に諸司の長官から善悪の判断結果を記した官人名が奏上され、三月十三日にその結果の措置がとられた。

このような官人の綱紀粛正策は、長屋王が式部卿に就任した直後の和銅四年七月に律令の施行が順調でないのは諸司が怠慢で職務に忠実でないからであるとし、違犯して考第を隠すことを厳罰に処したことにはじまり、同六年四月には人物の詮衡、優劣を黜陟《ちゅっちょく》し、勲績を論じる時、式部卿が不在の場合には、これを行わないとの制度を定めるなど、式部省・式部卿重視策とともに従前よりとられてきていた。

前掲の神亀四年二月の施策はこれらにつづくものであり、律令体制の整備と確立政策が、官人の綱紀粛正という基本方針をもって一貫して推進されていたことをものがたっている。官人を「心を公務に労ひて清く勤むること著らかに聞ゆる者」と「心を姧しき偽を挟みてその職に供へぬ者」とに二別し、下等と判断された者には貶黜する懲罰が下されるという、内容において官人に一層厳しい対応を求めているところに、長屋王の独自性が色濃く表れている。

その結果、表にみえるように、評価は最上・次上・中等・下等の四段階に分別し、最上・次上には各々官位に応じて絁を賜うというものである。公務の勤迹を下等と判定されたものを解黜するのはあたりまえのことであろうが、中等と判定された者を賜例としないというのは、あたりまえのようであって、実は現実的には厳格な処遇といわざえるをえない。

そして、この賜例に帯びる官位によって大幅な格差があることについて、中川氏は、これは官人社会の秩序を位階によって維持するための方策から発するものであって、君臣上下の差を明らかにしたものであり、差別の徹底を基調とする官人社会の秩序確立を意図とした長屋王の儒教主義による政治理念から結果するものであると述べられる（中川、一九七七）。

この賜例は他の賜例を参考に考えても、その格差が大きく、中川氏のいわれるように「差別の徹底」という言葉がふさわしい。著者も官人社会の秩序確立のためには賜例の格差は当然必要だと思うが、ここまで大きな格差が必要だとは思わない。例えば、「養老田令」位田条によれば、長屋王の正二位であれば位田は六〇町、正三位は三分の二の四〇町、従三位は三四町である。

最上二位には絁一〇〇疋贈与されるとみえているが、次上二位の賜例の記載がみえない。このことから考えて、この最上二位で絁一〇〇疋を賜ったのは長屋王であったと思われる。一方、正三位の大伴旅人・武智麻呂・房前らは長屋王の半分以下の四〇疋であり、しかも三位〜五位に区別がない。ここには二位の長屋王自身とそれ以外という意識がはたらいているように感じられる。ここにこそ厳格な差別を基調とする賜例とは別に、支給の結果として長屋王の自分には厚く他には薄いという処遇の現実がみられる。

また神亀四年二月に先立つ養老六年五月には、長屋王が稲一〇万束と籾四〇〇斛を賜っていることがみえている。これがどのような理由によるものか『続日本紀』には記されていないが、この恩遇は長屋王のみに対して行われたもののようであることを思うと、これも神亀四年二月の処分と同様のものであったようである。

このようなことは、考えようによっては、中川氏のいわれた「差別の徹底を基調とする官人社会の秩序確立を意図とした」ものとは随分とかけはなれたものにも感じられ、単なる自己本位的な意識から派生したものとも思える。律令官人社会の秩序確立を主眼とする長屋王の施策は、その人間性を起因とする多くの矛盾と独断を包含していたようである。ここらあたりに官人社会から遊離して、官人の離反を招く要因がみられ、これが藤原氏の主導する官人社会成立への趨勢の一因ともなったのではなかろうか。

長屋王の資質については、極端な儒教の原理にもとづき、讖緯《しんい》の思想によっているとの指摘がある(川崎、一九八二-i)、その高貴な温室育ち、高貴な血のつくりあげたまっすぐな性格、育ちのよい理想派、非現実的な儒教的理念は、現実的な藤原氏の前に見果てぬ夢として終わったとする中西進氏のとらえかたは、長屋王の人間性をするどくついている(中西、一九六三)。

この官人への綱紀粛正策のほかにも、長屋王の人間性に起因すると思われる施策に神亀五年三月の内・外五位制度の創設がある。大宝令制では正一位から少初位下までの三〇階の内位と、外正五位上から外少初位下までの二〇階の外位《げい》が規定されており、外位は郡司・軍毅《ぐんぎ》の地方官(畿内以外)や帳《ちょう》内《ない》・資人ら下級官人を対象としたものであった。

この内・外五位制度とは、外位の対象外であった中央官人の五位官人にも新たに適用したものである(野村、一九六七-i)。この内・外五位制度によって、例えば正六位上から内階の従五位下に昇叙していた多くの官人が外従五位下の外階をへなければならないことになったのである。これは長屋王の秩序維持を目的とした統制強化の徹底と考えられるが、内五位への昇進を目前にしながら、外従五位下に一時足ぶみさせられる少壮官人の不満は少なくなく、結局はその不満の矛先が台閣《たいかく》首班であった長屋王に向けられたことは想像するにかたくない。

綱紀粛正策といい、内・外五位制度といい、これらの施策は律令体制の維持という長屋王の意図のもとに実施されたものであるが、長屋王の人間性によるものでもあり、貴族・官人らの長屋王への反感は大きかった。直木孝次郎氏は、藤原氏はこのような長屋王への貴族・官人の感情をたくみに摑み、少壮貴族を自己側に組織することに成功、反長屋王の気運を醸成してやすやすと長屋王を倒したとされている（直木、一九六八）。

3　長屋王政権下での四子

宇合の式部卿

養老五年（七二一）正月、宇合は一挙に四階昇叙して正四位上に昇っている。霊亀二年（七一六）から養老三年正月にかけても五階昇叙しているが、これは入唐《にっとう》にかかるものであって理由がはっきりしている。この度の叙位で昇叙した官人のうち、『続日本紀』に記載のあるのは一七人だが、そのうち正四位下から正四位上に昇った多治比県守・多治比三宅麻呂をはじめとして一階の昇叙が一一人、巨勢祖父・大伴旅人・武智麻呂の三人が正四位下から従三位に二階昇叙、房前が従四位上から従三位に三階昇叙、麻呂は従五位下から従四位上への五階昇叙である。

この一連の叙位で特に注目されるのは、宇合の四階、麻呂の五階昇叙で、それぞれ正四位上、従四位上に昇叙してきていることであり、ここに不比等没後ではあるものの、その余韻を残しつつ四子がそろって昇進している事実が認められることである。これは不比等を亡くしたあと、長屋王を中心に四子を加えた新しい政治体制を構成し、政治を安定させようとする元明太上天皇《げんめいだいじょうてんのう》、元正天皇の意志の現れであるといえる。

政治状況の相違などがあるものの、宇合は正四位上に昇るまでに七年、麻呂は十一年、武智麻呂は二一年、房前は二〇年を費やしている。武智麻呂は正四位下からの、房前は従四位上からのともに従三位への昇叙で、正四位上には留まっていなかったが、宇合は麻呂に比べても四年ほど早い。これは遣唐使としての昇叙に負うところが大きいが、その入唐に際しての昇叙も副使の宇合にだけ行われているから、やはり不比等の期待は大きいものがあったといわなければならない。

神亀元年（養老八・七二四）四月、宇合は海道の蝦夷を征するために持節大将軍に任じられたが、その記事である『続日本紀』神亀元年四月丙申（七日）条には、「式部卿正四位上藤原朝臣宇合」とあって、宇合がすでに式部卿を帯任していたことがわかる。宇合がいつ式部卿に補任されたのかは『続日本紀』に明記されてはいないが、史料で確認される前任者は養老二年九月に就いた武智麻呂であった。

武智麻呂は、その後の養老三年七月に東宮傅《とうぐうふ》に任じられ、同五年正月に従三位に昇って、参議をへないで中納言に任官している。このあいだに式部卿職が誰かを経由して宇合へと引きつがれたことも考慮すべきだと思うが、この頃から藤原氏が政権獲得のうえからも人事権を握ることを目的に、文官の考選を掌中にする式部卿職に固執するようになっていたことを思うと、武智麻呂から宇合へと移譲されたものと推察される。

そうなると宇合の式部卿補任は、武智麻呂が東宮傅に遷った時かとも考えられるが、これは兼官の可能性が高く、やはり武智麻呂の中納言昇任時の養老五年正月とするのがより妥当な感じがする。よって、常陸守、按察使《あぜち》の任から式部卿に遷任していたわけであるから、神亀元年四月時点での宇合の式部卿在任は、すでに三年を過ぎていたものと考えられる。この宇合の式部卿就任は、藤原氏の勢力伸長を期す意図のもとになされたものであり、それだけに宇合は政治勢力の構成上重要な位置を占めていたといえる（中川、一九七五 i）。

麻呂の京職大夫

養老五年（七二一）六月、麻呂が左右京大夫に任じられた。麻呂が美濃介から平城の都にもどったのはいつのことであろうか。元正女帝は同二年二月にも美濃の美泉に行幸している。この時には麻呂はまだ美濃にいたはずである。同五年正月には従五位下から従四位上に五階昇叙され、左右京大夫に任じられたのである。美濃介から左右京大夫への遷任ということも考えられなくもないが、そうすると美濃介の在任が五年以上と長期間になるから、同二年二月からほどなく帰京して、五位相当の中央官に就いていたものと思われる。

たぶん、それは養老三年七月の按察使創設の時ではなかろうか。これによって美濃守笠麻呂が尾張・参河・信濃三国の按察使に任命されるなど、地方行政制度は全国的規模で唐国の先例にならって刷新されたのであり、これが麻呂帰京の契機となったのではないかと思う。

それにしても、この五年ほどは昇叙がなかったにもかかわらず、今回は一挙に五階も昇ったのはどうしたことだろうか。武智麻呂は養老三年正月に正四位下、同五年正月に従三位・中納言に、房前は同三年正月に従四位上、同五年正月に従三位、宇合も同三年正月に正五位上、同五年正月に正四位上に叙せられている。兄達がいずれも同三年正月にそれぞれ一階昇っているのに、麻呂だけ昇叙していないことは不思議である。そのことからすると、今回の叙位で武智麻呂が二階、房前が三階、宇合が四階の昇叙であることを考えれば、麻呂の五階の昇叙は当然のことといえる。

そして養老五年六月、正月の議政官人事につづいて新体制下での省寮の人事異動が行われ、麻呂は左右京大夫に補任されたのである。左京職・右京職大夫を併せた左右京をともに管掌する官職に任命されたというのも、武智麻呂の中納言・東宮傅、房前の参議、宇合の式部卿補任とともに、新政治体制下での藤原四子の重要職寡占の意図があったと思われる。

京職の長官である左右京大夫は、戸口・僧尼の名籍《みょうじゃく》、百姓の字養、訴訟など、それ以外にも職務は多岐にわたるが、京中の警備や非違の検察のための兵士をも管掌する権限を有していた。その兵士の規模は明確ではないが、京師では徭役銭を納めて兵役を免れる者が多かったらしく、その補充のために諸国から四八〇人もの兵士を徴発し、左右京職に各々二四〇人を充て、一組二〇人編成の一二組に分けて一五日を役したことが知られる（『類聚三代格』巻一八）。これは時代が八〇年ほど降った延暦二十年（八〇一）四月のことではあるが、当時もこれくらいの兵士を管掌していたことは確実である。軍事力ということからすれば、もちろん令制五衛府の兵力が中心であろうが、このような京職大夫の管掌する兵士も京内の治安秩序のことだけではなく、いざという時には軍事的に有効であったといえよう。

武智麻呂の造宮卿と房前の授刀頭

養老五年（七二一）正月に従三位に昇叙し、ついで中納言に昇った武智麻呂は、同五年九月に造宮卿《ぞうぐうきょう》を兼務したことが『武智麻呂伝』にみえている。

其の九月に、造宮卿を兼ぬ。時に年卌二なり。公、工匠らを将《い》て、宮の内を案行し、旧に仍りて改め作る。是に由りて、宮室厳《いつく》しく麗し。人、帝の尊きことを知りぬ。神亀元年二月に、正三位に叙す。造宮事を知ること、故《もと》の如し。

この頃には、平城宮の造営・修理のための造宮省、平城京の条坊区画整備のための造平城京司が設けられており、造宮省の長官が造宮卿であった。武智麻呂は工匠を率いて改作したという。宮殿は天皇が住まいし、外国の使節が朝見するところであり、これを壮麗にすることは天皇の徳を表すものとして重視された。武智麻呂の造宮卿帯任は、『武智麻呂伝』には神亀元年（養老八・七二四）二月の正三位昇任時まで、『公卿補任』神亀四年項には同年まで確認できる。同元年十一月に太政官が前述のことを理由に宮室壮麗の必要を説き、また五位以上の官人らの家屋を瓦葺にすることを奏上しているのは造宮卿の武智麻呂が関与したことであろう。

一方、房前はこの頃には授刀頭《たちはきのかみ》に任じていた可能性が高い。『令集解《りょうのしゅうげ》』衣服令《えぶくりょう》朝服条に引くところの養老六年二月二十三日の格には、以下のようにみえている。

養老六年二月廿三日の格に云はく、太政官謹んで奏するに、位袋《いたい》を停止《ちょうじ》するのこと、右、勅旨を奉《うけたまわ》るに、従三位行授刀頭藤原朝臣房前、意見を上《たてまつ》りて、一品《いっぽん》以下初位《そい》以上の位袋は、一切停却せむことをと。

授刀頭とは、慶雲四年（七〇七）七月、元明天皇・首皇子を擁護することを目的に設置された帯刀して内裏を宿衛する授刀舎人を管掌する授刀舎人寮の長官である（林、一九六九・i）。不比等死没直後の養老四年八月には新田部親王が知五衛及授刀舎人事となって軍事権を統轄したから、房前が授刀頭に任じたのはこれ以降のことで（中川、一九九五・i）、前述の同六年二月二十三日格にみえる房前の上奏時頃と推測されるが（平山、二〇〇〇）、新田部親王と房前とが、同じく軍事差配を掌りながらも管轄を分掌していたことも考えられる（吉川、一九九七）。『公卿補任』神亀三年項には房前に「授刀長官」との注があるから、房前は神亀三年まではその任にあったものと推量される。

ところが授刀舎人は、『続日本紀』神亀四年十月甲戌（六日）条の記事を最後に史料にみえなくなる。これは同五年七月に創設された「常に大内に在りて周衛に備ふ」（『続日本紀』神亀五年八月甲午条）という同じようなことを職掌とする中衛府《ちゅうえふ》に併合されたからだとする笹山晴生氏（笹山、一九五五・一九五七）の主張がある。これに対して、その後も存続していて中衛府と並存していたとする瀧川政次郎説（瀧川、一九五六）などもある。ところが神亀四年以前の『続日本紀』記事の授刀舎人の位置に、神亀五年以降は中衛舎人が位置していることから、これはやはり笹山説によって授刀舎人寮は中衛府に吸収・併合されたものと考えられる（直木、一九七五ｉ）。

ただ、最近では授刀舎人は、次掲のように宮室や行幸という場の論理にもとづいて警護の役割を果たしていた令制五衛府とは違って、皇太子時代から一貫して聖武《しょうむ》天皇《てんのう》という人格の警護を役割としていて護る原理が大きく異なっていることから、授刀舎人寮は中衛府に吸収・併合されたとは思えないとする見解もみられる（磯崎、二〇一二）。

しかし、笹山氏の指摘されるように、授刀舎人のことが中衛府創設以降に史料にみえなくなり、また天平十八年（七四六）二月に「騎舎人《うまのとねり》を改めて授刀舎人とす」（『続日本紀』天平十八年二月己丑条）との、騎舎人の授刀舎人への編入ではなく、新たに騎舎人を授刀舎人として新設する旨のことがみられること、そして天平勝宝八歳（七五六）七月には授刀舎人を中衛舎人と厳別したうえで考選賜禄の名籍は中衛府に属させているが、この措置は中衛府創設後に授刀舎人寮が廃止され、天平十八年二月に授刀舎人が復活したものの、これを管掌する官司ができなかったゆえのことであり、これは天平宝字三年（七五九）十二月の授刀衛《たちはきえ》の設置によって解消されたと考えられる（木本、一九七七ⅱ）などのことから思量して、やはり笹山説が妥当であろう。

中衛府は、令制五衛府の衛門府が宮城門（外門）・宮門（中門）、左右衛士府が宮門、左右兵衛府が閤門（内門）を守衛することと相違して、「常に大内に在りて周衛に備ふ」という天皇に密着する職掌であり、五衛府の督《かみ》、佐《すけ》、大尉・少尉、大志・少志の四等官ではなく、大将・少将・将監《しょうげん》・将曹《しょうそう》制をとり、相当官位も督が正五位上であるのに対して、大将は従四位上で参議クラスであった。またその舎人も六位以下八位以上の嫡子や地方郡司の子弟らによって構成されていて精強であった。

房前は授刀舎人寮が中衛府に吸収・併合されたことから、自身も授刀頭から中衛大将に就いたものと推察される。天平元年十月には中衛大将に在任していたことが、『万葉集』巻五・八一一番歌に房前を大伴旅人が「中衛高明閤下」と称したとあることから確認できる。令制五衛府は大宝令制以前からの伝統で、その首脳部は大伴・佐伯氏ら武門の旧氏族の影響が強かったために、中衛府はこれらに対抗して藤原氏が軍事的に優位を保ち、内裏の守衛をはかるために創出されたのである。

中納言に東宮傅・造宮卿を兼任する武智麻呂、参議に授刀頭（中衛大将）を兼官する房前、長屋王の領導する太政官にあって雌伏しつつ将来を期す武智麻呂、そして藤原氏政権成立のために必須の存在である首皇太子《おびとこうたいし》（聖武天皇）を警護しつつ、旧氏族らに対抗すべき軍事力を掌握する房前、この二人の関係は一族の発展を目的に協調的であったようである。しかし、このような二人の関係は少しずつ綻びをみせるようになってゆく気がする。その契機となったのが、養老五年十月の房前の内臣就任である。

房前の内臣

養老五年（七二一）十月、死期が近いことを感じた元明太上天皇は長屋王と房前の二人を召して、後事を託す詔を発した。詳しくは『続日本紀』養老五年十月丁亥（十三日）条に、

太上天皇、右大臣従二位長屋王、参議従三位藤原朝臣房前を召し入れて、詔して曰はく、（中略）

また皇帝、万機を摂《と》り断ること一《もっぱ》ら平日と同じくせよ。王侯・卿相と文武の百官と、輙《たやす》く職掌を離れて、喪の車を追ひ従ふこと得ざれ。各、本司を守りて、事を視ること恒の如くせよ。その近く侍る官幷せて五衛府は、務めて厳しき警《いまし》めを加へ、周衛伺候して不虞《ふぐ》に備へよとのたまふ。

とみえており、その大要は①自分が亡くなっても平常どおりに天皇は政務を行い、②皇親・公卿・官人は公務を勤めること、③近侍する官人や五衛府は厳戒し、不慮のできごとに備えて天皇を守護せよというものである。

ついで、『続日本紀』養老五年十月戊戌（二十四日）条に、

詔して曰はく、凡そ家に沈痼《やまい》有らば、大きも小きも安からずして、卒《にわ》かに事故を発すといへり。汝卿房前、内臣と作《な》りて内外を計会《はから》ひ、勅に准《なずら》へて施行し、帝の業を輔翼《たす》けて、永く国家を寧《やす》みすべしとのたまふ。

とみえるように、一〇日後に房前を内臣に任じている。

この房前への詔は、十三日の元明太上天皇とは違って、元正天皇から発せられたものであるが、家中に病気があるときには思いがけない事故が起こるものであるから、房前は内臣となって「内外に渉ってはかりごとを巡らし、〔その政策を〕勅に准じて施行し、天皇の仕事を助け永く国家を安寧にす

るように」（直木他、一九八六）とのことであった。

この元明太上天皇、そして元正天皇の二つの措置の意図について、廟堂の長屋王に対して、内廷を房前に任せようとしたものであって、長屋王・房前の協力体制を推進しようとしたことを意味しており、この方針を長屋王・房前ともに容認していることは、両者の親密な関係をも指摘できるとする理解がある。また野村氏は、房前が元明太上天皇からこのような遺詔を長屋王とともにうけたことは、房前が不比等の実質的な後継者であったからであって、房前には元正天皇に密着して首皇子の即位を達成して、その妃光明子《こうみょうし》の地歩を安泰にする役目が課せられたと説かれる（野村、一九六八）。

その後も内臣について、いくつかの専論がみられるが、独自な見解を示されたのは瀧浪貞子《たきなみさだこ》氏である。瀧浪氏は、房前の内臣就任は、県犬養《あがたいぬかいの》橘《たちばなの》三千代《みちよ》の要望に応えた元明太上天皇・元正天皇が、長屋王と親密な房前を皇親体制に取りこみ、あわせて武智麻呂と対抗させようとしたもので、「帝業を輔翼する」内臣に房前を任ずることによって、東宮傅として首皇太子の輔弼にあたっていた武智麻呂を極度に刺激して、藤原氏の分裂さえ期待されたとされる（瀧浪、一九九一）。

また、内臣を藤原氏内部の問題ということだけでなく、政治的な背景やその目的を論点に考究されたのが吉川敏子氏である。吉川氏は、元明太上天皇の十三日詔の①は元正天皇に、②は長屋王に、③は房前に対して述べたものであり、二十四日詔による房前の内臣任命は、元明太上天皇の病気による不安から事変が起こるのを防ぐために、房前に内外を計らいあわせ、勅に従いそのことを実行し、天皇を補佐して国家を安寧させよとの元正天皇の意図であり、「勅に准じて施行せよ」とは房前の命令を勅に準じて行うことを命じたものではないとする。

つまり元明太上天皇の重病によって、首皇太子の地位を脅かす危険性の高い太政官首班の長屋王に対して、授刀頭として元正天皇・首皇太子身辺の警衛を統率する房前による授刀舎人寮（天皇親衛軍）の迅速かつ機密性が求められる活動が、太政官・中務省《なかつかさしょう》を経由する勅によることなく、直接に勅を奉じてすみやかに行動することの必要上から、それができる機能の内臣を設けて房前を任じたとされるのである。そして、元明太上天皇の房前へのこのような指示は、房前が長屋王派であって、首皇太子と親密な武智麻呂と対立していたとすることが認めがたい事実になると結論づけられる（吉川、一九九七）。

元明太上天皇の十三日詔が、内容の分析から元正天皇・長屋王・房前に個別に発せられたものとし、房前への③「近く侍る官幷せて五衛府は、務めて厳しき警めを加へ、周衛伺候して不虞に備へよ」との機能を果たす官職として内臣が設けられたと理解されているようである。

この吉川説によって内臣の政治的背景や目的が具体的に明らかになったが、ただ疑問がないわけではない。(i)吉川氏はこの時点でも新田部親王が知五衛及授刀舎人事であったと考えられているが、なぜ新田部親王ではなくて房前であったのか、(ii)そして十三日詔の「近く侍る官幷せて五衛府は、務めて厳しき警めを加へ、周衛伺候して不虞に備へよ」（近侍する官人や五衛府は厳戒し、不虞に備えて天皇を守護せよ）との機能と、二十四日詔の内臣の職掌である「内外を計会ひ、勅に准へて施行し、帝の業を輔翼けて、永く国家を寧みすべし」（内外を計らいあわせ、勅に従いそのことを実行し、天皇を補佐して国家を安寧させよ）とが一見して内容が同じではないなどの点が疑問である。

(i)については、廟堂のことが知太政官事の舎人親王ではなく長屋王への下命であるから、軍衛のことも知五衛及授刀舎人事の新田部親王でなく授刀頭の房前だったということがいえるが、(ii)の元明太上天皇の十三日詔と元正天皇の二十四日詔との房前への期待するものが違うことは重視されなければならない。

このことには吉川氏も留意されていて、「内臣そのものの機能は、元正天皇詔に言うように勅命の遂行であり、特に軍事だけを掌るというものではなかった。しかし、房前が内臣に任じられた時点の政情を考慮すれば、その内臣任命の最大の目的が皇位継承の動揺に直面する皇室の警護であったことは認めてもよいと思う」と述べられている。確かに吉川氏のいうところは理解できる。けれども、内臣の職掌である「内外に渉ってはかりごとを巡らし、〔その政策を〕勅に准じて施行し、天皇の仕事を助け永く国家を安寧にするように」の具体的職掌が、「皇位継承の動揺に直面する皇室の警護であった」だけとは思えない。もっと広範囲で元正天皇の政務全般に渉るものであったと理解するのが穏当であろう。

そこで諸事を併せて判断すると、十三日詔の①〜③は、元正天皇・長屋王・房前らに個別に発せられたものではなく、長屋王と房前に対して下された指示であり（平山、二〇〇〇）、元明太上天皇の長屋王と房前への信頼を現していると考えられる。また、このような元明太上天皇の意志表示をうけて、元正天皇が参議にすぎない房前のために、議政官とは別に自らの政務を補佐して国家を安寧させるための官職として案出したのが内臣であったといえるのではなかろうか。

よって、房前の内臣任命の政治的背景とは、元明太上天皇・元正天皇が、房前に「帝業輔翼」の職掌を付与して、長屋王との協調体制を構築することによって、元明太上天皇死後の動揺を抑止しつつ、元正天皇から首皇太子への皇嗣継承を確実にすることを期待したものであった。元明太上天皇が死を意識するに際して、もっとも危惧したことは死後の長屋王ら皇親と藤原氏らとの反目・抗争を原因とする元正天皇朝の騒乱と首皇太子への皇位継承が潰えることであったはずである。

不比等の政治構想と武智麻呂・房前

このことを考慮すれば、元明太上天皇が願ったことは、長屋王と藤原氏の協調であったに相違ない。そして、それは不比等の願ったことでもあったと思われる。不比等は長屋王に娘長娥子《ながこ》を配し、養老二年（七一八）三月には長屋王を参議・中納言を越任させていきなり大納言に抜擢して、自分の後継に指名している。同四年八月に不比等が没すると、年の改まった同五年正月に長屋王は右大臣に昇任して太政官首班の地位に就いた。このことは不比等の敷いた既定路線であった。

不比等の描いた政治構想とは、自氏の権勢を固めながらも、他氏や皇親勢力との激突をかわし、提携・懐柔をおこたらないものであり（笹山、一九九二）、『公卿補任』養老二年項にみえるように、太政大臣を固辞してうけずに、舎人親王・新田部親王を遇しながら自らの立場をわきまえて、皇親との不協和音が高くなることを避けるものであった（彦由、一九八九）。つまり聖武天皇のもとで長屋王を中心に、息子達四子がこれに協力し支える政治体制であって、もちろん元明太上天皇・元正天皇とも合意したものであった。

しかし、このような不比等の政治構想をうけつぐことについて、武智麻呂と房前の反応は違った。不比等は父鎌足の死後、誰の引進もなしに自己の努力によって政権を掌中にするまでになった。それには前述のような皇親や他氏族勢力との不用意な軋轢を避けつつ協調的な方針をとらざるをえなかった。けれども武智麻呂は父が権力者であったことから、そのような他者への配慮を意識する必要がなかった。藤原氏の嫡流としてあくまでも藤原氏の独自政権をめざす武智麻呂と、不比等の構想実現に固執した房前、ここには長子としての武智麻呂、次子としての房前の立場と思惑があったように思われる。また房前の行動には、娘婿に大きな影響を与えていた県犬養橘三千代の指教もあったのかもしれない。そして、三千代のこのような指教の背景には、元明太上天皇・元正天皇の気持ちを慮った指意があったとも思える。

これらの藤原氏内での事情もあって、長屋王との協調相手として選ばれたのは、藤原氏嫡流意識の顕著な武智麻呂ではなく房前であった。この事実のうえに房前の内臣任命があり、そこには瀧浪氏が指摘されたように元明太上天皇への県犬養橘三千代による房前の推挙があったのである。これは三千代が娘婿の房前を思い、長く奉仕して今は危篤となっていた元明太上天皇に最後の願望として働きかけて実現したものであった。三千代は不比等亡き後の藤原氏を娘婿の房前に託そうとしたのであった。

このような経緯があって、元明太上天皇・元正天皇の政治体制構想に房前が繰りこまれたことや、県犬養橘三千代の武智麻呂に代えて房前に藤原氏の将来を託そうとした行動が、武智麻呂の反発をうけて、二人の連携が破綻することになるのである。

4 長屋王との対立

房前の内臣補任《ぶにん》があった一三日後、養老五年（七二一）十二月七日に元明太上天皇は平城宮《へいぜいきゅう》中安殿《ちゅうあんでん》に没した。六一歳であった。翌日には葬儀を担当する御装束司に武智麻呂が長屋王らとともに任命されたが、元明太上天皇は元正天皇や諸官司に平常どおりに政務を執行して休まないことを遺言していたから、葬儀そのものは簡略したものであったらしい。

多治比三宅麻呂誣告事件

翌養老六年元旦の儀式はすべて取りやめられたが、やはり心配していたように元明太上天皇が没したことから政情は混乱したようで、正月二十日には多治比三宅麻呂が謀反を誣告（虚偽の告発）し、穂積老《ほづみのおゆ》が元正天皇を非難するという事件が起こった。三宅麻呂・老はともに斬罪と断じられたが、首皇太子の奏によって減刑されて、三宅麻呂は伊豆島に、老は佐渡島に遠流《おんる》となっている。

この事件の真相については、『続日本紀』養老六年正月壬戌（二十日）条が簡潔なこともあって理解がわかれる。岸俊男氏は元明太上天皇死後の政情のなかで、藤原氏への反感が皇位をめぐる危機へと現実化したものと考えた（岸、一九六五）。また松本肇氏は詳細に検討して、養老五年を中心に急速に再編成された藤原体制に対して、政治不安が深まるなかで多治比三宅麻呂らの不満・反感が表面化したのであり、そこには事件後に躍進した阿倍広庭の藤原氏への積極的な協力があったと結論づけられた（松本、一九七三）。

しかし、松本氏の主張には疑問がある。松本氏は、房前を念頭に養老五年を中心に藤原体制が再編成されたといわれる。確かに房前は内臣に授刀頭を兼任していたが、松本氏がいわれるような「政治・軍事の枢要に立って内外を計会した」わけではない。また四子と阿倍広庭との協力も認めがたい。房前や藤原氏よりも政治権力を握り、太政官を領導していたのは首班の右大臣長屋王であったし、広庭が栄達したのも藤原氏の与力だけではなく長屋王の尽力でもあったからである。長屋王と広庭は後述するが、義父子の関係で親密でもあったから多治比三宅麻呂の不満・反感の対象は長屋王であったとも考えられる。

元明太上天皇陵

さらに中川氏は、元明太上天皇の死に触発された穂積老が「長屋王首班体制」（中川氏は長屋王の政治主導力が乏しいことから「政権」というのに当たらないとする、一九七七）に不満をもち、元正天皇の退位と首皇太子即位による政治体制の変革を主張したのを、政治的伸張を目論んでいた多治比三宅麻呂が昇進を期待して誣告したものと推測された。なるほど二人への斬罪が首皇太子の奏によって減刑されている事実は、老に首皇太子即位への期待のあったことを想起させるが、すでに朝政を聴いていた首皇太子とすれば、これに関与するのは当然のことであって、臣下への恩情を広く政界に知らしめるだけのことであったかもしれない。

しかし、『続日本紀』の、

正四位上多治比真人三宅麻呂謀反《むへん》を誣告《ぶこく》し、正五位上穂積朝臣老乗輿《じょうよ》を指斥《ししゃく》すといふに坐《つみ》せられて、並に斬刑に処せらる。

という記事をみるかぎりにおいては、穂積老を多治比三宅麻呂が誣告したとは理解できない。三宅麻呂が誣告罪で断罪されているということは、誣告された老は無罪であるはずである。にもかかわらず、同じように老が断罪されたのは老にも元正天皇を指斥した罪科が認定されていたわけで、三宅麻呂と老とは別のできごとでの科罪であったと考えるべきであろう。横田健一氏は、三宅麻呂の誣告とは、長屋王が元正天皇を批判したことを暴露したものであったが、宮廷と政府は長屋王を直接に罰することができないので、三宅麻呂を長屋王の無実を讒言《ざんげん》したとして誣告罪で伊豆に流したとしている（横田、一九八二）。

この事件は、多治比三宅麻呂と穂積老ふたりだけの事件ではなく、太政官内での勢力抗争も絡んでいたのではないかと思う。前述したように太政官への登用には一氏一人という慣習があったが、不比等による房前の参議任用の先行があったことから、藤原氏は中納言武智麻呂・参議房前という一氏二人を実現したのであるが、多治比氏も大納言池守・参議三宅麻呂という一氏二人を成就して、太政官内での発言力をましている。

このような多治比氏について、長屋王はどのように思っていたのだろうか。著者には少なくとも長屋王が皇親勢力の維持から考えて多治比氏に好意的であったとは思えない。多治比三宅麻呂が誰を何事で誣告したのかわからないが、この誣告を理由に長屋王が新任参議の三宅麻呂を太政官より追放し、代わりに義父の阿倍広庭を廟堂内に引き入れて、少しでも太政官運営をスムーズに進めようとした策謀を企んでいた可能性はあると思う。

また穂積老の元正天皇を指斥したとする内実が、中川氏のいわれたように長屋王に不満をもち、元正天皇の退位と首皇太子即位による政治体制の変革を主張するものであったとしたら、これは武智麻呂ら藤原氏の政治目的と同じくすることである。そこで属目されることは、老の現任が式部大輔であったことである。老は、養老元年三月以前から式部少輔、同二年九月からは式部大輔として、式部大輔・式部卿武智麻呂の、同三年正月からは式部卿宇合の下僚であった。老がこの五年にわたる式部省での官人生活で、武智麻呂・宇合の影響下にあったことを考えると不思議なことではない。

そうすると、この多治比三宅麻呂の誣告と穂積老の指斥事件は長屋王が中心となって関与したものであり、ここに長屋王と武智麻呂らとは首皇太子の存在などを巡って政治的に乖離していたものと推考することができる。そして、その政治的乖離は聖武天皇が即位してからも基本的には変わらずに深

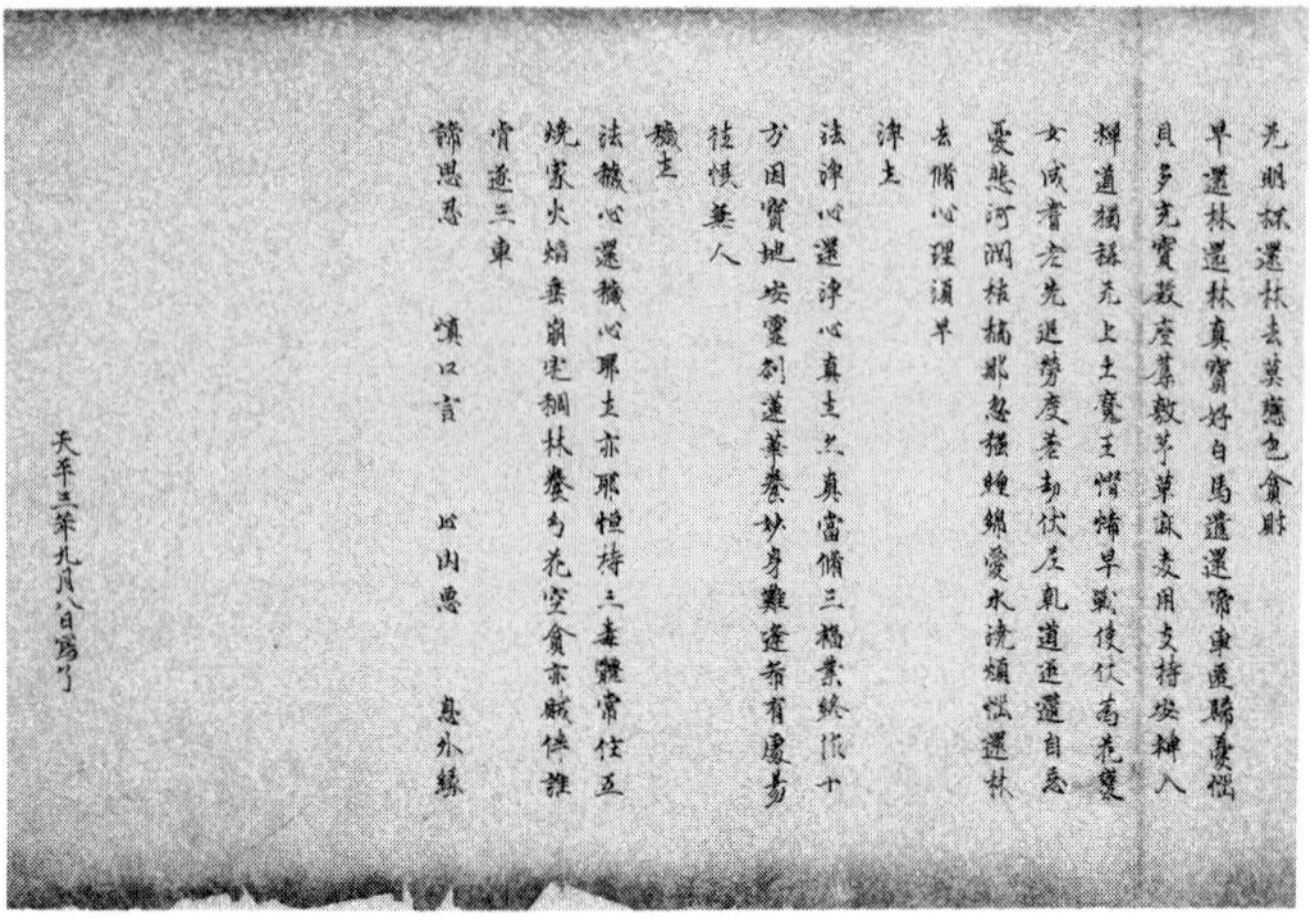
光明林還林去莫戀色貪財
早還林還林真寶好白馬遺還帝車匿歸憂惱
貝多光寶敷座幕散茅草麻麦用支持安禅入
禅道摘誅先上土覺王慴怖早戰使伏魔花變
女成耆老先退勞度差却伏左軌道逆還自悉
愛悲河潤枯橋那忽摧蝿縛愛水澆煩惱還林
去備心理須早
淨土
法淨心還淨心真土久真當備三檀業終作十
方国寶地安靈刹蓮華養妙身難逢希有處勞
往慎無人
穢土
法穢心還穢心那土亦那恒持三毒難常住五
燒家火焔無崩定鋼林養刀花空貪亦賊倖誰
肯逐三車
諦思忍　慎口言　止山悪　息外縁
天平三年九月八日寫了

聖武天皇自筆

刻化してゆくが、その一つの具現が藤原宮子への大夫人《だいぶにん》称号事件である。

藤原宮子への大夫人称号

神亀元年（養老八・七二四）二月四日、首皇太子は元正天皇の譲位をうけて、大極殿に即位して聖武天皇となった。天皇は即時に天下に大赦するとともに、元号を養老八年から神亀元年に改めた。また、一品の舎人親王に封戸《ふこ》五〇〇戸、多治比池守に五〇戸を増封し、二品新田部親王に一品を、長屋王に正二位を、巨勢祖父・大伴旅人、そして武智麻呂・房前兄弟にはそれぞれ一階を昇叙して正三位を与え、かつ増封している。

また長屋王を右大臣から左大臣に昇任させている。これによって二四歳の聖武天皇のもとで左大臣長屋王、大納言多治比池守、中納言巨勢祖父・大伴旅人・武智麻呂、参議房前・阿倍広庭の太政官メンバーが先朝からつづけて政治を遂行してゆくこととなったのであるが、台閣首班の長屋王だけが昇任して左大臣となったことは、この政権内での長屋王の主導力がより強化されたことを示唆している。

そして、この直後に聖武天皇生母で正一位夫人の藤原宮子を尊んで「大夫人」と称することが勅によって公布された。ところが、翌月の三月二十二日になって、宮子の称号について問題が起こった。というのは、『続日本紀』神亀元年三月辛巳（二十二日）条の以下にみえるような事態であった。

> 左大臣正二位長屋王ら言《もう》さく、伏して二月四日の勅を見るに、藤原夫人《ふじわらのぶにん》を天下皆大夫人と称《もう》せといへり。臣ら謹みて公式令《くうじきりょう》を検《かんが》ふるに、皇太夫人《こうたいぶにん》と云へり。勅の号に依らむと欲《せ》ば、皇の字を失ふべし。令の文を須《もち》ゐむと欲ば、恐るらくは違勅と作《な》らむことを。定むる所を知らず。伏して進止を聴かむとまうす。詔して曰はく、文には皇太夫人とし、語には大御祖《おおみおや》とし、先の勅を追ひ収めて、後の号を頒ち下すべしとのたまふ。

つまり、二月四日の勅で、天皇の生母である藤原宮子を「大夫人」とする旨が発せられたが、「大宝公式令」には皇太夫人と称することが規定されていて、勅によって大夫人とすれば公式令の規定に反し、公式令によって皇太夫人とすれば違勅となってしまうことから、「進止を聴かむとまうす」、どのように称すればよいかの判断を仰ぐ長屋王らの言上があったのである。これをうけて聖武天皇は、先勅を撤回して、文に書く時には「皇太夫人」、口頭では「大御祖」と称することを新たに詔で公布しなおしたのである。これが一般的にいう「藤原宮子大夫人称号問題」である。

この事実をどのように理解するかであるが、主な説をみてみよう。まず早川庄八氏は、長屋王だけでなく「長屋王ら言さく」「臣ら謹みて公式令を検ふるに」とあることから、議政官組織がみずから案件を発議し、これを審議したうえで天皇に奏上した論奏であるから、これは議政官組織の意志が天皇の意志を破った事例だとされた（早川、一九七九）。これに対して柄浩司氏は、他例の論奏を検討して、長屋王らの言上は論奏ではなく上表文と考えるのが妥当であって、議政官組織の意志が天皇の意志を破った事例として天皇と太政官の関係を論じることはできないとする（柄、一九八七）。

また河内祥輔氏は、母が宮子という血統上の弱点をもつ聖武天皇が、生母に「皇太夫人」の称を与えるためには、それが臣下の合意と願望にもとづくという形を作ることが必要であったとされるが（河内、一九八六）、それでは最初から長屋王らの「皇太夫人」との上奏を待てばよいわけで、わざわざ大夫人とする二月四日の勅をだして、天皇としての体面が傷つくような「進止を聴かむとまうす」との長屋王らの上奏を招く必要はないような気がする。

しかし、これら諸説には①誰が主体的に、②何を目的に大夫人称号を創設しようとしたのかという関心事が解明されていない。このことに焦点をあわせて考察されたのが龍前佳子《りゅうまえよしこ》氏である（龍前、一九九二）。まず、龍前氏は①について、大夫人称号に異議を申し立てた長屋王ではないし、聖武天皇一人の自発的な意志とは思われず、この称号を創出して聖武天皇に提案したのは四子、わけても内廷において内臣、外廷においては参議として聖武天皇の政治を支えるという立場にあった房前が考案して特別に賜った称号だとされている。

龍前氏のいうように四子が主体に創出したのは間違いないだろうが、ただ「わけても房前の意向が強かった」とするのはどうであろうか。前述のように房前の内臣在任は元正天皇在位中のことであって、聖武天皇即位と同時に解かれていたであろうから疑問である。やはり武智麻呂を中心とする四子によるものとするのが穏当な理解であろう。

②については、藤原氏は藤原宮子を「大夫人」と称させることによって、実質的には皇太后の地位にまで引きあげ、そのことによって藤原氏の位置づけをも皇族に準じる特別な地位にまで押しあげようとしていたと推測している。

そして、このような藤原氏の思惑に対して、皇親意識の強かった長屋王が不快に感じて異論をとなえたとするのが龍前氏の主張であるが、これについて筧敏生氏は「大夫人」は「オホミオヤ」と読み、皇親中の女性尊長である「スメミオヤ」に対比して作られた称号であることから、長屋王ら皇親にとっては伝統的な「スメミオヤ」に対抗するものとして意識されたことから反発をうけたと説く（筧、一九八三）。

「大夫人」との称号にどのような意味があるのか、筧氏のいうようなことであったのかもしれない。しかし、『続日本紀』の記事をみると、長屋王らの主張は、「勅によって大夫人とすれば公式令に規定する皇太夫人に反し、かといって公式令によって皇太夫人とすれば違勅となってしまう」ので、どのようにすればよいのかと判断を仰いだ単純なものである。もちろん、ここには言外に長屋王の公式令に拠るべきとの強い意志が看取できる。この藤原宮子の大夫人称号問題は、基本的には公式令に違反する大夫人称号に疑義をもち、その令規の遵守を迫った前述したような長屋王の原則を至上とする理想主義的な性格（中西、一九六三）にでるものであったということができる。

先の早川氏は、聖武天皇への奏上は「長屋王ら」とあることから長屋王単独の意志ではなく、議政官が審議した結果であると理解しているが、太政官内では武智麻呂、そして大納言多治比池守は武智麻呂に近い立場をとっていたと思われるから、「長屋王ら」の奏上も議政官が全員一致したものではないと考えられる。当時の議事決定は、出席者各人の意見を聞いたうえで最上席者が決定を下す統裁合議制が原則であったから、長屋王派と藤原氏派との対立はあったが、最終的には長屋王の意志によったことが想像できる（龍前、一九九二）。

いずれにしても、この問題は長屋王を中心とする皇親勢力の宮子およびその背後の藤原氏勢力に対抗する政治的意図をもった行為であることは間違いのないところであり、ここにはっきりとした長屋王勢力と藤原氏勢力の政治的な抗争の一端を垣間みることができ、これが数年後の長屋王の変につながったことは否定できない。

宇合の征夷と持節大将軍

神亀元年（養老八・七二四）四月、宇合は「海道の蝦夷を征する」ための持節大将軍を命じられた。『続日本紀』神亀元年四月丙申（七日）・癸卯（十四日）条には、

丙申、式部卿正四位上藤原朝臣宇合を持節大将軍とし、宮内大輔従五位上高橋《たかはし》朝臣《あそん》安麻呂《やすまろ》を副将

> 軍とす。判官八人、主典八人、海道の蝦夷を征《う》たむが為なり。
> 癸卯、坂東九国の軍三万人をして、騎射を教習し、軍陳を試練せしむ。綵帛《さいはく》二百疋、絁《あしぎぬ》一千疋、綿六千屯、布一万端を陸奥の鎮所に運ぶ。

とあって、宇合は三万の兵士を率いて蝦夷鎮圧の責務に就いている。

この宇合の蝦夷鎮圧の政治的背景については、養老四年（七二〇）八月に不比等を喪ったことによる政府の混乱がある。その政府の混乱が敏感に地方にも波及して露呈したのが、同四年九月二十八日の陸奥国の奏言によってもたらされた蝦夷の反乱であり、按察使の上毛野広人《かみつけののひろひと》が殺害された事実であった。

そこで政府は、多治比県守を持節征夷大将軍に、下毛野石代《しもつけののいわしろ》を副将軍に、阿倍駿河《あべのするが》を持節鎮狄将軍に任じて、これを鎮圧しようとした。翌養老五年四月に県守と駿河がともに帰還したことが『続日本紀』にみえているから、半年くらいで制圧に一応成功したものと推察することができるし、同五年十月に柴田郡内の二郷を割いて、新たに苅田郡を置いたことは、その成果とみることができる。

そして養老六年閏四月には、陸奥按察使管内で庸調免除、農耕と養蚕の勧行などの施策がとられ、良田百万町歩の開墾が計画された。同六年八月には諸国司が簡点した柵戸《きのへ》（柵内に居住して蝦夷に備える人）千人を陸奥鎮所に入植させたが、やはり無理があったとみえて、神亀元年三月には陸奥大掾佐《さ》伯《えきの》児屋麻呂《こやまろ》が海道の蝦夷らに殺害された。そこで再度の蝦夷鎮圧が計画され、委ねられたのが宇合であった。

この時、宇合が持節大将軍に任じられたのは、考えようによっては一番妥当な人事であったといえる。神亀二年三月には常陸国の百姓が陸奥から侵入した蝦夷らによって家宅を焼かれ、財物を略奪されたことがあったように、常陸国が直接侵害されており、海道の蝦夷の鎮圧ともなれば、その兵站として主的な役割を果たすのは常陸国をおいてほかにはない。

先述したように、宇合は式部卿に補されたのをもって帰京して、常陸守・按察使の任からは離れていたと思われるものの、常陸守として部内を把握し、按察使として上総・下総・安房三国を管轄していたことの経験は、持節大将軍としての任務を全うするうえでもっとも重視されたことであろう。

宇合の征夷の状況についてはよくわからないが、神亀元年十月頃には一段落したようで、宇合は帰京の途についたが、十一月十五日には聖武天皇は内舎人《うどねり》を近江国まで迎えに派遣して宇合を慰労している。そして十一月二十九日に宇合は鎮狄将軍の小野牛養《おののうしかい》とともに入京している。

この征夷の結果として、翌神亀二年閏正月には七四〇人近い陸奥の俘囚《ふしゅう》（蝦夷の捕虜）を、伊予国に一四〇人、筑紫国に五七八人、和泉監《いずみのげん》に一五人強制移住させる措置がとられている。これは宇合が陸奥から連れてきて正月の拝賀に参列させた後の措置であって、征夷が成功したことを誇示しようとしたものであろう。そして、宇合には従三位への昇叙と勲二等が授けられ、判官・主典以下一六九六人にも勲位が贈られていることからして、この征夷はおおいに成果をあげたものと思われる。なかでも、この後の東北政策の中心となる大野東人が従四位下・勲四等に三階級特進している。これは東人がこの征夷で大きな役割を果したことを示している。

夏秋期間とはいえ東北での半年にわたる征夷は、宇合にとっては苦難をともなうものであったことは容易に想像できる。しかし、これは宇合にとっては必ずしも無駄ではなかった。ともに行動した小野牛養は、長屋王の変に際しては右中弁の職にあり、武智麻呂とともに長屋王宅で王を窮問しているし、天平元年（神亀六・七二九）八月の光明子立后にともなって皇后宮大夫となっている。武智麻呂体制下で右中弁に就いたと思われる中臣広見《なかとみのひろみ》も、じつは宇合とともに東北に転戦した者で、その功績を賞されて従五位上・勲五等に叙されている。その広見を襲って次に右中弁となったのが、やはり宇合のもとで副将軍であった高橋安麻呂であった。

これ以外でも、宇合の配下にあった大野東人《おおののあずまひと》は、後に陸奥鎮守将軍・陸奥按察使となり、陸奥国と出羽国との直通路の開径を奏言して、その際には麻呂が持節大使に任命されるが、この時に常陸守で副使となったのが坂本宇頭麻佐《さかもとのうずまさ》であり、出羽守として活躍したのが田辺難波《たなべのなにわ》であるが、ともに宇合の配下にいた官人であった。

持節大将軍宇合のもと、半年間の征夷で生死をともにした下僚のうち、小野牛養、中臣広見、高橋安麻呂という、いわば宇合子飼の官人三人が相つづいて政府中枢の右中弁の職を襲任していることは興味ある事実として属目される。ここに宇合の意向が介在していたことは間違いない。

神亀年間の麻呂

神亀元年（養老八・七二四）二月に聖武天皇が即位したものの、長屋王は正二位・左大臣に昇叙・昇任して、元正太上天皇の支持もうけて、徐々にその政権を確実なものとしていったようであり、それだけに藤原氏との対立も深刻化する政治動向のなかで、麻呂はどのような政治姿勢をみせていたのだろうか。

この頃、長兄武智麻呂は正三位中納言、次兄房前も正三位参議・授刀頭、そして宇合も従三位式部卿として政界に活躍していたが、麻呂については養老五年（七二一）六月の左右京大夫任官後、しばらくその動向がわからない。神亀元年二月の聖武天皇即位にともなう叙位で武智麻呂・房前が、同二年閏正月に征夷の功績で宇合が、それぞれ昇叙されているにも拘わらず麻呂は叙位に預かっていない。

そして、麻呂に関してもっとも興味あることは、藤原氏内での政治的立場である。前述のように、藤原氏嫡流として不比等政権をうけついで、聖武天皇のもとで藤原氏中心の政治体制をめざす武智麻呂、元正太上天皇の信任をうけて長屋王との協調体制を志向する房前、詳しくは後述するとして、この時点では長兄である中納言の武智麻呂、授刀頭として親衛軍を掌握する次兄房前、一歳違いの兄弟は藤原氏の主導権をめぐって互いに意識して微妙な関係にあったと推測される。

そのようななかで、一回りも年少の宇合と麻呂が二人の兄の動向に影響をうけるのは仕方のないことであった。宇合は意外と早くから武智麻呂に傾斜していったのに対して（木本、一九九二）、麻呂の行動はあまりはっきりしないが、どちらかといえば武智麻呂・宇合に引きずられていたといえるかもしれない（林、一九九五ii）。

兄らの昇進に比べて停滞していた麻呂ではあったが、神亀三年になると叙位の機会が訪れる。同三年正月二日には、『続日本紀』に「京職白鼠を献る。大倭国《やまとのくに》白亀を献る」（『続日本紀』神亀三年正月辛巳条）とみえるような祥瑞のことがあった。「左京職」「右京職」ではなく「京職」とみえているのは、麻呂が左右京職大夫を併任しているからであるが、この祥瑞に「京職大夫」麻呂が関与したことは、先述した美濃国養老の美泉のことから考えても間違いない。

　これは新年を賀すための演出でもあろうが、そこには聖武天皇の治世を称揚する天意を創作しようとする麻呂の意図を感じる。この働きによるものであろう、正月二十一日になって麻呂は従四位上から二階昇叙して正四位上となっている。ともに祥瑞である白亀を献上した大倭国守は明確ではないが、麻呂の昇叙記事につづいて神亀元年二月に昇叙したばかりの正五位上阿倍駿河、正五位下石川君子《いしかわのきみこ》が従四位下に、正五位下中臣東人が正五位上に昇っているのは、たぶん麻呂とおなじ白鼠・白亀の献上によるものであろう。

　そして神亀三年九月には、聖武天皇の播磨国印南野《いなみの》（明石・賀古・印南三郡）行幸に際しての装束司に六人部王《むとべおう》・巨勢真人《こせのまひと》・県犬養石次《あがたいぬかいのいわすき》・大神道守《おおみわのみちもり》ら二七人とともに任じられている。この聖武天皇の播磨行幸の理由については明確ではなく、麻呂の動向についてもまた明確ではない。

宇合の知造難波宮事

　神亀三年（七二六）十月、聖武天皇は播磨行幸の帰途に難波宮にいたり、宇合を知造難波宮事《ちぞうなにわくうじ》に命じている。聖武天皇の難波宮行幸は史料に確認できるだけでも七回あり、文武天皇《もんむてんのう》の一一年に二回、元明天皇の八年に〇回、元正天皇の八年に一回に比べると多く、難波宮をこよなく愛していたことが知られる（直木、一九七五ii）。

　ところで、平城宮・平城京造営の任にあった造宮卿・造平城京司長官ら八人の位階の殆どは四位で

後期難波宮大極殿跡（直木，1992より）

あった。これに比べて宇合の従三位という位階は、養老五年（七二一）九月に造宮卿となった武智麻呂の例があるだけでかなり高位であったことから、聖武天皇が宇合の難波宮造営に期待するところが大きかったことがわかる。

明けて神亀四年二月、難波宮造営の雇民、つまり有償の強制雇傭労働者に課役《かやく》と房戸の雑徭《ぞうよう》を免除するなど負担の軽減を行って、造営工事の進捗がはかられている。そして天平四年（七三二）三月には宇合以下仕丁《じちょう》以上に物を賜ったことが『続日本紀』にみえているから、この頃には造営工事は一応完了したものと思われる。しかし同四年九月には石川枚夫《いしかわのひらぶ》が造難波宮《ぞうなにわくう》長官《ちょうかん》に任じられ、雇民が摂津国からも出されていることから考えて難波宮がすべて完成したということではなく、その後も造営はつづけられていたものと思われる。

これについて石川枚夫の位階が正五位下で宇合の従三位に比べて著しく低いことから、枚夫は造営がほぼ終わって知造難波宮事の任を解かれた宇合に代わって、新たに難波宮の維持管理を命じられ、それを職掌として設置されたのが造難波宮長官であったとの見解もある。

宇合は、この知造難波宮事の任に天平四年三月までの五年半ほどあって、聖武天皇の希望に応えて励んだのだが、その時の作歌として知られるのが第七章第2節でも触れる『万葉集』巻三・三一二番歌の「式部卿藤原宇合卿、難波の都を改め造らしめらるる時に作る歌」である。昔は田舎であった難波も今は都らしくなったという歌で、この歌には宇合の知造難波宮事としての感慨がこめられているような感じがする。

その後は難波宮とともに難波京域の整備も進められていたらしく、天平六年九月には三位以上に一町以下、五位以上には半町以下などの宅地の班給が行われている。これは聖武天皇が難波への遷都の構想を抱いていたためであろう（直木、一九七五ii）。聖武天皇が神亀三年十月に難波遷都を前提に宇合を知造難波宮事に任じたかは明確ではないが、少なくとも聖武天皇の将来をみすえたうえでの宇合の知造難波宮事任命があったことを思えば、聖武天皇の宇合への信任にはあついものがあったことが理解される。

武智麻呂と房前の按察使

神亀三年（七二六）から同五年にかけて武智麻呂・房前が按察使を兼官していたことが知られる。このことは正史である『続日本紀』にはみえない。『公卿補任』神亀三年・四年項には、房前が近江・若狭按察使にあったことがみえ、『武智麻呂伝』には武智麻呂が同五年七月に「播磨守に遷り、按察使を兼ぬ」と記されている。

按察使は宇合任命時のところで前述したように原則として国守が周辺の管掌国をも併せて、その職責を果たすのであるが、武智麻呂は中納言、房前は参議・授刀頭の重職にあったから京師から離れることはなかった（中村、一九八六）。よって、どのような意図でもって任命され、どのような政績をあげたかははっきりしない。

なかでも武智麻呂の就いた播磨按察使は、養老三年（七一九）七月に鴨吉備麻呂《かものきびまろ》、同四年九月に多治比県守、同五年六月に百済王南典《くだらのこにきしなんてん》、そして神亀五年に武智麻呂が任命されたのである。養老三年から二年間に三人も遷任している。播磨国が有数の産米国で漕運に恵まれた地域である（橋本、一九六三）ことに加えて、また特別な事由があったのかもしれない。

按察使は数カ国を管掌することから国司よりも上位でなければ安定した関係を構成できないことや（新野、一九七四）、養老五年六月に禄が倍給されるようになったこともあって、武智麻呂・房前などの議政官の兼任を助長したから十分に機能していたとは思えない。このことから陸奥出羽按察使は別にして、他の按察使の衰退は顕著であり、神亀四年二月に一時休止されていた巡察使が再び任命されているのも按察使衰退が背景にあったものと思われる。

基王をめぐる四子と長屋王

藤原大夫人の称号に端を発した長屋王と武智麻呂らの対立は、房前への内臣任命とも絡んで藤原氏内にも影響して、武智麻呂と房前の乖離が現出して複雑な政治様相をきたしていた。そのような政治状況にあった神亀四年（七二七）閏九月二十九日になって聖武天皇と光明子とのあいだに皇子が誕生した。『続日本紀』には皇子とのみあって名は記されていない。『本朝皇胤紹運録《ほんちょうこういんじょううんろく》』には「基王《もといおう》」とある。これは「某王」の誤謬とする見解もあるが、一般的には基王が用いられている。

聖武天皇は、すでに光明子とのあいだに養老二年（七一八）に阿倍内親王《あべないしんのう》を、県犬養広刀自《あがたいぬかいのひろとじ》とのあいだに同元年に井上内親王《いのうえないしんのう》をもうけていたが、皇儲たるべき男子の誕生が待たれていた。武智麻呂らにとっては、聖武天皇の即位があって不比等以来の藤原氏所期の目的を達したが、さらなる一族の将来への発展を期することを考えれば、夫人光明子の男子誕生は待望のことであった。聖武天皇はこの皇子の誕生を喜んで、光明子には特に食封《じきふ》一千戸が与えられ、七夜の産養《うぶやしない》（誕生の賀宴）には、天下に大赦して、皇子と同日に生まれた者に布一端・綿二屯・稲二〇束を賜り、また王臣以下、中宮舎人・授刀舎人らや亡き不比等家の資人や女孺《にょじゅ》にいたるまで禄を賜っている。

皇子誕生一カ月後の十一月二日、天皇は中宮に出御、太政官・八省が皇子誕生の賀詞を上奏し、玩好物を献上している。また朝堂に文武官以下、使部《しぶ》（諸司の雑事に奉仕する者）にいたるまで宴を賜り、五位以上には綿が支給されている。特に累世（累代名家）家柄の嫡子で五位以上の者には別に絁一〇疋が加給されている。さらに僧綱《そうごう》と僧尼ら九〇人や五位以上と無位の諸王らにも賜禄が行われている。聖武天皇の嫡子である皇子誕生がいかに待たれていたかがわかる。

このことは基王が生誕一カ月余で皇太子に立てられたということでもわかる。ちなみに文武天皇が立太子したのは一五歳、聖武天皇が一四歳、それぞれに事情があるとはいえ乳飲み子の立太子は異常である。そして神亀四年十一月十四日に諸司の史生以上が故不比等邸に参り、基皇太子を拝することが行われた。『続日本紀』神亀四年十一月辛亥（十四日）条には、大納言従二位多治比真人池守、百官の史生《ししょう》已上を引《ひき》ゐて、皇太子を太政大臣の第に拝む。

とある。

『続日本紀』の記事には、多治比池守よりも百官の史生已上の官人を率いるのにふさわしい太政官首班である長屋王の名がみえない。長屋王がこれに参加しなかったのは、前代未聞の生後一カ月余での立太子を不満に思い、反対の態度をはっきりと示したものといえよう。このことは藤原宮子大夫人称号をめぐっての対立から発して、その対立が抜きさしならない状況にまできていることを思量させる。

このような政治状況のなかで、神亀五年七月に新しく設置されたのが前述した中衛府である。『続日本紀』は八月とするが、『類聚三代格《るいじゅうさんだいきゃく》』巻四に七月二十一日とあるのが正しい。中衛府は授刀舎人寮を吸収・併合して、新たに精強な軍衛として設立されたもので（笹山、一九五五）、「常に大内に在りて周衛に備ふ」のを職掌とする天皇の親衛軍であった。直接的には聖武天皇とその周辺を警護する目的で新たに作られた軍事機構であり、また聖武天皇自身を起点とする皇統を担う基皇太子の身辺を警護することになるであろう兵力をあらかじめ準備しておこうとの考えにもよるものと思われる（遠山、一九九九）。

ところが神亀五年八月にはいって基皇太子は病に罹ったようで、聖武天皇は同月二十一日には観世音菩薩像一七七体、観世音経一七七巻を造り天下に大赦し、ついで二十三日には東宮に出御して見舞い、諸陵に幣帛使《へいはくし》を派遣して基皇太子の快復を願った。しかし、このような聖武天皇の願いは叶わず、皇太子の病状は回復せずに同五年九月十三日に没した。

基皇太子は那富山《なふやま》に葬られたが、聖武天皇の悼惜ははげしく、三日間政務を休んだ。また七歳以下で没した者には喪礼は行わない規定であったが、在京官人と畿内百姓には三日間の素服《そぶく》（白い麻の喪服）着用と諸国郡司の挙哀《こあい》を命じている。また神亀五年九月二十九日の夜には、二丈ほどの大きさの赤光の流星が四散して宮中に落ちたとのことが『続日本紀』にみえる（『続日本紀』神亀五年九月壬戌条）。この自然現象に基皇太子の死と、聖武天皇と光明皇后、そして武智麻呂らの落胆の大きさが仮託されているようである。十一月には智努王《ちのおう》を造山房司《ぞうさんぼうし》長官《ちょうかん》に命じて冥福を祈らせている。この山房は、後に金鐘寺《こんしゅじ》（金鍾寺）となり、東大寺造営につながり、聖武天皇と光明皇后の仏教帰依の軌跡となるのである。

那富山墓

この基皇太子という皇儲の死によって、武智麻呂らの皇位継承構想は破綻した。基皇太子の死は武智麻呂らにとって衝撃的なできごとであった。それゆえに基皇太子と同じ年に夫人県犬養広刀自を母として生まれた安積親王《あさかしんのう》の存在は武智麻呂らに焦燥感を抱かせることとなった。前年十二月に広刀自の親族である県犬養橘三千代が県犬養五百依《あがたいぬかいのいおより》・安麻呂《やすまろ》・小山守《おやまもり》・大麻呂《おおまろ》の四人に自分の骨肉の者として連姓から宿禰姓を賜ることを願って許されている。これは広刀自が安積親王を生んだことに係ることであり、五百依ら四人に安積親王の藩屏を期待するものであったとも考えられる。

基皇太子の夭死による皇位継承の不安、長屋王との政治的な対立、そして武智麻呂と房前との乖離、このような複雑な事情も絡んで政情は波乱ぶくみで、やがて来たるべき驚愕的な政治展開へとつながることになるのである。

第三章　四子と長屋王の変

1　長屋王の変

長屋王の変の経緯

天平元年（神亀六・七二九）二月になって、ついに武智麻呂《むちまろ》らは長屋王《ながやおう》の打倒に踏みきった。『続日本紀《しょくにほんぎ》』天平元年二月辛未（十日）条には、以下のようにみえている。

左京の人従七位下漆部造《ぬりべのみやつこ》君足《きみたり》、無位中臣宮処連《なかとみのみやこのむらじ》東人《あずまひと》ら密を告げて称《もう》さく、左大臣正二位長屋王私《ひそ》かに左道を学びて国家を傾けむと欲《す》とまうす。その夜、使を遣して固く三関《さんげん》を守らしむ。因て式部卿従三位藤原朝臣宇合《ふじわらのあそんうまかい》、衛門佐《えもんのすけ》従五位下佐味《さみの》朝臣虫麻呂《むしまろ》、左衛士佐《さえじのすけ》外従五位下津嶋《つしまの》朝臣家《いえ》道《みち》、右衛士佐外従五位下紀《きの》朝臣佐比物《さひもち》らを遣して六衛《りくえ》の兵を将《い》て長屋王の宅を囲ましむ。

この長屋王の機先を制し、その邸宅を六衛府、つまり衛門・左右衛士・左右兵衛《ひょうえ》・中衛《ちゅうえ》の六衛府の兵士で包囲するということの成否は、長屋王を邸宅内に押しこめるだけでなく、長屋王の行動の自由を奪い、長屋王派官人との連絡を遮断し、さらに武智麻呂らによる邸宅における糺問を意のままにすすめ、長屋王を自殺に追いこむうえにおいても事件の結果を左右するものであった。

長屋王邸内には、帯刀資人《たちはきのしにん》一〇人をはじめ長屋王・吉備内親王《きびないしんのう》夫婦の資人・帳内《ちょうない》を合わせて四〇〇人前後（「養老軍防令」給帳内条）の人々がおり、後にこの事件に関連して、長屋王派の中心官人七名が配流に処され、九〇人が原免されている事実から、これら百人の官人らが長屋王の政治派閥であったと推考すれば（関根、一九九七）、まずは六衛府の圧倒的な軍事力を駆使して長屋王を自邸に包囲するという行動が重要であったことが理解される。

長屋王邸の包囲は、『続日本紀』によれば、漆部君足、中臣宮処東人らの「長屋王がひそかに左道を学びて国家を傾けむ」、つまり「妖術を修得し、その験力により天皇を倒そうとしている」（直木他、一九八六）との密告にもとづいたものであった。左道とは、長屋王の道教的な世界観そのものを指す、道術技能との理解もあるが（新川、一九八六）、その具体的な内容は前年九月に夭死した基皇太子《もといこうたいし》を呪殺したとのことであった可能性が高い。

ただちに衛門佐の佐味虫麻呂、左衛士佐の津嶋家道、右衛士佐の紀佐比物（紀雑物）らが、それぞれ支配下の兵士を率いて行動している。この三人は、ともに藤原氏派の官人達であって、家道と佐比物はともに前年五月の叙位で昇叙されている。この叙位で昇叙した官人には藤原氏派が多く、藤原氏による懐柔的な性格をもつものであった。

ただ、『続日本紀』によれば左右兵衛佐の動向がみえてはいないし、聖武天皇《しょうむてんのう》・基皇太子の親衛軍として藤原氏によって創設された中衛府《ちゅうえふ》の官人の動静も知られていない。しかし、「六衛の兵を将て」と記されていることからすると、衛門・左右衛士の三衛府だけでなく、左右兵衛・中衛の三衛府の兵士も動員されていたものと考えられる。

では、なぜ『続日本紀』の記事にみえないのか。衛門府と左右衛士府の次官である佐は、「養老官位令」には従五位下の相当職とあるが、左右兵衛府の佐は正六位下相当と規定されている。虫麻呂は従五位下で、家道と佐比物は外位ではあるものの従五位下であることからして、この時の左右兵衛佐も相当の正六位下クラスの者が任じられていたものと考えられる。五位以上でなければ記載しないという国史の原則によって、左右兵衛佐二人の名前は掲載されなかったのであろう。中衛府も同様の可能性が高く、この三衛府が加わっていなかったということではないと思う。

また六衛府の督《かみ》がみえていないが、なぜ次官の佐であったのかであるが、これは秘密裡に兵士を動員するためには、左大臣である長屋王との接触の多い督よりも下僚で、藤原氏側にある佐のほうがよいとの判断があって、督を措《お》いて佐官をして兵士の動員を謀ったものと推考される。左京七条あたりに止宿していた六衛の兵士、その員数も衛門・左右衛士だけでも合わせて最大で千人という大人数の兵士（市、二〇〇八）を秘密かつ迅速に動員していることは、用意周到な計画のもとに実行されたものと断じることができる。

そして、翌日の十一日には長屋王への窮問が自邸で行われた。『続日本紀』天平元年二月壬申（十一日）条には、

巳時《みのとき》に、一品舎人親王《いっぽんとねりしんのう》・新田部親王《にいたべしんのう》、大納言従二位多治比真人池守《たじひのまひといけもり》、中納言正三位藤原朝臣武智麻呂、右中弁正五位下小野《おのの》朝臣牛養《うしかい》、少納言外従五位下巨勢《こせの》朝臣宿奈麻呂《すくなまろ》らを遣して、長屋王の宅に就きてその罪を窮問せしむ。

とみえている。

巳時というから午前十時、舎人親王ら六人が長屋王邸に出向いて窮問にあたったのである。この長屋王邸が発掘で話題となった左京三条二坊一・二・七・八坪に所在した邸であったのか、左京一条三坊一五・一六坪に比定されている佐保宅（宝宅・佐宝楼《さほのろう》）であった（森田、二〇〇〇）のか、どちらかはっきりしないが、前者の場所から発掘によって「左兵衛府」「中衛府」と墨書された土器が出土して、この地に衛府が駐屯していた事実がうかがえることから、宇合が六衛府の兵士を率いて包囲し、また舎人親王ら六人が窮問した長屋王邸は左京三条二坊の邸宅であったと考えられる。

前掲の辛未条には、「その夜、使を遣して固く三関を守らしむ」とあり、その直後に宇合らが六衛府の兵士を率いて長屋王邸を囲んでいるから、漆部君足らの密告をうけての行動は夜陰に乗じて行われたものと推測される。そして、その翌日の巳時以前に早くも窮問のメンバーが決定され、まがりな

りにも聖武天皇の承諾をえて派遣されたことを思うと、ずいぶんと事が速やかに行われたものと考えられる。この長屋王打倒のための行動が計画的なものであったことは（大山、一九九三）疑いようがない。

長屋王平城京左京三条二坊邸跡
（奈良国立文化財研究所，1996より）

そして、注目されることは、時の太政官首班である長屋王の謀反《むへん》密告がなされ、六衛府の兵士を動員するという混乱した政治情勢のなかで、なぜか突然に大宰大弐の多治比県守《たじひのあがたもり》、左大弁の石川石足《いしかわのいわたり》、弾正尹《だんじょうのいん》の大伴道《おおとものみち》足《たり》が「権《かり》の参議」に任命されていることである。

この補任《ぶにん》については、藤原氏による貴族の動向を抑制しようとした意図があった（北山、一九五三）、長屋王打倒の目的をもって台閣《たいかく》構成の常識によって各氏族の代表者を任じたもの（中川、一九七五ⅰ）との見解があるが、太政官では長屋王反逆の密告をうけて、どのような措置をとるか議論があったはずである。太政官構成員がこぞって藤原氏と一枚岩であったというわけではない。太政官内を長屋王打倒の意見で集約し、長屋王への糾弾が政界の支持をえた合法的なものであることを示すために

（瀧浪、一九八五）、新たに藤原氏派の多治比県守・石川石足・大伴道足を急いで仮に参議に任じたのであり、県守らは当初から長屋王打倒の謀議に加わっていたと考えられる（直木、一九六八）。このことからすれば、この三人の補任は十一日の巳時までになされていた可能性が高い。

六衛府の兵士でもって長屋王を自邸に包囲し、外部と遮断したなかでの追及は、事実の解明や罪状の認否に目的があったわけではない。無実の罪を長屋王に認めさせる強要の場にすぎなかった。正当な手続きをへた罪状認否が公式に行われたら、自分たちの長屋王を無実の罪で陥れようとする陰謀が露呈してしまう。それだけに藤原氏は公的な場ではなく、長屋王の私邸に窮問の使節を派遣して事件の決着を急がなければならなかったのである。本来は窮問は三日を要するが、このように急いだのには死刑を奏決できなくなる春分が間近であったとする説もあるが（山田、一九八七）、そうではあるまい。後述のように長屋王一族の「養老獄令」決大辟《けつだいびゃくざい》罪条で禁止されている自邸での自殺を見逃しているのも、このような理由からであろう。

『続日本紀』天平元年二月癸酉（十二日）条には、

王をして自ら尽《し》なしむ。その室二品吉備内親王、男従四位下膳《かしわで》夫王《おう》、無位桑田王《くわたおう》・葛木王《かつらぎおう》・鉤取《かぎとり》王《おう》ら同じく亦自ら経《くび》る。

と記されている。翌日の十二日には長屋王は自邸で自殺し、妻の吉備内親王やそのあいだに生まれた

息子の膳夫王・葛木王・鉤取王らも自ら首をくくったのである。ただ『日本霊異記《にほんりょういき》』中巻には、

親王自ら念へらく、罪无《な》くして囚執《とら》はる。此れ決定して死ぬるならむ。他の為に刑《う》ち殺されむよりは、自ら死なむには如《し》かじとおもへり。即ち、其の子孫に毒薬を服せしめ、絞《くび》り死し畢《おわ》りて後に、親王、薬を服して自害したまふ。

と『続日本紀』の記述とは違って、長屋王は刑殺されるよりは自殺したほうがよいと思い、子・孫を服毒させたうえで絞殺して、自分も服毒自殺をしたとあるが、真実は定かではない。

明けて十三日には、早くも長屋王と吉備内親王は生駒山《いこまやま》に葬られて、事件に幕が引かれた。しかし、藤原氏にもうしろめたいところもあったようで、長屋王は罪人ではあるが葬礼はいやしくすることのないように、そして吉備内親王には罪がないことから「喪葬令《そうそうりょう》」に規定する内親王の処遇に準拠して葬送を行うように指示している。また長屋王の実弟である鈴鹿王《すずかおう》をはじめ、姉妹・子孫と妾ら縁坐にかかる者はすべて赦除して、さらに位禄・季禄・節禄などは従来どおりに支給するという寛大な措置をとっている。

その一方で、この事件による政界の動揺を恐れて、上毛野宿奈麻呂《かみつけののすくなまろ》ら七人を「長屋王と交り通ふ」ことを理由にあげて流罪に処し（『続日本紀』天平元年二月戊寅条）、長屋王に与する奸党・賊悪をのぞき滅ぼすことを厳しく国司に命じるなどの対応をとっている。また公卿・官人らだけでなく、平城京

内の庶民を考慮してのことであろう、京内の死罪以下の罪人を赦免し、事件のために動員された人達の雑徭《ぞうよう》をも免除している。このことから考えると、長屋王の変というのは、政界上層部の権力闘争ということだけでなく、社会的にも大きく影響した事件であったといってもよい。

そして、密告した漆部君足と中臣宮処東人はともに外従五位下に叙せられ、封戸《ふこ》三〇戸と田一〇町を賜わり、この時さらに漆部駒長《ぬりべのこまなが》にも従七位下が授けられている。駒長は長屋王邸内におり、君足の指示のもとで（関根、一九九七）密告に関与して賞せられたのであろう。君足と東人は、長屋王とどのような関係にあったのか明らかではないが、次に記述するように東人は長屋王に恩遇を蒙っていた大《おお》伴《ともの》子虫《こむし》と身分差を越えて囲碁をする親しい間柄であったことを思えば、長屋王家となにかしらの関係があったものと推測される（中川、一九九九）。

長屋王は無実か

しかし、長屋王の変はこれで終わったわけではない。後日談がある。それは『続日本紀』天平十年（七三八）七月丙子（十日）条に記されるできごとである。

左兵庫少属《さひょうごのしょうさかん》従八位下大伴宿禰子虫、刀を以て右兵庫頭《うひょうごのかみ》外従五位下中臣宮処連東人を斫《き》り殺しつ。初め子虫は長屋王に事《つか》へて、頗る恩遇を蒙れり。是に至りて適《たまたま》東人と比寮に任す。政事の隙に相共に碁を囲む。語長屋王に及べば、憤発《いきどお》りて罵り、遂に剣を引き、斫りて殺しつ。東人は長屋王の事を誣告《ぶこく》せし人なり。

長屋王の事件が起きてから九年半を過ぎた天平十年七月、左兵庫寮の少属であった大伴子虫は、隣りあわせの右兵庫寮の長官である中臣宮処東人と政務のあいまに囲碁をうっていたが、話が長屋王のことにおよんだ時、ひどく腹をたて罵り、ついに剣を抜いて切り殺してしまったのである。

大伴子虫ははじめ長屋王に仕えていたが、その時には手厚い待遇をうけていたとあるから恩義を感じていて、長屋王のことが話題にのぼった時に密告した中臣宮処東人のことを怨む気持ちを抑えることができずに殺害におよんだものであろう。末尾には「東人は長屋王の事を誣告せし人なり」とある。「誣告」とは虚偽の密告のことで、ここに正史である『続日本紀』が東人らの密告が虚偽であり、長屋王は冤罪であったことを記しているのである。

この誣告の記事が当時の記録によるものなのか、または『続日本紀』の編纂段階におけるものなのか。寺崎保広氏は、長屋王の名誉回復の時期が天平八年から同十年という四子の死期前後に近接している点に注目されるとし（寺崎、一九九九 i）、倉本一宏氏は「誣告」という語をそのまま記事とした『続日本紀』編者の意図は汲みとるべきだとされているから（倉本、一九九八）、両氏は前者と理解されているのだろう。これに対して中川収氏は、長屋王の謀反を裁断したのは聖武天皇であるから、天平十年段階で逆転判断がなされたとは思えず、加えて漆部君足と漆部駒長が誣告罪で処分された記録もないことから後者だとされている（中川、一九九九）。

また関根淳氏も、誣告がこの殺人事件以前に認定されていれば、誣告の罪人である中臣宮処東人が右兵庫頭に在任しているはずがないという宮川久氏の主張（宮川、一九九五）を援用しつつ、たとえ一〇年という時間が経過しても東人が誣告の真相を大伴子虫に漏らす状況を想定しえないし、謀反として処理した聖武天皇の在位中に、その過誤を明らかにするような長屋王の冤罪が暴露されたとは考えられず、この誣告記事は後年の『続日本紀』編纂段階における挿入であるとする。それでは、いつの時期の挿入かというと、中西康裕・中川氏の光仁朝《こうにんちょう》との主張（中西、一九九六・中川、二〇〇〇）を排し、長屋王の誣告記事を挿入することによって時代の差異を意識づけ、新王朝の幕開けを効果的に演出しようとした意図のもとに桓武朝《かんむちょう》に行われたとしている（関根、二〇〇三）。

2　四子の思惑

首謀者は誰か

少しまわり道をしたが、それではこの長屋王の変を仕掛けた者について考えてみる。まず遠山美都男氏は、聖武天皇とする見解を示し（遠山、一九九九）、角田文衛氏は県犬養橘三千代《あがたいぬかいのたちばなのみちよ》と考えられ（角田、一九六四）、これをうけて渡辺久美氏も、長屋王の反対が予想される光明子《こうみょうし》の立后をもっとも望んでいたのは母親の三千代であるとして角田説を敷衍された（渡辺、一九七五）。しかし、後述するようにこの政変の要因が光明子立后に反対する長屋王の政治姿勢に対するものではないことや事件後に三千代が後援する娘婿の房前《ふささき》への昇任昇叙がなかったことからすると首肯することはできない。

このようなことから、一般的には藤原四子、武智麻呂・房前・宇合・麻呂四子が協力して政敵である長屋王を打倒したと考えられてきた。しかし、近年では四子にはそれぞれの政治的立場があって、必ずしも四子が一致協力したものではないといわれている。では四子は、それぞれがどのような立場で、どのように関わっていたのか。そして、四子のうち誰が主導的役割を果たしたのかということであるが、この関心事については見解がわかれている。

さて、長屋王の変に際しては前述したように二月十一日に罪科を窮問する使節が派遣され、長屋王を自殺に追いこむことがその目的であったと思われることからすると、実際にこの事件に関与した太政官を中心とする公卿・官人のなかに首謀者を求めるべきであろう。

当時の太政官は、知太政官事の舎人親王、左大臣の長屋王、大納言の多治比池守、中納言の大伴《おおともの》旅人《たびと》・武智麻呂・阿倍広庭《あべのひろにわ》、参議の房前の七人で構成されていたが、当の長屋王と大宰帥《だざいのそち》として九州にあった旅人をのぞいたなかから、窮問に赴いたのは舎人親王、池守、武智麻呂であって、武智麻呂と同じ中納言でも広庭と参議の房前は窮問に加わってはいない。他に大将軍の新田部親王と右中弁の小野牛養、少納言の巨勢宿奈麻呂（巨勢少麻呂）が参加しているのみである。

この窮問メンバーのうち、舎人親王は知太政官事、新田部親王は大将軍、ともに行政・軍事面を代表する職責ということもあり、また無実の長屋王を下僚である大納言の多治比池守や中納言の武智麻呂らだけでは屈伏させることができないこともあって、天武天皇の親王の生き残りで、当時の皇親勢力の重鎮であり、長屋王にとっては叔父にあたる両親王が窮問に参加したものと思われる。

舎人親王は長屋王に好意的ではなかったようであり（直木、一九六八）、新田部親王は母の藤原五《ふじわらのい》百重娘《おえのいらつめ》が武智麻呂らの叔母で、四子とは従兄弟ということもあってもとより親藤原氏ではあった。よって舎人親王を中心とした皇親勢力であったとする説（山縣、一九八九）もあるが、事件後の両親王への処遇に変わったところがないことを考慮すると、この二人の親王を首謀者にあてることは適当ではない。また小野牛養は弁官局、巨勢宿奈麻呂は少納言局からという、ともに実務官人として職掌上のことから派遣されたものであろうが、この二人も藤原氏と近い関係にあって当初からこの役割を期待されていた。

こう考えてくると、長屋王を打倒しようとする謀略目的で窮問に参加し、主導的な役割を果たした人物は、残る多治比池守か武智麻呂のいずれかになると思うが、すでに高齢であって、翌天平二年（七三〇）九月に没する池守が、このような陰謀事件を工作するとは思えないから、武智麻呂ら四子であったことに誰もが納得するであろう。

房前首謀説

なかでも、この政変の中心にあったのは房前であったとするのが野村忠夫氏である。野村氏は後にも検討するように、四子のなかでも房前を実力者としてもっとも重視していることから、この件についても房前の主導を指摘する（野村、一九六八）。

しかし、まず疑問に思うことはここまで記述してきたように、房前は『続日本紀』によれば、麻呂とともに長屋王の変においての具体的な行動がなにひとつ知られない。これについて野村氏は、「実力者である内臣の房前が隠れていたとすれば、長屋王が完全に政界の孤児と化していたことは明白だ」と述べていて、藤原氏の長屋王打倒行動のなかで、「房前は実力者ゆえに隠れていた」と理解さ

伝・県犬養橘三千代の念持仏

れている。

けれども房前が何故に隠れなければならないのか、そのような理由が著者にはわからない。事件の端緒に、藤原氏は長屋王の機先を制する意味から、窮問に先立って六衛府の兵士を派遣して王邸を包囲させているが、このなかに中衛府の舎人も含まれていたことは前述した。そうなると各衛府の兵士を率いている佐味虫麻呂らの佐クラスの武官を指揮するのにもっとも適した人物は、六衛府中精強で知られる中衛府の長官中衛大将であった房前をおいてほかにはない。

しかし、なぜかそれが房前ではなく、武官職とは関係のない式部卿の宇合であったことは不思議なことである。このことがどのようなことを意味するのかと考えてみた場合、房前はこの事件に直接関与しておらず、王邸包囲の指揮は房前より宇合の方が適任であったと理解するよりほかあるまい。すなわち長屋王打倒の成否のかかった長屋王邸の包囲を指揮するという重要な役割において、房前よりも宇合が信頼されていたということであろう。持節大将軍としての蝦夷《えみし》征討における実戦経験がかわれたということでもあったかもしれない。

野村氏は、実力者の房前が事件に際して主要な役割を果たさなかったわけがないと考えられたようであるが、たとえ房前が実力者であったとしても、その房前が必ずしも長屋王打倒の中心人物でなくてはならないという理屈はない。

それでも房前の事件への参加を主張する説もある。森田悌氏は、房前は姑の県犬養橘三千代との関係で光明子擁立の立場にあり、その点で武智麻呂と政治目的を同じくしており、長屋王排除の謀議に参加したとする。そして、房前不参加の根拠となっている『続日本紀』の関係記事に名前がみえないのは、長屋王邸包囲軍を指揮していないからであって、事変後に論功行賞的な叙階にあっていないのも、すでに従三位であって、それ以上の賜叙ができなかったからだといわれる（森田、一九九四）。

けれども包囲軍を指揮していなくとも、房前の藤原四子のなかでの立場を考えれば、武智麻呂らとともに長屋王邸で罪を窮問してもよいし、このような事件の場合にはいくらでも果たす役割はある。それにもかかわらず、その動向が知られないのは参加していなかったと考えるのが常識的な判断であろうと思う。また叙階のことであるが、確かに森田氏のいうように従三位からの昇叙はむずかしい。しかし、それならば武智麻呂が事件直後に中納言から大納言に昇任したように、この時点で養老元年（霊亀三・七一七）十月に参議に任じてからすでに在任すること一二年の房前を後任の中納言に昇任させてもよかったのではないかとの疑問が起こる。やはり、このようなことから房前はこの事件に積極的に関わってはいなかったと理解するのが至当な判断だと思う。

では、なぜ房前はこの事件に参画していなかったのかという理由が問題となる。

それについて、房前は妻である牟漏女王《むろのおおきみ》とその母の県犬養橘三千代との関係から、長屋王の排斥を企てる武智麻呂らと距離をおいたとする説（増尾、一九九一）、また房前は武智麻呂を中心とする一族の決意を知りつつ、長屋王との交流により積極的な行動をとれなかったのではないかとする説（大山、一九九二）がある。

野村氏は、房前が藤原氏の一員として長屋王と対立する立場にあったと理解されているが、このように理解すること自体に問題がある。著者は房前の管理下にある中衛府が宇合の指揮下に動員されている事実は、房前の意図とは関係なく行われたものであって、ここに房前と武智麻呂らとのあいだに隔絶した関係が指摘されると思う。

この両者の関係を明示するのが、第二章第3節でも詳述した房前の内臣への任官である。繰りかえしになるが、房前が内臣に就任したのは養老五年十月二十四日のことで、元正天皇《げんしょうてんのう》の意志ということになってはいるが、本当のところは元明太上天皇《げんめいだいじょうてんのう》の意図によるものであろう（中川、一九七五・i）。元明太上天皇には、房前の妻牟漏女王の母である県犬養橘三千代からの働きかけもあった。これより十日前の十月十三日に、元明太上天皇は長屋王と房前二人のみを召し入れて、葬儀を質素に行うことや火葬にすること、通常の日と同じように政務を行うなどのことを遺言している。

これは元明太上天皇が、その死の目前にあたって、以後の元正天皇のもとでの政治を長屋王と房前に託そうとしたことの意思表示であり、房前への具体的職責として考えたのが内臣ということであった。ここに元明太上天皇のみならず元正天皇も、房前に長屋王と協調して、議政官とは別に自らの政務を補佐して国家を安寧にすることを願い、長屋王＝房前協力体制による政権運営を期待していたことは明らかである。

ただ職官が参議のままで正式に内臣を称したことのない房前が、大化改新後の中臣鎌足《なかとみのかまたり》のように事実として帝業を輔翼したとは思えず、これは元明太上天皇の願望を述べたにすぎないとの見解もあるが（大山、一九九三）、房前が内臣解任後に内臣の職掌に近い中務卿《なかつかさきょう》に任じられていることを勘案すると、それなりの権限を有していたものと思われる。

いずれにしても房前が元明太上天皇の遺言を承り、内臣に就任していることは、自身も長屋王との協力体制を容認していたことを示し、元明太上天皇・元正天皇からすれば内臣に任命することによって房前を皇親側に引き込み、武智麻呂と対抗させようとした意図もあり（瀧浪、一九八五）、これが房前と武智麻呂のあいだに亀裂を生じさせていたものといえる。そして房前が長屋王との結びつきを強める結果となり、長屋王と房前とは互いに認めあう関係になったと思われる（原田、一九八〇・並木、一九七四）。

このようなことからすると、房前が関わっていなかった理由としては、前掲の増尾・大山説ともに妥当な見解といえるが、次に武智麻呂を視点にして考えてみる。

武智麻呂首謀説

このように公私にわたり長屋王と親しく、内臣となって皇親体制側に立っていた房前について、渡辺久美氏は武智麻呂―多治比県守―宇合のラインから除外され、孤立的になっていたとする（渡辺、一九七五）。さらに瀧浪貞子《たきなみさだこ》氏は、武智麻呂が事件後ただちに一人のみ大納言に昇ったなどの政治的重要性を述べたうえで、前述のように房前が中衛大将であったにも拘わらずなにの行動も知られないこと、事件後の三月四日に論功行賞ともいえる叙位が行われて三一名もの多くの官人が昇叙したにもかかわらず、房前にはその処遇がなかった事実などから、事件に関与していなかったとみるのが論証の筋道であり、これは武智麻呂が房前を意図的にはずしたもので、二人の関係は乖離したものであったと説かれた（瀧浪、一九八五）。

この瀧浪氏による武智麻呂＝房前乖離、武智麻呂主導説は、『続日本紀』の記事を整理したうえで立論された整合的なものと評価できる。著者も、かつて瀧浪説に追随して、

元正天皇や橘三千代の信任・信頼のもとに、長屋王との協力体制を推進する房前に対して、長兄の武智麻呂が藤原氏主導体制の確立をめざし、長屋王体制を打倒し房前を制して、不比等のあとを継業して藤原氏の代表者としての地位を確固たるものにするために起こしたのが、長屋王の変であった。藤原氏内には、同母で一歳ちがいの長兄武智麻呂と次兄房前とのあいだに、父不比等の後継者をめぐっての相克があり…

と述べたことがあった（木本、一九九二）。このような理解は、ほぼ通説化してきて、大山誠一氏の「房前は権力中枢の武智麻呂とは一線を画する存在であった」との理解へとうけつがれてきた（大山、一九九三）。

ところが、これらの論説に対して疑問を呈されたのが、中川氏であった。中川氏の反論は詳細なも

ので、著者が整理すると以下の①から⑦にまとめられると思う。

まず、①『続日本紀』に房前が一切みえないのは姑の県犬養橘三千代が「己の血縁者大事」で、房前への風当たりを弱めようとした結果であったとする。②また長屋王を葬りさったあとの論功行賞で、武智麻呂のみが大納言へと昇格して、実質上の太政官首班となったことから、事件の中心にいたのは武智麻呂であるとする見解について、長屋王が廟堂《びょうどう》から欠けたために急遽その補充として武智麻呂が昇格しただけのことである。③加えて事件直後、房前は中務卿に任じられているが、これは天皇に直結する枢職であり、武智麻呂との関係が良好でなければなれない人事である。④さらに、この年には武智麻呂の嫡子豊成《とよなり》と房前の娘とのあいだに縄麻呂《なわまろ》が生まれているから、両者の関係は良好であって、武智麻呂の主導体制のもとで房前が除外されていたはずがないと反論されている（中川、一九九三）。

中川氏は、さらに引きつづいて自説を展開し、⑤事件には綿密な計画と利害を共通にする協力者の獲得が必要であるから、房前が意図的にはずされたとは考えられない。⑥そして、房前と同じく事件での行動が明らかでない麻呂をはずされたとしないのは矛盾する。⑦房前がはずされたともみえるのは、じつは中衛大将として中衛本来の職掌である内裏を守護する大命を果たしていたからだとして、房前は武智麻呂を中核とする藤原四子体制を構築して、生涯にわたって対立関係にはなかったと結論づけている（中川、一九九五ⅰ）。

この中川論文をうけた林陸朗氏は、⑥の房前と同じように麻呂も動向が知られないのに、房前だけがはずされたとするのは矛盾するとの主張に対して、あとで詳述するように麻呂は事件後の論功行賞で昇叙しており、また「天平」への改元にも尽力しているから武智麻呂らに協力的であったことは明らかであるとして、中川氏の疑問を退けている。しかし、⑦など他方の中川氏の見解は妥当だとして同調されている（林、一九九五：i・ii）。

けれども、この中川・林両氏の見解にはにわかに従いがたい。この中川氏の①から⑦までの主張は、武智麻呂と房前の政治的関係を論定する基本的な論点だと考えられるので、この点について著者なりに順をおって検証してみよう。

まず①についてであるが、県犬養橘三千代が婿である房前への風当たりを弱めようとした根拠が『続日本紀』など史料に見出せないうえに、論理的に考えてもどうも房前が史料にみえない合理的な説明になっているようには思えない気がする。三月四日の論功行賞の叙位では、三千代の長子である葛城王《かつらぎおう》、のちに賜姓した橘諸兄《たちばなのもろえ》も従四位下から正四位下へと二階も昇叙しているから与党であったのであろう。実子の与力を認めて婿を抑止したとするのは矛盾する。

②は、確かにそのようにも考えることができるが、やはり事件直後にひとり大納言に昇格しているところからみても、武智麻呂が策謀の中心人物であったと解するのが妥当である。それに長屋王が欠けたための補充であれば、武智麻呂ひとりではなく太政官全体でバランスのとれた補充人事、それこそ武智麻呂の大納言昇任にともなう参議の経験が長い房前の中納言昇任が行われて当然であろう。

③の房前がのちに中務卿に任じられていることであるが、これは武智麻呂が自己の主導性確立のた

めに房前の帯びる内臣を免じたものの、房前を擁護する県犬養橘三千代からの干渉も予想されたため、それに代わって令制の範囲内での近い職掌である中務卿に任じたのにすぎないのではなかろうか。

④については、息子と娘の婚姻とそのあいだでの出産が、必ずしも双方の父親の政治的関係の親密さの根拠になるとはいえないが、一考に値する指摘ではある。しかし、この件に関しては吉川敏子氏が不比等《ふひと》の位封《いふ》・職封《しきふ》の考察から、これを確保するために藤原四子は「四子を含めた不比等の直系卑属よりなる集団」として不比等の子・孫として結束する必要があり、房前が娘姉妹を豊成・仲麻呂《なかまろ》兄弟に配したのも、このことが要因であったと指摘されるように(吉川、一九九四)、この婚姻関係は「藤原四子」としての政治的な結束を意味するものではなく、房前個人の地位や立場を保つために藤原宗家からの独立を意識してのことであったらしい(大友、二〇一〇)。

⑤について、事件を起こすにあたっては、綿密な計画と協力者が必要であることは論をまたない。しかし、そのことがどうして房前をはずすことができないことの論拠になるのかというと疑問である。房前がいなければそれは不可能であるのか。それほど房前が重要な存在であったならば、やはり事件への関与が明らかでなくてはならないと思う。

⑥の麻呂については、確かに『続日本紀』には房前と同じようにその動向が記されていない。けれども、林氏のいうとおりであり、のちに詳しく論述するように論功行賞で昇叙している事実、漆部君足の密告や「天平」への改元を工作していることを考慮すれば、麻呂がこの事件に果たした役割は大きく、房前とは同一視できない。

最後に⑦についてであるが、倉本氏（倉本、一九九八）や寺崎氏（寺崎、一九九九 i）も同様に、房前が内裏・聖武天皇を守護しなければならなかったからだと同調する。しかし、房前が長屋王邸包囲の指揮を宇合に委ね、自身は聖武天皇を守護していたということを類推させる記事は一切みえない。この事件は武智麻呂らが長屋王をのぞくために仕組んだものであったから、長屋王が聖武天皇に危害を加えることのないことは百も承知である。よって房前が中衛府を率いて聖武天皇を守護する必要など現実にはなかった。それに忘れてならないのは、中衛府の兵士は宇合らに率いられて長屋王邸包囲の任務にあたっていることである。房前に率いられて聖武天皇の守護にあたっていたということはなかったはずである。ただ、中衛が全員動員されたわけではなく、一部を動員したのにとどめ、主力は本来の聖武天皇の守護という任務についていたと解することも（中川、一九九六 ii）、また可能ではあるが、それならばそのことが『続日本紀』にみえていても不思議ではない。

この事件が成功した最大の要因は、前述したように長屋王の罪科を窮問するその日の前日に先手をうって、まず六衛府の兵士でもって長屋王を邸宅内に包囲して、その行動を封じこめたことにある。事の成否を握るこの重要な行動こそが、六衛府のなかでも精強の衛府、中衛府の大将である房前の役割としてもっとも相応しいのではないか。それをどうして一三歳も年少で、かつこの時に軍事職とはかけはなれた式部卿の任にあった宇合をもってして、その任にあてたのか。

官人はなんといっても、官位と官職にその人物の政治的立場が現れるといっても過言ではない。その後、武智麻呂は従二位・右大臣に昇り、太政官の首班となり、宇合は参議として議政官に列し、正三位へと昇った、麻呂も従三位に昇って参議に昇任している。一方、房前はというと、没するまでこの後一〇年近く参議のままで昇叙もなかったことを考慮すれば、この事件の首謀者が武智麻呂であったことは間違いないものと思う（木本、一九九〇）。

太政官内の動向

さて、当時の太政官では左大臣長屋王と武智麻呂を中心とする藤原氏が政治路線の対立から険悪な状況にあったわけであるが、ほかの公卿たちはこの対立する政治勢力の狭間でどのような立場にあったのだろうか。

動向が注目されるのは、大伴旅人と阿倍広庭の二人である。まず、大伴旅人である。旅人は長屋王事件時には大宰帥として九州にあったが、ともに大宰府にあった官人などに長屋王の知遇をえた人びとがおり（川崎、一九八二-i）、長屋王が新羅の客を饗した詩宴の詩序と旅人の大宰府での梅歌の宴の歌序が共通するなどのことから考えて、長屋王と親しく皇親派の重鎮（神堀、一九七八）と見なされている。

藤原氏に反発する長屋王と、同じく藤原氏と対抗する政治勢力を代表する大伴氏の氏上である大伴旅人が政治的に結びつく要素は十分にあったのである（橋本、一九七五）。このような政治的な背景があって、藤原氏は早くから目ざわりであった旅人を中央政界からのぞくことを謀って、大宰帥に補任して九州に遠ざけることにしたのではなかろうか。

この補任は新たな日唐の外交関係構築のためだともいわれているが（彦由、一九八九）、長屋王派の政治勢力を削ぐことを意図とした事件への布石であったとみられ、主導したのは武智麻呂であったと思われる。

議政官のなかで、著者がもっとも注視するのが阿倍広庭である。広庭はこの時には中納言の地位にあり、多治比池守とともにその動向が大きく影響する存在であったと思われるものの、事件への関与がまったく知られていない。よって、長屋王と個人的関係があったわけでもないし、藤原氏に反対の立場をとったわけでもないとの見解がある。また、武智麻呂の妻で豊成・仲麻呂兄弟を生んだ女性が阿倍氏出身で、広庭が天平四年（七三二）の没時まで中納言にとどまっていたことを考えると、長屋王とも武智麻呂とも良好な関係にあったとする理解もある（森、二〇〇九）。

しかし、詳細に考察すると必ずしもそうとはいえない。阿倍広庭は、養老五年（七二一）正月に正五位下に昇叙し、同五年六月には左大弁に任官、翌同六年二月には参議、同六年三月には知河内和泉事となり、神亀元年（養老八・七二四）七月にはすでに従三位にあり、同四年十月に中納言に昇任している。長屋王政権下では、議政官の異動が極端に少ないが、そのなかにあって広庭のこの昇叙・昇任は異常とも思えるほど順調で、長屋王との良好な関係が推考できる。

同様に阿倍広庭と長屋王との良好な関係をものがたるものに、『万葉集』巻三・二九九番歌〜三〇二番歌の四首がある。この大伴旅人の二九九番歌、長屋王の三〇〇番歌・三〇一番歌、安倍（阿倍）広庭の三〇二番歌の四首は、長屋王を中心とした佐保文人グループか長屋王の周辺にいた官人が、長屋王の追悼もしくは懐情のようなものから、長屋王と議政官にあって親密であった二人、つまり旅人と広庭の歌をもって構成したものが、『万葉集』に収載されたものである（木本、一九八九ii）。

阿倍広庭は、養老六年正月に謀反の陰謀を誣告した罪科によって伊豆に遠流《おんる》された多治比三宅麻呂《たじひのみやけまろ》の帯びていた参議職を襲っていることが指摘されている（大村、一九六五）。第二章第4節で前述したように、三宅麻呂を配流処分にしたのはどうやら長屋王らしい（中川、一九七五ⅱ）ことから、広庭の昇進には長屋王の影響が指摘される。三宅麻呂と同族の多治比池守・県守二人が、事件に際して積極的に藤原氏に与した背景には長屋王による三宅麻呂の配流処分への不満もあったのかもしれない。

阿倍広庭は、長屋王への窮問に際して、議政官では房前とともに二人だけ加わっていない。多治比池守は窮問に向かっているし、「権の参議」に急遽登用された三人の石川石足・多治比県守・大伴道足、石足は母が石川（蘇我）娼子《しょうし》の武智麻呂とは従兄弟の関係で、長屋王の昆弟姉妹子孫妾への赦除処分を宣するなど藤原氏にいちばん協力的であった（直木、一九六八）。後に武智麻呂は、石足の一周忌に菩提のために十部の弥勒経《みろくきょう》を回向しているし、その武智麻呂の一周忌には石足の子の年足《としたり》が弥勒菩薩一体を造作している。武智麻呂と石足の親しい関係が指摘される。

残る多治比県守も論功行賞である三月四日の叙位で石川石足とともに正四位上から従三位に、大伴道足も二階昇って正四位下に叙されているから、この二人も具体的なことはわからないが、前述したようなことを含めて藤原氏に協力したことであろう。この時に論功行賞に預からなかったのは多治比池守と大伴旅人、房前、そして阿倍広庭である。

多治比池守は窮問に参加しているが、すでに従二位であったことからして、さらなる昇叙はひかえられた。それに比べて従三位であった阿倍広庭は叙位に預からず、官位においては石川石足、多治比県守、藤原麻呂らの追随を許す結果となっている。これは広庭が藤原氏によって大宰府に体よく除外されていた大伴旅人と同様の処遇を在京しながらうけたことになる。つまり広庭は事件に際しては藤原氏に協力的ではなかったものと思われる。

では、なぜ広庭が事件に際してこのような政治的立場をとったのか。七一歳の高齢ということもあったかもしれない。しかし、著者は長屋王と広庭との近い姻戚関係に要因があるのではないかと考えている。

『本朝皇胤紹運録《ほんちょうこういんじょううんろく》』には、長屋王に賀茂女王という娘がおり、その母は「阿部」とある。このことは『万葉集』巻八・一六一三番歌の題詞にも「賀茂女王の歌一首　長屋王の女《むすめ》。母を阿倍朝臣といふ」とみえている。さらに発掘調査された長屋王邸からも、

安倍大刀自御所米一升　神田古　「道麻呂」（孔）
御所進米五升　受物《もののべの》マ立人《たつひと》　九月十六日

と墨書された木簡が出土している（奈良国立文化財研究所、一九九六）。この「安倍大刀自」とは、『本朝皇胤紹運録』『万葉集』にもみえる「阿部」「阿倍朝臣」なる女性のことであって、長屋王が阿倍朝臣氏出自の女性を妻として賀茂女王をもうけていたことは確実である。

この「阿倍朝臣」なる女性と阿倍広庭との関係は判然としないが、大山誠一氏は広庭が①事件に参

加していない。②『武智麻呂伝』の参議高卿の列挙に名が記されていない。③長屋王の佐保の詩苑に参加している。④元正天皇と関係深い珍努宮《ちぬのみや》を知河内和泉事として守護しているとの四点を理由にあげて、父娘の可能性が高く、ゆえに長屋王とは親密であったとされている（大山、一九九三）。広庭の長屋王政権下での破格ともいえる昇進の背景には、長屋王とのあいだにこのような姻戚関係があったのであって、このことが広庭を傍観者的立場におかせたのであろう。

宇合の尽力

このようにみてくると、武智麻呂らによる長屋王の打倒は、従来からいわれてきたように、必ずしも一方的に武智麻呂らに有利であったというわけではない。元正太上天皇の存在に加えて、太政官内でも大伴旅人や阿倍広庭はもちろんのこと、最終的には武智麻呂の意向に沿ったとはいえ舎人親王や多治比池守らの去就には微妙なものがあった。また上毛野宿奈麻呂をはじめ長屋王に与する者は官人を含め百人近くはいたわけであり、仕掛けた武智麻呂らも用意周到な計画を立て相当な覚悟をもっていたに違いない。

そのような状況下で繰りかえしいってきたように、長屋王の変の成否の鍵となったのは、長屋王を邸宅に押しこめる六衛府兵士による包囲策であった。そして、この直接の指揮をとったのが、「式部卿従三位藤原朝臣宇合、衛門佐従五位下佐味朝臣虫麻呂、左衛士佐外従五位下津嶋朝臣家道、右衛士佐外従五位下紀朝臣佐比物らを遣して六衛の兵を将て長屋王の宅を囲ましむ」との『続日本紀』記事のメンバーからみて、軍事職にはいなかった式部卿の宇合であったことは明白である。

このことを考えると、長屋王の変の首謀者は武智麻呂に違いないのであるが、その武智麻呂の意図をうけてもっとも尽力したのは宇合であったのではないかと思えてくる。その徴証とも思えることの一つが多治比県守の存在である。

この事件で太政官の意見集約に協力したであろう「権の参議」のひとりであった多治比県守、長屋王政権下では藤原氏に近い存在だったらしく、中務卿から大宰大弐に転出させられていたが、神亀五年（七二八）暮頃に帰京を果たしたらしい。これは武智麻呂による「権の参議」登用を考えてのことであった。のちに鎮撫使、節度使、参議に任じられ、武智麻呂政権下にあってはその支柱的存在となるが、この県守は宇合と入唐《にっとう》をともにしており、それ以降は宇合と親しい関係にあったと推察される人物である。

さらに武智麻呂とともに長屋王宅に窮問に赴いた小野牛養、そして事件の直前に正六位上から外従五位下に、事件直後にも従五位下へと昇叙をかさねていることから、どのような役割を果たしたかは明確ではないが、功績のあったであろう坂本《さかもとの》宇《う》頭《ず》麻《ま》佐《さ》、同じく事件直後に昇叙した後部《こうほう》王《おう》起《き》、これらの三人の官人は藤原氏側に立って行動したに違いないが、三人とも宇合が東北で蝦夷征討の任にあった時の側近官人である。

小野牛養自署

つまり藤原氏に与して事件で重要な役割を果たした官人が、宇合と親しい関係にあったことは、宇合自身はもちろんのこと、宇合の周辺にあった官人の動向をも含めて、事件における宇合の存在の重要性を示している。

麻呂の動向

麻呂の長屋王の変での動向については、前述のように『続日本紀』にはなにも記されてはいない。そのことから前述したように中川氏も「房前と同じくして事件での行動が明らかでない麻呂をはずされたとしないのは矛盾する」といわれるのである。しかし、『続日本紀』の長屋王の変に関する直接的な記事には明らかではないが、房前とは違って麻呂には確かに長屋王打倒に際して重要な役割を果たした事実を類推することができる。

まず、なによりも三月四日の論功行賞で従三位に叙せられていることである。正四位上からの一階昇叙であるが、石川石足と多治比県守も同様である。石足と県守がこの事件で果たした役割の大きかったことは先に述べたところであるが、麻呂の果たした役割も同じような重要なものであったことが想起できる。

では、なぜ『続日本紀』に明記されていないのかということになるが、明記できない内密な役割ではなかったか。それは密告への関与だったと推考される。

そこで長屋王謀反の密告の経緯について少し考えてみる。『続日本紀』の長屋王を密告した記事には、「左京の人従七位下漆部造君足、無位中臣宮処連東人ら密を告げて称さく」とある。密告者の漆部君足は左京の住人であったのである。「左京の人」が中臣宮処東人にまで係れば、東人も左京に住まいしていたことになるが、いずれにしても中臣宮処連氏は、『新撰姓氏録《しんせんしょうじろく》』には「左京神別・上」に「大中臣同祖」とみえているから、左京を本貫として藤原氏とも近い氏族であったことがわかる。

よって、君足も同族の駒長も、そして東人の密告者三人は、ともに左京の住人であったということを念頭においておく必要がある。

中川氏は、密告者三人への褒賞の格差からして、その主体は中臣宮処東人であり、漆部君足が漆部駒長に密告者を探させ、駒長は知人の東人を推挙、密告者となった東人の証人として君足が太政官に同行したものと推測している。しかし、この密告は誣告であって長屋王は無実であったことがわかっている。「養老獄令」告言人罪条には、虚言を防ぐために真偽を三回審査し、謀反以上の告言の場合は虚言であれば反坐《へんざ》として斬罪に処すと規定されていた。

よって中川氏は、中臣宮処東人の密告は身の絶対的な保全の確約をえたものであったとし、漆部君足と東人に密告を決断させたのは、左京大夫の任にあった麻呂であって、君足はかつて麻呂の配下にいた官人であり、麻呂はその人柄などをよく知っていたのではないかと推断している（中川、一九九九）。これは中川氏の大胆な推論であるが、麻呂がつづいてこの年の六月に、河内国古市郡《ふるちぐん》の賀茂子虫が獲た甲羅に「天王貴平知百年」と文字のある瑞亀を献上して、「天平」改元の契機としているなど、どちらかといえば裏にまわって演出的役割を果たしていたことを考えると、中川氏の主張はただの推論として退けられない真実味をもってくる。

また最近では浅野啓介氏が、「養老獄令」告密条に、告発する者は皆当処の長官をへて告げるとの規定があり、長屋王を告発した漆部君足と中臣宮処東人が左京人であることから、この告発をうけたのは左京大夫の麻呂であったとされている（浅野、二〇一〇）。

中川氏の推論と浅野氏の指摘を併考すれば、著者はこの密告を陰にあって主導したのは麻呂だとする見解は信じるに足るものであると思う。

麻呂の帯任していた京職大夫は、第二章第3節で前述したとおり、平城京内の警備・非違の検察を行い、そのための兵士を管掌することも職掌としていた。京職大夫が管掌する兵士数は明確ではないが、延暦二十年（八〇二）四月には京中兵士の員数不足を補うことを目的に地方から四八〇名もの兵士を徴発していることからすると、麻呂の管掌した京中兵士の人数は千人近くになったはずである。六衛府の兵士を統制下においていたとはいえ、武智麻呂らが「長屋王に与する奸党・賊悪をのぞき滅ぼすことを厳しく国司に命じ」（『続日本紀』天平元年二月丙子条）、「京内の死罪以下の罪人を赦免し、事件のために動員された庶民の雑徭をも免除する」（『続日本紀』天平元年二月壬午条）など、長屋王の与同者や時の政権担当者である長屋王を倒したのにともなう京中での騒擾への対応に配慮していたことを考えれば、京職大夫であった麻呂の治安・警備上に果たした役割には大きなものがあったといえよう（木本、二〇一一）。

長屋王の変と四子

元明太上天皇の遺志をうけて、元正太上天皇の信任や義母の県犬養橘三千代の助力のもとに、長屋王との協力体制を推進しようとする房前に対して、聖武天皇のもとでの藤原氏政権の成立のために奔走する武智麻呂、そこには兄弟とはいえ基本的な政治路線の相違がみられる。武智麻呂が長屋王を打倒し、房前を制して、不比等のあとを継いで藤原氏の代表者たる地位を確固たるものにするために起こした政変が、長屋王の変の一面でもあったということができる。

中納言として上位にある武智麻呂、参議にとどまってはいるが中衛大将を帯びる房前、ともに官位は正三位、同母兄弟で年齢も一歳しか違わない。不比等の死後、ともに昇叙・昇任をかさねて、どちらかが藤原氏の代表者に決まるべき時にきていたのであり、父不比等の後継者をめぐっての相克のようなものもあった。

武智麻呂からすれば、東宮傅《とうぐうふ》時代から深いつながりをもって信任してくれている聖武天皇、そして光明子の信頼をうけて、長屋王に代わって政権主導者の地位を掌中にしたのみならず、藤原氏内にあっては房前への優位を明確にし、自分が不比等の後継者であることを一族の内外に示したできごとであったが、その決着はこの二人とは母を異にする一回り以上も年下の三弟宇合と四弟麻呂の動向によるところが大きかった。

それでは宇合と麻呂が、長屋王を打倒しようとする武智麻呂に与したのはどのようなことからであろうか。それは藤原氏主導の政治体制を構築しなければならないという一族としての当然の政治意識とともに、実証的ではないかもしれないが、そこには兄弟としての紐帯心があったように思われる。

既述したように、武智麻呂は幼少時に母を喪った時、食事も喉を通らずに生命を落としかかったことがあった。同母で一歳幼少であった房前に比べて精神的にひ弱なところがあったということになろうが、このような武智麻呂だからこそ、長兄としての弟たちへの思いやりが房前にまさったのだろうと思う。第五章第４節に後述するように、麻呂宅跡からの出土木簡によって、武智麻呂は自分への進上物を麻呂に転送したり、麻呂の家政機関への援助などを行っていることがわかる。このことからしても、普段からの長兄としての武智麻呂の宇合・麻呂への配慮がうかがえる。このような兄弟の信頼関係が、武智麻呂が長屋王との政治権力闘争に勝利した最大の要因だったと著者は思う。

3　長屋王の変の理由

長屋王と皇位継承

それでは武智麻呂ら藤原氏が、なぜ長屋王を打倒しようとしたのであろうか。

それは一つではなく複合的な理由であると思われるが、前章でも述べたような長屋王の政治方針への不満が底流にあったことは間違いないものと考えられる。ただ直接的な理由として、従来は聖武天皇と光明子のあいだに生れた基皇太子が夭折した一方で、聖武夫人県犬養広刀自《ぶにんあがたいぬかいのひろとじ》を母とする安積王《あさかおう》が誕生するなど政治的危機を感じていた武智麻呂ら藤原氏が、光明子立后に拠って権勢獲得をはかる思惑に、姉妹である藤原宮子の大夫人称号に反対されたのにつづいて、また反対しそうな長屋王を先手をうって取りのぞこうとしたことが主因であるとされてきた。

しかし、最近では聖武天皇の皇嗣問題と絡めて論じるのが当然のようになっている。その先鞭をつけたのが、直木孝次郎氏の次に引用した「長屋王の変について」（直木、一九六八）の追記で、直木氏は、

> 長屋王の血統は、皇室内部では非常にめぐまれており、皇位継承が問題になる場合、一、二を争う順位にあったからである。（中略）聖武天皇としては、（中略）長屋王はおそるべき対立者として強く意識される。長屋王が国家を傾けようとしているという密告が聖武を中心とする朝廷にうけいれられる条件は十分に存在していたのである。

と簡単に述べられたが、事件の主要な理由が、長屋王に聖武天皇に等しいほどの皇位継承権が存在し、聖武天皇を擁する藤原四子がその危難を取りのぞくことにあったとされたことは追記とはいえ注目される指摘であった。

その後も直木氏は、元正天皇即位前の和銅五年（七一二）前後の段階では長屋王の立太子・即位の可能性は十分にあったし、長屋王の周辺には「長屋殿下」「長屋親王」と称する雰囲気もみられ、首《おびと》親王《しんのう》（聖武天皇）側は長屋王が皇位を望んでいるのではないかとの疑惑をもっていたこともあって、それが事件の遠因にもなったのではないかと説かれている（直木、一九八九）。

また河内祥輔氏は、聖武天皇にとって長屋王は劣等意識を映しだす鏡であって、皇太子基王の死によって長屋王に憎悪の念を抱き、かつ危険視したとされ（河内、一九八六）、森田氏は元明太上天皇が草壁皇子以外の天武系皇子に皇統が移ることを恐れ、娘の吉備内親王の夫である長屋王を親王並みの皇位継承有資格者にしようとしたと主張されている（森田、一九九四）。

このように長屋王が聖武天皇よりも皇位継承の有資格者であり、長屋王自身や元明太上天皇らも聖武天皇に対抗する有力な存在として意識しており、聖武天皇自身をはじめ聖武天皇を推戴する藤原氏にとって長屋王は排除しなければならない存在となっていたことが、長屋王の変を惹起させる理由になったとする見解が通説化した。

そこで長屋王の皇位継承者としての存在について、まず立ちもどって父の高《たけ》市親王《ちしんのう》から考えてみる。

長屋王と父高市皇子

持統天皇三年（六八九）四月、天武天皇と持統天皇の息子である皇太子草壁親王が没した。その草壁親王なきあと、あくまでも草壁親王の皇統を死守し、その子である珂瑠皇子《かるおうじ》（軽皇子・文武天皇《もんむてんのう》）の即位をめざす持統天皇と、天武天皇の諸皇子達とのあいだに疎隔がみられるなかで、皇親勢力の代表として高市親王の存在はいやがうえにも大きくなってきた。

高市親王は、卑母出ではあるものの諸皇子中の長兄と考えられており、天武皇統誕生の契機となった壬申の乱を勝利に導いた大功績もある。草壁親王が早世し、その嗣子である珂瑠皇子が幼少であるということで、皇親勢力を中心に高市親王の即位は当然のごとく考慮されていたことであろう。しかし、あくまでも孫の珂瑠皇子への皇位継承に固執する持統天皇は自ら即位したうえで、高市親王らを中心とする諸皇子達の政治勢力の高まりに機先を制するため、また不安な事態を収拾して紛争を招くことを事前に阻止するため（直木、一九六〇）、高市親王を太政大臣に任命したのである。

この高市親王の太政大臣就任は、皇太子大海人皇子（天武天皇）と太政大臣大友皇子との関係を想起させるが、少なくとも高市親王が皇太子同様かそれに近いかたちで処遇され、即位すらも考えられていたことを想像させる。

例えば、草壁親王が『日本書紀』天武天皇二年（六七三）二月癸未（二十七日）・持統天皇三年四月乙未（十三日）両条に「草壁皇子尊《みこと》」とあるのに対して、高市親王も天武天皇二年二月癸未条に「高市皇子命《みこと》」、持統天皇十年七月庚戌（十日）条に「後皇子尊《のちのみこのみこと》」と記されて、高市親王が草壁親王とほぼ同等の存在として考えられていたことがわかる。『万葉集』でも草壁親王が「日並皇子尊《ひなみしのみこのみこと》」「皇子尊」とよばれるのに対して、高市親王も「後の皇子尊」「高市皇子尊」と記されている。また長屋王邸宅跡から出土した木簡のなかに「後皇子　後皇子命宮」と記された習書らしき字句がみえるのも、『日本書紀』『万葉集』の記述からして高市親王を指すものと理解してよい。天武諸皇子のなかでも、「尊（命）」の尊称で呼ばれるのは皇太子であった草壁親王と、そして高市親王の二人のみである。

高市親王が「後皇子尊」と称されたのは、朝政の最高責任者であったからで皇太子を指すものではないとの指摘もあるが（森田、一九九四）、「皇子尊」が皇太子であったわけであるから、「後皇子尊」も「（前）皇子尊」の草壁親王と区別するための呼称であったと考えて、皇太子的存在と解しても不思議ではない。『万葉集』巻二・一六七番歌の草壁親王に対する柿本人麻呂の挽歌には、「我が大君皇子の尊の　天の下　知らしめしせば」とあり、一九九番歌のやはり人麻呂の高市親王挽歌にも、「我が大君の　天の下　奏したまへば」と同じようにあるのも、その感を強くする。

草壁親王が没した後も、高市親王の生存中は持統天皇らが望んだ珂瑠皇子の立太子・即位が実現せず、持統天皇十年七月の高市親王の死を待って、立太子つづいて即位があったことは、高市親王の生存中は珂瑠皇子の即位はもちろん、立太子すらできない政治状況にあったことを示している。持統天皇の即位は、推古・皇極（斉明）天皇の例を持ちだすまでのこともなく、皇后であったことから諸皇子達も認めざるをえなかったものの、いまだ幼少であった珂瑠皇子の即位という段になると、高市親王の即位の可能性も十分にありえたということであろう。

『懐風藻《かいふうそう》』の「葛野王伝《かどのおうでん》」に「高市皇子薨《みまか》りて後に、皇太后王公卿士を禁中に引きて、日嗣《ひつぎ》を立てむことを謀らす。時に群臣各私好《しこう》を挟みて、衆議紛紜《ふんうん》なり」とあるのは、高市親王が亡くなったことによって、はじめて宮廷内で珂瑠皇子の即位を前提とした合意をはかることができたことを示している。皇位継承の有資格者としての高市親王の存在があったからこそ、持統天皇らはその死を待たなければならなかったのであろうし、「時に群臣各私好を挟みて、衆議紛紜なり」とあることによってもわかるとおり、高市親王亡き後も必ずしも珂瑠皇子の立太子で群臣たちの思惑が一致していたわけでもなく、弓削親王《ゆげしんのう》は同母兄弟の長親王《ながしんのう》の擁立を目論むなど文字どおり「衆議は紛紜」したことがわかるのである。

いずれにしても草壁親王の死後、持統天皇の即位があったものの、珂瑠皇子が幼少であったがために、つねに高市親王即位の可能性が色濃く政治に反映していたといえよう。当時においては、まだ嫡系ではなく兄弟相承が広く行われていたことを思うとき、草壁親王早世後はその兄弟である天武諸皇子中より継承者を出すのは当然のことであったのであり、幼少である珂瑠皇子を擁立しようとすることにこそ無理があったというべきである。

長屋王の皇位継承権

このような存在であった高市親王を父にもつ長屋王の、その母は持統天皇の異母妹で、かつ草壁親王の妻で文武天皇を生み、のちに即位した元明天皇の姉でもある御名部皇女《みなべこうじょ》であるといわれる。加えて長屋王の正妻は、草壁親王と元明天皇とのあいだに生れた娘で、文武・元正両天皇の実妹の吉備内親王である。

父高市親王が皇位に登る可能性があったにもかかわらず、ついにそれを果たせなかった最大の理由が卑母出であったことに比べて、長屋王はその点においては文武天皇や聖武天皇に比べても遜色はない。皇位に極めて近い位置にあったといえる（森、二〇〇〇）。かえって聖武天皇の方が、藤原不比等の娘宮子を母としており劣性ともいえる。

和銅七年（七一四）正月、天武天皇々子の長・舎人・新田部、天智天皇々子の志貴《しき》（志紀・施基）ら四親王と、長屋王を加えた五人に益封、封租の全給という処遇がとられていたり、翌霊亀元年（和銅八・七一五）二月に長屋王と吉備内親王とのあいだに生まれた男女らを特別に皇孫待遇にしているのは、長屋王を親王と同等に考えているからこその措置だと思われる。長屋王の嫡子である膳夫王が蔭叙《おんじょ》で親王の子と同様に、例外として従四位下の位階に叙されているのも、長屋王が親王と同等の扱いをうけていたことの傍証となる（吉井、一九八五）。

殊に、この時には九月の元明天皇の譲位をうけた元正天皇の即位を目前にして、皇位継承をめぐって政治的に不穏な状況にあった（岸、一九六五）。長屋王らに益封と封租の全給処分があった直後の同月（和銅七年正月）二十日、氷高内親王《ひだかないしんのう》（元正天皇）に食封《じきふ》千戸が増封されている。この時点で氷高内

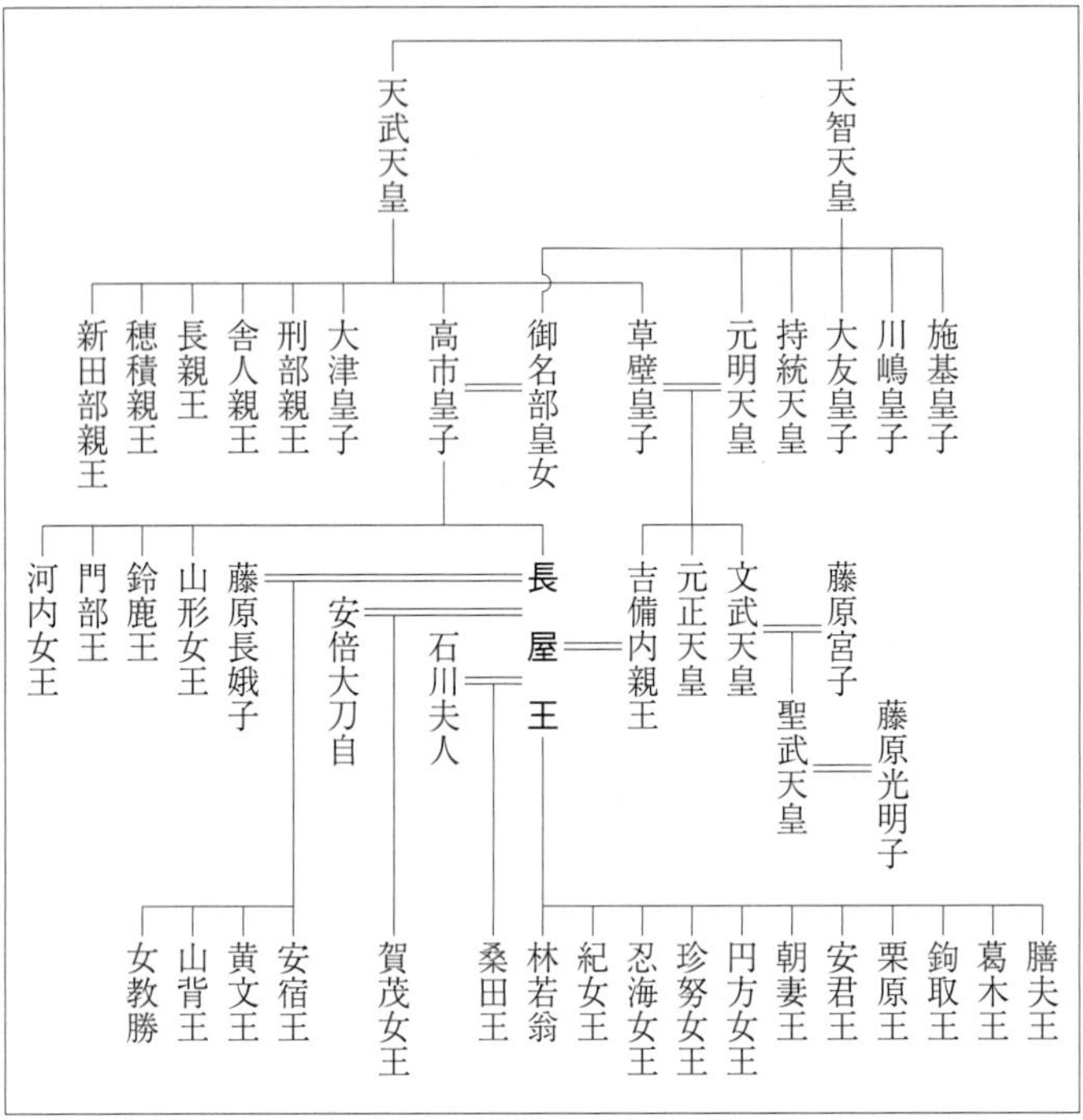

長屋王関係系譜（寺崎，1991 i より）

親王への継承の合意がなされたとみてよく、処分は一七日間前後しているが、さきの長・舎人・新田部・志貴四親王と長屋王らへの処遇は、氷高内親王即位に対しての懐柔と考えられる（金井、一九八四ⅱ）。

また霊亀元年正月には氷高内親王に一品が授けられた。即位をひかえて二品では不都合であったために一品を授けたのであろう。同時に天武天皇々子の穂積親王《ほづみしんのう》に一品、志貴親王に二品、そして天智天皇々女三品泉・四品水主内親王《もいとりないしんのう》、天武天皇々女長谷部内親王《はっせべないしんのう》らにも食封百戸を益封している。そして二月には長屋王の（吉備内親王所生の）男女に皇孫（二世王）待遇が与えられたのである。穂積親王らへの授品と益封は、ともに氷高内親王の即位を意識した処遇であったといってよいであろう（中島、一九八四）。

長屋王の（吉備内親王所生の）男女への皇孫待遇については、首皇太子《おびとこうたいし》（聖武天皇）の次の皇位継承に不安を覚えた元明太上天皇が、長屋王らの男女を予備として考えていたための処遇であったとの考え方もある。だが、これは結果を念頭にしたものであって妥当な理解とはいえない。前述のような一連の穂積親王ら皇親への処遇と関連づけて考えた場合、氷高内親王の即位を前にした懐柔といわないまでも、長屋王・吉備内親王への配慮と解するのが穏当である。このような措置をとらなければならなかったところに、宮廷内に氷高内親王即位への不安・不平のあったことが推測できるとともに、長屋王にも皇位継承権というものがあったことが類推できる。

長屋王は、「和銅願経」には「長屋殿下」と、「養老儀制令」皇后条に皇太子の敬称と規定されてい

長屋親王宮木簡（奈良国立文化財研究所、一九九六より）

る「殿下」との称号で記されている。平城京左京三条二坊の長屋王邸宅跡から発見された木簡には「長屋親王宮」ともみえる。この「親王」は、妻吉備内親王の長屋王の即位を望むがゆえの私的な呼称だとか（大山、一九八九）、諸王・諸臣のうえにある地位を示すが、それを額面どおりうけとることはできない（東野、一九九二-ii）、私的、身内的な意識と結びついた表記で、公的なものと理解するのは問題（東野、一九九六）との意見もある。このことを否定するつもりはないが、朝廷から親王らと同等の待遇をうけていることや、諸王を「親王」「殿下」と記したのは他にも例がなく、少なくとも身内的には「親王」的に思っていたことは確かであるなどのことを併考するとき、長屋王には元正・聖武天皇に匹敵する皇位継承権が存していたことはまず間違いないことである。

このように考えてくると、藤原不比等が文武天皇に長女宮子を配したのにつづいて、ともに賀茂比《かものひ》売《め》生むところの次女長娥子《ながこ》を長屋王に配しているのは、長屋王が有力な皇位継承者であったことを傍証しているように思われる。しかし、長屋王は天武天皇五年（六七六）の生まれで（木本、一九九三-i）、大宝元年（文武天皇五・七〇一）生まれの聖武天皇よりも二六歳も年長である。長屋王の変が起こった天平元年（神亀六・七二九）当時では聖武天皇が二九歳であるのに比べて長屋王は五四歳である。とても二九歳の聖武天皇の皇嗣者としては納得できない。かえって文武天皇没後にこそ三二歳で最有力であったと考えられる。

長屋王の王子たち

事件前年の神亀五年（七二八）九月に、光明子とのあいだに生まれた皇太子基王が満一歳で亡くなったことを考慮すると、聖武天皇の次の皇嗣が最大の政治課題であった。このような状況をふまえて考えると、著者が注目するのは、長屋王と吉備内親王とのあいだに生まれて皇孫待遇をうけていた膳夫王・葛木王・鉤取王らの存在である。

なかでも長子である膳夫王は、前述したように神亀元年二月に親王の子と同待遇の蔭階《おんかい》従四位下に蔭叙されている。この時に何歳であったのか詳しいことはわからないが、長屋王四九歳、吉備内親王は四〇歳近い年齢であり、「養老選叙令」授位条の二一歳以上の蔭叙規定などを併考すると二一歳前後、事件のあった天平元年（神亀六・七二九）二月時には二六歳前後であったと思われる。聖武天皇は二九歳でいくらか年長だが、ほぼ同年齢であって有力なライバルとなるし、立太子した基王に比べたら皇嗣としては膳夫王の方が有力であった。長屋王が膳夫王の立太子を望んでいたとしても不思議ではない。

このようなことを思えば、武智麻呂を中心とする藤原氏は、長屋王の打倒を最大の目的としていたが、聖武天皇の皇嗣問題を考えた場合、基王を喪ったいま、武智麻呂らにとって膳夫王らこそもっとも危険視する存在ではなかったか。武智麻呂らが長娥子所生の王子らを事件後に免罪にしているのに対して、膳夫王ら吉備内親王の生んだ男子を自経（首吊り自殺）にまで追いこんでいるのは、長屋王と吉備内親王の皇位継承権をうけつぎ、父である長屋王に勝る有資格者で、皇孫待遇をうけている膳夫王ら兄弟をも抹殺しなければならなかったからである（木本、一九八九 i）。

このことに注視するならば、長屋王の事件とは、皇孫膳夫王ら吉備内親王所生の王子を標的にした長屋王一族排除の謀略で（中川、一九九一 i）、吉備内親王と膳夫王らの抹殺こそ、この事件の本質であったと見なさなければならない（大山、一九九三）。

吉備内親王とのあいだの男王が自経したのに対して、前述したように長娥子所生の男女は、『続日本紀』天平宝字七年（七六三）十月丙戌（十七日）条に、

天平元年、長屋王、罪有りて自ら尽《し》にき。その男従四位下膳夫王、无位桑田王・葛木王・鉤取王も亦皆自ら経《くび》りき。時に、安宿王《あすかべおう》・黄文王《きぶみおう》・山背王《やましろおう》、幷せて女教勝《きょうしょう》も復《また》、坐《つみ》に従ふべけれども、藤原太政大臣の女が生めるを以て、特に不死を賜ふ。

とあるように、その罪科は藤原不比等の縁によって赦除されている。『続日本紀』条文の記述するように、安宿王・黄文王・山背王らが赦除となったのは、武智麻呂らの姉妹である長娥子の生んだ甥にあたり、その諸王子の存在は藤原氏にとって危険なものではなかったからでもあろう。

後に天平十七年頃から、安積親王を病気ですでに喪っていた橘奈良麻呂《たちばなのならまろ》らが、藤原仲麻呂に対抗して、天平宝字元年七月の決起にいたる一〇余年ものあいだずっと黄文王の擁立をめざしていたこ

とも、黄文王が高市―長屋王の皇位継承権をうけつぐ存在であった（平、一九九〇）からであって、奈良麻呂らの行動はこのことから十分に理解できる。

しかし、長屋王や膳夫王らよりも、吉備内親王自身にこそ皇位継承の可能性があったとする見解もある（森田、一九九四）。けれども、この見解には以下に述べる理由により否定的に考えざるをえない。すなわち、推古天皇から称徳天皇までの女帝を例にとって考えてみると、女帝となりうるには二つの条件があるように思われる。

一つは、皇女でなくてはならないこと。推古・持統・元明・元正・孝謙（称徳）天皇などがこれにあたる。吉備内親王はもちろん皇女であるから有資格者である。しかし、皇女という条件だけで登極できるのは独身であることに限られている。夫をもった皇女が皇位につくには、夫が天皇でかつ自身も皇后でなくてはならないという二つめの条件がある。推古・皇極（斉明）・持統・元明天皇（夫草壁親王は即位していないが国忌がおかれたり、墓を山陵と称したり、岡宮御宇天皇と呼ばれているから、即位したのと同様に考えてよいものと思う）などがこれにあたる。ここらあたりに古代における女性の皇位継承への条件があるように思われる。

吉備内親王は、皇女ではあるが独身ではなく、夫があるものの夫は天皇ではなく、自身も皇后ではない。女帝となることのできる二つの条件とは、ちょうど正反対で条件を満たしてはいない。この二つの条件が絶対ということではないだろうけれども、すべての女帝に一致している条件であることからすると無視はできない。

氷高内親王を即位させるにともない、長屋王に益封・封租の全給、その男女の膳夫王らに皇孫待遇とする懐柔策をとっていることは前述したとおりである。また長・舎人・新田部・志貴四親王、穂積親王と泉・水主・長谷部三内親王らにも同様と思われる処遇をとっているにもかかわらず、元明天皇は吉備内親王には同様の処遇を行った形跡がない。吉備内親王に皇位継承の可能性があったならば、吉備内親王にこそなにかしらの懐柔的な処遇があって当然ではなかったか。この点を考えると、長屋王や膳夫王に比べて吉備内親王即位の可能性は少なかったといわざるをえないのである。

長屋王の変の真相

従来からいわれてきたように、事件が長屋王と藤原氏とのあいだに生じた藤原宮子の大夫人《だいぶにん》称号や光明子の立后問題をめぐる単純な政治権力闘争が理由であったとするならば、武智麻呂ら藤原氏が皇孫待遇であるにしても従四位下という一介の官人にすぎない膳夫王や无位の葛木王・鉤取王らを含めて吉備内親王らにまで死を迫るわけがない。

確かに、この事件は左大臣として極端な儒教主義に基づいた理想政治を推進しようとする長屋王と、藤原氏との政治路線をめぐっての権力闘争ということができる（中川、一九七七）。しかし、それだけではなく、聖武天皇を擁して外戚の権勢を築こうとする藤原氏にとって、母が姉妹の宮子であって皇女ではないという出自についての劣性条件を負っている聖武天皇を護り、その皇位を危うくしうる存在でもある長屋王やその息子の膳夫王らを取りのぞき、聖武天皇の皇位を安定させようとした一面をももちあわせていたということも考慮にいれておくべきであろう。

長屋王の即位は、元明・元正・聖武天皇即位時には考慮されたとは思われるが（岸、一九五七）、聖武天皇が即位して五年を過ぎた天平元年（神亀六・七二九）になって、なお事件が起きたのは、武智麻呂ら藤原四子の勢力が伸長してきたこともあろうが、聖武天皇と光明子とのあいだに生れた基皇太子が夭折した影響が大きい。

基皇太子は、神亀四年（七二七）閏九月に誕生し、十一月に立太子している。この異常ともいえる早い立太子は、藤原氏の期待の大きさとともに、反対に長屋王らに対する焦燥感の強さをも裏書きしている。基皇太子が翌同五年九月に没するにおよんで、藤原氏の焦燥感はさらに強くなっていったものと推察される。武智麻呂ら藤原氏による長屋王打倒への陰謀は、わずかその五カ月後のできごとであったのである。

第四章　武智麻呂政権の成立

1　「藤原四子体制」論の検討

野村忠夫説の検討

第三章で前述したような経緯があって、武智麻呂《むちまろ》ら藤原氏は長屋王《ながやおう》を打倒して政治の主導権を掌中にしたが、この政治体制を野村忠夫氏は「武智麻呂と房前——八世紀前半の政治史のための一断章」なる論文で、「武智麻呂と房前とは、不比等の法的な後継者（嫡子）と実質的な後継者として分離併立された。温良な長子武智麻呂が嫡子、才略にとむ房前が実質的な後継者として手腕をふるい、聖武《しょうむ》即位・長屋王打倒・光明《こうみょう》立后のコースを達成したのである」と房前中心の政治体制だと主張された（野村、一九六七ii）。

この野村氏の房前を中心とする政治体制論は、翌年に「藤四子体制」（著者は「藤原四子体制」と呼ぶ）と称して整理・発表された（野村、一九六八）。野村氏は、この「藤原四子体制」論の概念について、以下のように論述されている。以降の武智麻呂・房前・宇合《うまかい》・麻呂四兄弟の政治的な論及について、重要な論点となることであるので左記に引用するが、少し長いので論旨を損なわない範囲で抄録する。

> 左・右大臣を欠員とした現状で、（中略）武智麻呂は、（中略）大納言として議政官の頭部に座を占め、「枢機」（「武智麻呂伝」）を掌っていた。（中略）房前は、天皇の意志に密着する内臣として「機要ノ事ヲ知タル」（同上）一方、「参議」として太政官合議の一角に隠然たる発言力をもち、中衛《ちゅうえの》大将《たいしょう》として親衛軍を掌握するとともに、中務卿《なかつかさきょう》に任ぜられて詔勅文案の審署・覆奏、上表の受納などを職掌とする地位を握っていた。房前が中務卿の座を占めたのは、内臣の機能と表裏一体をなすものであって、この内臣・「参議」・中務卿・中衛大将を一身に占めた姿は、不比等の実質的後継者としての役割を如実に示したものと言えるであろう。

この武智麻呂を表面に、房前を裏側においた併立を軸にして、三弟宇合は神亀二年閏正月に従三位に昇って、式部卿の重職を占めていた。また四弟の麻呂も、長屋王の変後の三月、（中略）従三位に昇叙して上級官人の一角にとりついている。この藤四子が、あらゆる面で緊密な結びつきをもっていたかは疑わしいが、この天平元年末での藤原氏は、宮廷内部と議政官ないし政界の中核部に不動の地歩を固めつつあったといえるであろう。

この野村氏の論述内容が「藤原四子体制」論といわれるもので、天平元年（神亀六・七二九）末のみならず、それ以降も四子の政治的関係の基本として考えられてきた。

整理する意味もかねて、野村氏のいわれるところを著者なりの解釈で簡潔にまとめてみると、第一に、武智麻呂は表向きの立場をとり、太政官内にあって「枢機」を掌っていた。第二に、房前は参議として太政官内にあって発言力を有し、天皇の意思に密着して内臣として機要のことを知り、その職掌に連動して中務卿にも就き、さらに中衛大将として親衛軍を掌握していた。第三に、この併立する二人に宇合と麻呂が絡んで、四兄弟は政治的勢力を形成していた、と理解してよいと思う。

ただ引用文に「房前は、（中略）不比等の実質的後継者としての役割を如実に示したものと言えるであろう」とあるように、野村氏の「藤原四子体制」論は、房前が中心であって、その果たした政治的役割を大きく評価している。

武智麻呂主導体制論の主張

しかし当時の権力構造は、はたして野村氏のいわれるようなものであったのだろうか。検証が必要である。野村氏が房前を藤原四子の主柱的存在とみている根拠は、①武智麻呂に先んじて参議となり、②内臣・中務卿に任じられ、③中衛大将を兼任するなど枢職を帯任していたという点にある。

まず①についての見解は、第一章第3節で、②については第二章第3節で既述している。しかし、野村氏の「藤原四子体制」論の検証にあたっては必要なことであるので、重複するが簡潔に述べてみたい。

確かに房前は兄弟のなかでいち早く養老元年（霊亀三・七一七）十月に参議朝政に補任《ぶにん》されている。房前は、不比等《ふひと》のあとをうけて総領・宗家となり、宮城の北にあたる不比等の佐保山の宅を伝領して「北家」と呼ばれ、不比等の功封《こうふ》二千戸を相続したとの見解があり（薗田、一九五九）、これをうけて野村氏は外孫の首皇太子《おびとこうたいし》（聖武天皇）の皇位継承を安泰にし、かつ前年に皇太子妃となった娘の光明子の地歩の確立をもはかって不比等が房前を参議に推したと理解されている。

しかし、房前が不比等の功封を相続したとするのは誤解で、後には藤原一族の共同管理下におかれた、はたまた光明子が相続したとかの説も提出されているが、天平神護元年（天平宝字九・七六五）四月に藤原仲麻呂《なかまろ》の内乱をうけて、兄の豊成《とよなり》がこの功封を返納していることから、功封は不比等から武智麻呂へ、そして長子豊成に伝襲されていたことが確認できる。

また、武智麻呂よりも早く参議に補任されたことについては、直木孝次郎氏が「不比等が生きているあいだは、武智麻呂は一氏から一人という原則により、嫡子であっても太政官にははいれません。ところが、房前は別家を立てたのですから、北家を一つの氏と認めて房前があるていどの地位に達すると、太政官に入れることができるわけです」（直木、一九八五）といわれたようなことであり、房前が武智麻呂に先行して参議となったことが、不比等の実質的後継者で藤原四子兄弟の中心であったとする論拠の一つとすることはできない。

また養老元年十月の時点での位階は、房前が従四位下であったのに対して、武智麻呂は従四位上で上位に位置していて、不比等薨去から四カ月後の同五年正月には中納言になっているが、これは政治的にも武智麻呂が父のあとを襲って、藤原氏の代表者となったことを明示しており、単に参議となって台閣《たいかく》入りが早かったということをもって房前の優位性の根拠とすることは早計である（吉川、一九九四）。

次に②であるが、房前は養老五年十月に内臣を命じられている。これは元正天皇《げんしょうてんのう》の意志ということではあるものの、その本当のところは元明太上天皇《げんめいだいじょうてんのう》の意図によるものであった。このことは、これより十日ほどまえに元明太上天皇が長屋王と房前二人を召し入れて発した遺詔の内容からも類推できる。房前の内臣補任は元明太上天皇の信頼があつい県犬養橘《あがたいぬかいのたちばなの》三千代《みちよ》が婿の房前登用を願っての推輓の結果であったと考えられる（瀧浪、一九八五）。

その内臣に房前はいつまで在任していたのであろうか。聖武天皇の即位にともなって任を終えていた可能性もある（中川、一九九五ｉ）。野村氏は内臣の機能は、中務卿と表裏一体をなすものであったと述べ、中務卿との併任であったと理解されているようである。けれども、野村氏もいわれるようにこの両職は表裏一体、職掌としては同様のものであり、内臣が任命記事以外は史料にみえないことを考えれば、内臣から中務卿に転じたと考えるのが穏当だと思う。中務卿自体は天皇に直結する重職ではあるが、内臣ほどは重くない。

これは武智麻呂が台閣を領導するにあたって、元明太上天皇・元正天皇の信任によって任じられた特別職の内臣にあった房前を中務卿に遷任して、その政治力を抑制しようとするものであったと思われる。房前の内臣を解任するには元正太上天皇や県犬養橘三千代の容喙があってできない。そこで令制に規定する職掌で類似する中務卿に任じることによって、房前を抑えこむのにひとまず成功したのである。そのことは房前が天平四年（七三二）頃になって中務卿から民部卿へと降格されてゆく事実で確然化していると思う。

③の中衛大将についてであるが、中衛府《ちゅうえふ》は神亀五年（七二八）七月に創設されたもので、その職掌は「常に大内に在りて周衛に備ふ」（『続日本紀』神亀五年八月甲午条）とあるように、藤原氏が聖武天皇を守護するために設けたものであったと考えられている（笹山、一九五五）。長屋王の変の端緒にあたって中衛府をふくむ六衛府《りくえふ》の兵士で長屋王邸を包囲しているが、これを率いるのにもっとも適任と思われる房前の動向が一切知られていない。これについては先にも述べたように、長屋王邸包囲は宇合に任せて、房前は聖武天皇を守護していたとする見解もあるが、著者は武智麻呂らと乖離して房前は中衛大将としての役割を果たしていなかったと理解している。

また、中衛府は確かに精強な軍隊であるから、野村氏がいうように「親衛軍を掌握」する房前の軍事的権限は大きいようにも思われるが、この時には新田部親王《にいたべしんのう》が大将軍（知五衛及授刀舎人事のことか）の職にあり（『続日本紀』神亀五年七月乙卯条）、また天平三年十一月からは宇合が畿内副物管として兵馬の差発権を有していたことを考えあわせると、野村氏が意識するほどのものではなかったというのが実相だったのではなかろうか。

このような現況にあった房前が中衛大将としてどれだけの政治力があったのか疑問である。もちろん房前は参議・中務卿・中衛大将を兼任していたわけであるから、それなりの発言力はあったと推察できるが、それは野村氏のいわれるように武智麻呂を圧倒して藤原四子体制を主導するというようなものでは決してなかったのである。

2　武智麻呂主導体制の成立

武智麻呂と舎人親王

長屋王の打倒に成功したとはいえ、武智麻呂のめざす藤原氏政権はすぐに確立したわけではない。武智麻呂は長屋王の変の直後に大納言に昇任する。事件後の人事異動は、この武智麻呂の大納言昇任人事だけである。この一事をもってしても、事件の首謀者が武智麻呂であったことを想像させる。

そして太政官は、事件の最中に「権《かり》の参議」に登用された三人を加えて、「太政官構成員表」のように九人で構成されていた。

知太政官事	舎人親王
大納言	多治比池守
大納言	藤原武智麻呂
中納言	大伴旅人
中納言	阿倍広庭
参議	藤原房前
権の参議	多治比県守
権の参議	石川石足
権の参議	大伴道足

太政官構成員表

武智麻呂は大納言に昇ったものの、長屋王派である阿倍広庭《あべのひろにわ》が中納言としており、事件に際しては武智麻呂と行動をともにしたものの、全面的に武智麻呂を支持していたとも思えない舎人親王《とねりしんのう》、そして多治比池守《たじひのいけもり》らが台閣内に列していることを思えば、武智麻呂の意志がすべてにわたって反映したとは思えない。

しかし、このような不穏な政治状況にあっても、まがりなりにも武智麻呂の主導のもとに政局が安定を保っていたのは、武智麻呂によって「権の参議」に登用された多治比県守《たじひのあがたもり》・石川石足《いしかわのいわたり》・大伴道足《おおとものみちたり》らが武智麻呂を支えていたからである。

そして、長屋王を非常手段によって倒した武智麻呂の政治力が少なくとも台閣内を威圧していたのであり、また武智麻呂に代わる人物もいなかったからであろう。房前なども、事件では武智麻呂らによって埒外におかれていたこともあり、武智麻呂の発言力が増したのと対照的にその存在感は小さくなっていた。

武智麻呂が「主導体制」を確固たるものにするために重視したことは、知太政官事の舎人親王の政治力に掣肘《せいちゅう》を加えることであったと思われる。舎人親王にどれだけの政治力があったのか、知太政官事の職権論議とあいまってむずかしい問題である。

舎人親王が知太政官事に補任されたのは、長屋王が太政官の首班である右大臣になる前年の養老四年（七二〇）八月のことで、新田部親王の知五衛及授刀舎人事《たちはきのとねりのこと》への補任とともに、長屋王を牽制する藤原氏の策略であったとする見解がある（高島、一九八三）。しかし、元正天皇による皇親勢力の復活とみる理解（瀧浪、一九八五）もあることから、武智麻呂とともに長屋王を窮問しているとはいえ、武智麻呂を中心とする政治体制に対しての舎人親王の真意がどのようなものであったかははっきりしない。

その舎人親王と武智麻呂との政治的な関係を推測させるのが、次に掲げる『続日本紀《しょくにほんぎ》』天平元年（神亀六・七二九）四月癸亥（三日）条である。

太政官処分すらく、舎人親王の朝庁に参り入る時、諸司これが為に座を下ること莫れといふ。

事件二カ月後の四月三日、この日以降は舎人親王の朝庁参入に際して諸司の官人は座を下ることをしなくともよいとの処分がとられた。つまり、これ以前は『大宝令』もほぼ同じであったらしいが、「養老儀制令」庁座上条に「凡そ庁の座の上に在りて、親王及び太政大臣を見ば、坐より下りよ。左右大臣、当司の長官には、即ち坐動け。以外は動かず」とあるように、朝堂において親王や太政大臣と会見した場合、五位以上の者は牀《しょう》より下り立ち、六位以下は座を避け跪《ひざまず》く下座の礼をとらなければならなかった。ところが、これ以降は舎人親王が朝堂に参入した場合には、諸司の官人はすべて下座ではなく動座（起立）の礼でよいとする処分である。

この舎人親王に対する太政官処分について、以前に舎人親王の政治的立場の凋落を意味するものと理解したことがあった（木本、一九九五ⅰ）。しかし、最近になって大友裕二氏が、その後も舎人親王には依然として優遇措置がとられているなどのことを理由として、礼式の簡素化が最大の目的であったとされた（大友、二〇一二）。

従前の見解に注目すると、野村氏は皇親勢力の後退と帯任している知太政官事機能の形式化を示すもので、藤原氏への実質的な屈伏であるといわれ（野村、一九六八）、中川収氏も舎人親王の帯びる知太政官事の地位・権能が太政官に対して何ほどの権限をも保持するものではなくなったことを示しているとされる（中川、一九七五ⅰ）。

また瀧浪貞子《たきなみさだこ》氏は、「変の二カ月後であることから、事件に対する責任を負わされたあらわれとみられるが、これもまた皇親勢力の抑圧の一つであったといってよい。（中略）ここに至って皇親勢力は完全に後退し、武智麻呂＝藤原氏の傘下に入ったといえよう」と述べられ、長屋王の打倒とともに、この舎人親王への太政官処分も武智麻呂ら藤原氏による皇親勢力への抑圧策だと考えられている（瀧浪、一九八五）。

さらに井上亘氏も、左右大臣を欠いて朝礼をうける資格のない大納言である武智麻呂が大臣に代わって聴政を行い、決裁を行わない舎人親王が最敬礼の下座をうける礼制上の矛盾を是正したものであるが、ただこのような処分がとられたことは皇親政治の後退を決定づけたと理解する（井上、一九九四）など、皇親への圧力との見解が大勢を占めている。

当時の親王には舎人親王だけでなく新田部親王もいるにもかかわらず、記事には「舎人親王の朝庁に参り入る時」と、舎人親王のみにこの処分がとられていることは、舎人親王個人に係る理由であったと思われる。このことからすると、礼式の簡素化という一般的な事情、知太政官事機能の形式化、皇親勢力の後退とかというものではなく、あくまでも舎人親王個人の政治的権威の低下を示すものと理解して大過ないと思う。

そこで、舎人親王の権威低下がどのような理由からとられたのかと考えた場合、やはり時期的なことからいって長屋王の事件に関係していることは論をまたない。

武智麻呂は、知太政官事そして叔父として長屋王を窮問する役割を舎人親王に期待したが、そのことが思惑どおりになったとき、舎人親王は目ざわりな存在となったのではないか。また舎人親王も長屋王に好意的ではなかったから藤原氏側に立ったものの、武智麻呂を中心とする藤原氏の勢力拡大を恐れており、両者のあいだの溝は徐々に大きくなっていったと推測される。

『公卿《くぎょう》補任《ぶにん》』神亀五年（七二八）項には、「三月廿八日の詔書を奉行し注す。三木（参議・著者注）一品《いっぽん》舎人親王、左大臣長屋王の上に列して、六月廿三日の論奏に注す」と、知太政官事の舎人親王が左大臣長屋王の上に列し、また詔書を奉行したことがみえており、長屋王の政治領導に制約が加えられていたことのあったらしいことが指摘されている（川崎、一九八二-i）。よって大納言となって主導権を発揮しようとする武智麻呂にとって舎人親王は油断できない存在であった。この舎人親王への処遇改変は、政権掌握をめざしていた武智麻呂が、神亀五年の長屋王の轍迹《てっせき》をふまないことを念頭に、舎人親王の政治力を掣肘しようとの意図のもとに迫ったものであろう。

それに対して新田部親王が舎人親王と違ったのは、舎人親王が天智天皇々女の新田部皇女を母として藤原氏とは血縁関係がないのに比べて、中臣鎌足《なかとみのかまたり》の娘の藤原《ふじわらの》五百重娘《いおえのいらつめ》を母として武智麻呂とは従兄弟、かつ麻呂とは異父兄弟でもある間柄で、予てから藤原氏と親しい関係にあったからであろう。

天平改元と光明立后

そして、武智麻呂らがさらなる体制の強化と藤原氏発展のためにとった手段が、妹光明子の立后であった。聖武天皇には県犬養広刀自《あがたいぬかいのひろとじ》とのあいだに安《あ》積親王《さかしんのう》が生まれていることを思えば、早い藤原氏につながる皇子の誕生が待たれた。もしも皇子の誕生がなくとも光明子が皇后ともなれば、その権威を背景にして政治を優位に展開することができるのである。

しかし、藤原四子の妹といえども皇女でない光明子を立后させることには大方の異論が当然のように予想されたし、また長屋王の事件による政界の動揺もある。そこで左右大臣を欠いてはいるが、武智麻呂を主導者とする一新した政治体制の正当化を印象づけるために演出されたのが祥瑞改元であった。

天平元年（神亀六・七二九）六月、河内国古市郡《ふるちぐん》にすむ賀茂子虫《かものこむし》なる者が、背中に「天王貴平知百年」と文字のある亀を発見し、その瑞亀は唐僧である道栄の教導によって左京大夫麻呂から祥瑞（大瑞）として天皇に献上された。

祥瑞は、陰陽二気の調和不調和は為政者の徳不徳への反応とする天人相関的な帝王観をふくむ中国の考えにもとづくもので、東野治之氏が「律令国家の君主である天皇にとって、律令政治の理想たる徳化の及ぶ範囲のひろがりを意味し（中略）律令貴族を含めた為政者の施政が正当化され、（中略）現実的な意味も生じた」（東野、一九六九）と述べるとおり、この祥瑞が現れることは天皇の治政が理想的であり、それに天が感応したということになるのであり、時の天皇によってその施政が正当化される方便となったのである。

『続日本紀』天平元年八月癸亥（五日）条が引く詔には、

此の大き瑞《しるし》の物は、天に坐《ま》す神・地に坐す神の相うづなひ奉り福《さき》はへ奉る事に依りて、顕し奉れる貴き瑞なるを以て、御世の年号改め賜ひ換へ賜ふ。是を以ちて神亀六年を改めて天平元年と為て、天下に大赦したまひ、百官の主典より已上の人ども冠位一階上げ賜ふ事を始め、一つ二つの慶の命を恵《うつくし》び賜ひ行ひ賜ふと詔りたまふ天皇が命を、衆聞きたまへと宣《の》るとのたまふ。

つまり「この大瑞の物は、天におられる神と地におられる神が、朕の政治をともによいとし祝福申し上げたことによって」（直木他、一九八六）とみえている。まさに瑞亀出現を演出して、長屋王の変によって政治的・社会的に動揺した聖武天皇治世の混迷を隠蔽、瞞着しようとするものであり、これを契機として長屋王政権をイメージする年号の神亀を捨て、天平に改元することによって、武智麻呂を主導者とする新政治体制の構築を意識づけようとしたのである。

そして、これより五日後の八月十日に詔して藤原夫人《ふじわらぶにん》、つまり光明子を立后することが宣せられた。この光明子立后の政治的背景については、やはり前年九月の基皇太子《もといこうたいし》夭折が直接的な原因となっている。武智麻呂ら藤原氏は、この基皇太子を喪ったことによって、その外戚としての権勢獲得という不比等によって敷かれてきた路線の方向転換を余儀なくされた。もっとも危惧されたことは光明子と同じ夫人であった県犬養広刀自に基皇太子夭折と前後して安積親王が生まれたことである。

基皇太子が夭折したとはいえ、光明子はまだ二九歳であったから次の皇子誕生も十分に期待できたが、安積親王立太子の可能性も出てきたことによって武智麻呂らは光明子立后策に転換したのである。

ただ、この光明子の立后は、仁徳天皇の皇后磐之媛《いわのひめ》の例から建内宿禰《たけうちのすくね》—襲津彦《そつひこ》—磐之媛という系

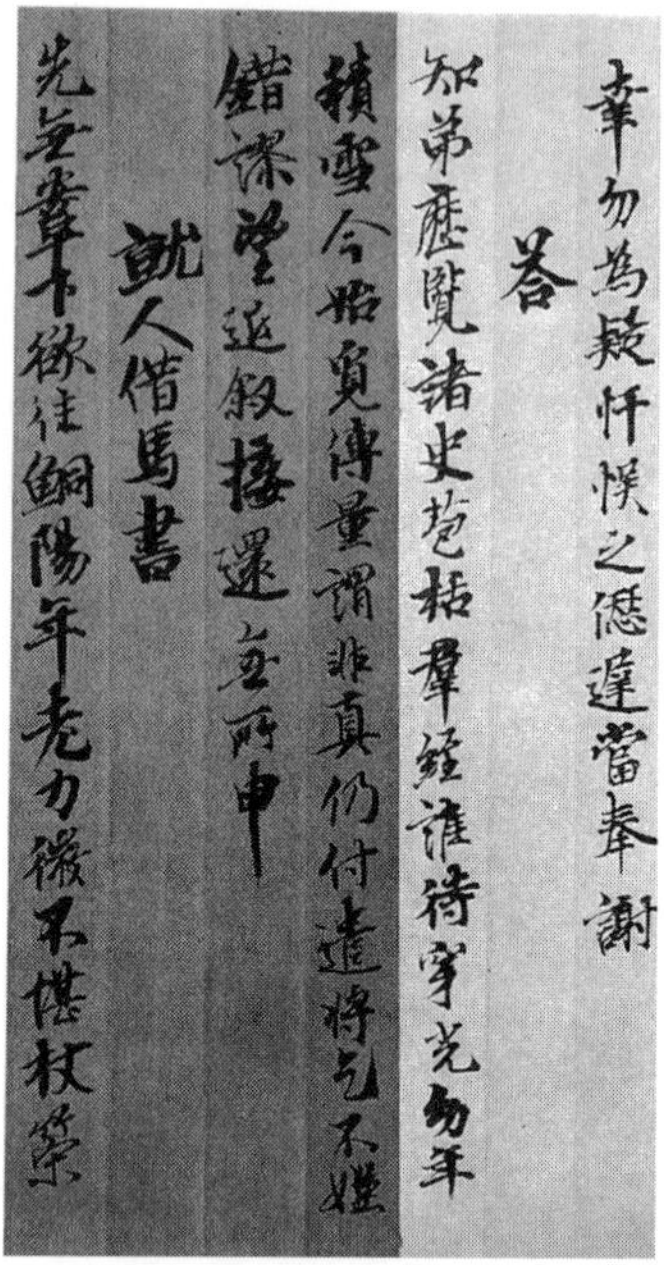

光明皇后自筆

譜に、鎌足―不比等―宮子・光明子という系譜を対応させて、不比等によって早くから構想されていたという見解もある（直木、一九七二）。また、反武智麻呂派といわれる舎人親王や阿倍広庭が立后の宣勅使に立って強弁していることから、光明立后は武智麻呂ら藤原氏によるものではないとする理解（井上、一九九三）もあるが、著者はこのような立場をとらない。

　岸俊男氏は、「当時における皇后の地位が、六世紀末以来の伝統として皇太子に比肩しうる執政権を保有しているとともに、また皇位継承の機会をも有するというきわめて重要なものであったからに他ならない。（中略）藤原氏は皇太子の急死、安積親王の誕生に対処するため、この皇后の地位と権能に着目したのであり、さらに深く考えれば、場合によっては聖武の次に光明女帝の即位さえも胸に画いていたかも知れぬのである」（岸、一九五七）と洞察されている。

　まさか光明子の即位まで考えていたとは思えないが（瀧浪、一九八四）、もし光明子が新たに男子を生んだとしても同じ夫人の地位であって、安積親王より年少であれば新皇子即位の可能性は決して高くはない。光明子を皇后として、その地位を安定化させるとともに、その発言力にも期待することは当然に考慮されていたはずである。そのことは、八月二十四日の光明子立后の宣命《せんみょう》に、

> 皇《すめら》朕《われ》高御座《たかみくら》に坐《いま》し初《そ》めしより今年に至るまで六年に成りぬ。此の間に、天つ位に嗣ぎ坐《ま》すべき次《つぎて》と為て皇太子侍りつ。是に由《よ》りて其のははと在らす藤原夫人を皇后と定め賜ふ。かく定め賜ふは、皇朕が御身も年月積りぬ、天下の君と坐して年緒《としのお》長く皇后坐さぬ事も、一つの善くあらぬ行《わざ》に在り。また、天下の政におきて、独知るべき物には有らず。必ずもしりへの政有るべし。此は事立つに有らず。天に日月在る如、地に山川在る如、並び坐して有るべしと言ふ事は、汝等《いましたち》王臣等、明らけく見知られたり。

と、天下の政治というものは、天皇が独断で行うものではなく、かならず「しりへの政」、皇后の協力による政治というものがあるべきだとする皇后光明子との共政を宣言していることによっても知られる。

　武智麻呂らの光明皇后への期待は、立后とともに藤原宮子の中宮職とは別に新たに皇后宮職を設置し、長屋王の窮問にあたるなど武智麻呂というより宇合の配下にあって藤原氏の信頼あつい小野牛養《おののうしかい》（木本、一九九二）を長官の皇后宮大夫に任命して、さらにその経済基盤として中宮湯沐《ちゅうぐうのとうもく》とは別に封租全給の皇后宮職封戸《ふこ》が新設されていることによっても首肯できるのである（岸、一九五七）。

この光明立后は、武智麻呂ら藤原氏にとって政治的に優位に立つものとなっただけではなく、藤原四子後の政治展開にも大きく影響した。

後の天平十年正月、安積親王の擁立を念頭にしていた元正太上天皇や橘諸兄《たちばなのもろえ》をはじめ大伴・佐伯氏ら旧政治勢力に対抗して阿倍内親王《あべないしんのう》（孝謙天皇）を立太子させたのも、聖武天皇というより光明皇后の力量によるものであり、このことが藤原南家の仲麻呂政権現出の要件である孝謙天皇《こうけんてんのう》の即位へとつながったのである。

聖武天皇亡きあと、光明皇后は孝謙天皇朝においても御璽と駅鈴を掌中にして、皇后宮職に有力な文武官人を集中、拡大強化した紫微中台《しびちゅうだい》を基盤に「光明＝仲麻呂体制」を構築して権勢をふるうようになる。また独身女帝である娘孝謙天皇の皇太子に甥仲麻呂の推す大炊王《おおいおう》（舎人親王々子、淳仁天皇《じゅんにんてんのう》）を決め、ついで淳仁天皇を擁立すると一転して権勢を「淳仁＝仲麻呂政権」に移譲、傍系の舎人親王系による天武皇統の存続と仲麻呂に生家藤原氏の繁栄を期待するなどした政治を進展させてゆくことになる。この「光明立后」が後の政治展開にも大きく影響したという所以である。

麻呂と宇合の画策

天平への改元と光明子の立后という二つのできごとは、長屋王政権後に成立した武智麻呂主導の政治体制にとってはもっとも重要なことであって、このことが行われていなかったとしたら長屋王政権崩壊後の混乱が続き、事態の終息は遅れて、「武智麻呂主導体制」の成立がしばらく待たれたことは間違いない。

それだけに改元と光明立后を演出した瑞亀の出現は政治的に重大なことであった。よって、少しく

この瑞亀献上についてみてみよう。『続日本紀』天平元年（神亀六・七二九）八月癸亥（五日）条には、

京職大夫従三位藤原朝臣麻呂らい、図負へる亀一頭献らくと奏し賜ふに、聞こし行《め》し驚き賜ひ怪び賜ひ、見行し歓び賜ひ嘉《め》で賜ひて思《おもほ》し行《め》さくは、うつしくも皇《すめら》朕《わ》が政の致せる物に在らめや。（中略）その亀を獲たる人、河内国古市郡の人無位賀茂子虫に従六位上を授け、物賜ふこと絁《あしぎぬ》廿疋、綿卌屯、布八十端、大税《おおちから》二千束。また、勅したまはく、唐僧道栄、身は本郷に生れて、心は皇化に向ひ、遠く滄波を渉りて、我が法師と作る。加以《しかのみならず》、子虫を訓へ導きて大瑞を献らしむ。従五位下の階に擬《なずら》へて、仍《より》て緋色の袈裟幷せて物を施すべし。その位禄の料は一《もっぱ》ら令の条に依れとのたまふ。既にして、正五位下小野朝臣牛養、正五位上榎井朝臣広国《えのいのあそんひろくに》に並に従四位下を授く。

とみえる。河内国古市郡にすむ賀茂子虫がみつけた背に「天王貴平知百年」の七文字のある長さ五寸三分（一五センチメートル余）、闊《ひろ》さ四寸五分の亀を、唐僧の道栄が訓導して献上させたとある。

この亀は「大き瑞の物」、つまり大瑞として賀茂子虫から道栄の関与をへて麻呂から献上されたのである。もちろん、前述のような武智麻呂ら藤原氏の政治的意図のもとに捏造されたものであったことは明らかである。麻呂はかつて美濃介在任中の養老元年（霊亀三・七一七）十一月、元正天皇の美濃国行幸のおりに大瑞にかなう美泉の湧出があって昇叙に預かったことがあったから、このことの演出者が麻呂であったことは疑いがない。

麻呂には、『懐風藻《かいふうそう》』に「五言、仲秋釈奠《せきてん》」との詩作がみえる。この詩作で麻呂は「悲しき哉図出でず」との一文を詠み、聖代伏羲《ふくぎ》の時代には、祥瑞として黄河から背中に図（河図《かと》）を負う竜馬が出現したが、悲しいことに今の乱世にはこのような祥瑞は現れないと嘆いている。麻呂が祥瑞に関心のあったことは確かなことで、美濃の美泉、河内の瑞亀という祥瑞に関与した麻呂の心理の一端が、この詩作に垣間みえる。

賀茂子虫を訓導した道栄という唐僧についてはよくわからない。しかし、養老四年十二月、経典を転読したり、唱礼を行うのに最近の僧尼は自分勝手な方法や妄りに別の読み方をしているが、今後は改めて道栄らの方法によって転経唱礼することが命じられている（『続日本紀』養老四年十二月癸卯条）。このことからすると、道栄が渡来したのは、同二年十月に帰国した遣唐使と一緒であったと思われる。この時の副使は宇合であった。著者は唐僧道栄と宇合は帰国の遣唐使船で乗り合わせて以来の知人であった可能性は高いと思う。もしかすると、日本への渡来も宇合の誘引があったからであって、先の転経唱礼を道栄らの方法に拠るとする施策の背後には宇合の働きかけがあったものと推測することも不可能ではない。

またこの大瑞によって叙位が行われ、前掲の小野牛養・榎井広国・中臣広見《なかとみのひろみ》ら一一人が昇叙されている。ほぼ一階の昇叙であるが小野牛養のみ二階昇叙である。皇后宮大夫に予定されていたからかもしれないが、何かしら瑞亀献上に尽力するところがあったのかもしれない。

この一一人は藤原氏派の官人であるが、なかでも長屋王窮問に参加して気脈を通じていた小野牛養は、神亀元年（養老八・七二四）五月に鎮狄将軍に任じられて出羽国の蝦狄鎮圧に働き、同元年十二月に征夷持節大使の宇合とともに帰京し、中臣広見も同二年閏正月に宇合らとともに征夷のことで従五位上勲五等の叙勲に預かっている。征夷以降、小野牛養・中臣広見は宇合の影響下にあって藤原氏親近官人の中心的存在であったが、その二人がこの祥瑞の叙位に預かっていることも宇合の関与を想起させる。

十分な論証もなしにうがった想像は避けなければならないが、瑞亀の現出を演出し、これを利用して改元、そして光明子を立后させるという藤原氏の目的達成にあたってのこの陰謀は、麻呂が主導し、宇合が道栄と語らい、道栄が賀茂子虫を手繰ったというのが真相であったのではなかろうか。

3　武智麻呂政権の成立

武智麻呂政権成立の前提

ひとり大納言に昇任して、知太政官事の舎人親王を掣肘し、中納言阿倍広庭と参議房前を牽制しながら、権の参議である多治比県守・石川石足・大伴道足の支援をうけ、宇合と麻呂の協力をえながら、天平と改元し、妹の光明子を立后して、徐々に太政官内に主導力を増してゆく武智麻呂。この武智麻呂にとって、天平元年（神亀六・七二九）八月の股肱《ここう》といってよい石足の没死は痛手であった。

長屋王事件でもっとも武智麻呂に与力したのが石川石足である。この関係はやがて次世代の仲麻呂と石川年足《いしかわのとしたり》のあいだにも再生することになる。年足は、仲麻呂が政界に主導権を発揮しはじめると重用され、仲麻呂政権の中枢に位置した。

天平元年九月になると、葛城王《かつらぎおう》（橘諸兄）を左大弁、大伴道足を右大弁、房前を中務卿、小野牛養を皇后宮大夫、長田王《ながたおう》を衛門督《えもんのかみ》にという人事異動が行われている。なかでも注視されるのは弁官人事である。これに先立つ五月には諸国の史生《ししょう》（公文を繕写するなどした下級官人）と傔仗《けんじょう》（護衛の武官）の赴任に際しては、式部省に替えて弁官の符をもって諸国に下すように改定するなど弁官機能が重視されているが、これは武智麻呂らの意向によるものであろう。武智麻呂らと良好な関係にあった葛城王と大伴道足の左右大弁への任官は、太政官についで弁官局を支配下におくことを目的とした武智麻呂主導体制強化策の一環であるといえよう。

房前の内臣解任

注目されるのは房前が中務卿に任じられていることである。この補任について、野村氏は内臣の機能と表裏一体をなすものであるとして内臣との兼官と理解されているようで、ゆえに前述したように房前が藤原四子の中心的存在であったとの有力な論拠としておられるのである。二宮正彦氏などは、房前は没するまで内臣のままであったとされる（二宮、一九六二）。

しかし、内臣は前述のように元明太上天皇が養老五年（七二一）の死の間際に、元正天皇に対して要請したものであって、元明太上天皇の亡去と元正天皇の譲位によって状況は変わっていったものと思われる。元正天皇に密着する職掌であっただけに、内臣が聖武天皇の即位後もそのままの職掌を有して存在していたか疑問である。『続日本紀』の房前薨伝《こうでん》にも、参議・民部卿の任官が確かめられるだけである。

山本信吉氏は聖武天皇の即位とともに内臣もその任を終えていたのではないだろうかといわれ（山本、一九六二）、渡辺久美氏もその可能性は十分にあるものと考えられると首肯されているし（渡辺、一九七五）、本川清裕氏は聖武天皇即位から房前の没年までに消滅してしまったと考えた方が妥当だとする（本川、一九九三）。

もし、聖武天皇即位後も内臣が存続していたとしても、長屋王の変は房前の内臣機能に重大な転換を迫らないではおかなかった。そして即位して六年を過ぎて三〇歳になろうとする聖武天皇にとって、元正太上天皇が即位時に要求された「帝業を輔翼する」という内臣の役割は必要なかったのではないか。それにともなって房前の政治的立場も脆弱なものとなっていったのではないか。

その事実を裏付けるように『続日本紀』などの史料には内臣の職掌の痕跡をみつけることができない。野村氏は「機能を具体的に物語る史料は極めて乏しい」といわれるが、その一方で「実はこの具体的な史料がないこと自体が、内臣の性格を端的に物語っているといえるのではなかろうか」とされている。けれども、それは詭弁に等しいものであって、内臣が政治を左右する権力を有していたならば、その政治的な結果は必ず史料のはしばしからでも窺見することができるはずである。

ただ野村氏は、その例外として『令集解《りょうのしゅうげ》』衣服令《えぶくりょう》朝服条が引用する養老六年二月二十三日の格に、「授刀頭《たちはきのかみ》藤原朝臣房前」が意見をたてまつって位袋《いたい》が停廃された事実のあることを挙げ、この格の発令にいたる過程のなかに、内臣機能が端的に現れているとされるが、これは聖武天皇朝のことではなく元正天皇朝のことであり、また「授刀頭藤原朝臣房前」とあることからもわかるように、内臣ということではなく授刀頭としての立場によるものであって、内臣が存続し機能が発揮されていたという明確な論拠とはならない。

また野村氏は房前が内臣として実力をふるった傍証として、『武智麻呂伝』の記事に「舎人親王は太政官の事を知り、新田部親王は惣管の事を知り、二弟北卿（房前・著者注）は機要の事を知る」とあることに注目して、この「機要の事を知る」との文言は、舎人親王の知太政官事などに対応して、内臣としての房前の機能を表現したものであるといわれる。

引用された部分をみるかぎりにおいては、機要のことを掌る房前の存在が大きく感じられるが、引用した記事へとつづく武智麻呂についての叙述をみると、少しく印象が異なる。『武智麻呂伝』は、大納言としての武智麻呂の職掌について、

（神亀・著者注）六年に、大納言に遷《うつ》る。公、為人《ひととなり》温雅にして、諸の事を備へたり。既に喉舌《こうせつ》となりて、帝の猷《のり》を賛《ほ》め揚《あ》ぐ。出でたまへば乗輿に奉り、入りたまへば枢機を掌る。朝議あるに至りては、平かなることを持《たも》ちて和《あまな》ふことを合《はか》る。朝廷、上下安静にして、国に怨讟《うらみ》なし。

と記して、武智麻呂が天皇に近侍して、国政の中枢にいたことを明らかにしている。

舎人親王の「知太政官事」、新田部親王の「知惣管事」は、ともに職名を記しているのに対して、房前の職掌については「知機要事」とあって「内臣事」とは明記しない。機要のことを知るのが、野村氏にいわせれば内臣の職掌だということになるのだろうが、やはり内臣がこの時まで存続していた明確な論拠とすることはむずかしい。かえって、武智麻呂について「入りたまへば枢機を掌る」とあるのが、武智麻呂も内臣的職掌を果たしていたことを想起させる。

房前が長屋王の事件当時まで内臣を帯任していた可能性は少ないと思うが、武智麻呂は房前が内臣を経験してきているということも考慮し中務卿に任じた。これは元正太上天皇が長屋王に太政官を、房前に内廷を託した構想を払拭して、房前を令制に規定する中務卿に補任することよって内臣として特別扱いしないことにした、つまり房前の職掌のことを考慮しながらも、房前を指揮下におくことを目的にした異動であったと思われる。

房前と大伴旅人

このような武智麻呂の主導性は、翌天平二年（七三〇）九月に大納言多治比池守が、同三年七月に大納言大伴旅人《おおとものたびと》も相ついで没し、ただひとりの大納言となったこともあってますます確固たるものになっていった。殊に旅人が没して太政官から去ったのが武智麻呂にとっては大きかった。

大伴旅人は神亀四年（七二七）末から翌五年春頃に大宰帥《だざいのそち》に任じられ九州に下向した（平山、一九七二）。この異動は、旅人の経歴や家柄からして必然性があったとする見解もあるが（北山、一九八四・梶川、一九八六・菅野、一九八八など）、尾山篤二郎氏説をうけて川崎庸之氏が「政界の一方の勢力であった大伴旅人をまず（長屋）王の許から遠ざけ、（中略）その構想が特に不比等の子らのものであったことも、もはやいうまでもないところであろう」（川崎、一九八二ii）とされるように、長屋王打倒をひかえての長屋王と旅人との勢力分離をねらった武智麻呂らの政治的謀略であった（野村、一九六八・北村、一九八三など）。

大伴旅人の大宰帥補任と入れかわりに、大弐として九州にあった多治比県守を大弐帯任のまま帰京させ、事件の最中に「権の参議」に登用したことも、思えば旅人を遠ざける一方で、その代わりに県守の呼びもどしをはかった、藤原氏にすれば一石二鳥的な人事であったとも考えることもできる。

天平二年正月に大宰府で行われた梅花の宴の時の歌三二首の歌序は、長屋王が新羅の客を饗した詩宴の詩序とも共通のあり方を示し、両者に共通する部分が多いことや（粂川、一九七八）、大伴旅人とともに九州にあった官人などに長屋王の知遇をえた人びとのあることが指摘されることから、旅人は長屋王と親密な関係にあって、『武智麻呂伝』の「参議高卿」に名がないのが象徴するように、武智麻呂らとは一線を画す立場にあったものと思われる（川崎、一九八二i）。

そして、このことをいま一つ印象づけるのが、武智麻呂らと乖離していたと考えられる房前と大伴旅人との親交である。このことの一例が、九州にあった旅人が天平元年十月七日に梧桐《ごとう》の日本琴《やまとごと》一面を、「大伴淡等（旅人）の謹状」を付して「中衛高明閣下」房前に献上したことである。

このことは『万葉集』巻五・八一〇番歌〜八一二番歌にみえる。詳細は第七章第2節で後述するが、大伴旅人からの日本琴の献上をうけた房前は、天平元年十一月八日に還使の大宰大監《だざいのだいげん》に倭歌とともに、返書を託して届けている。

この大伴旅人の房前への日本琴贈呈については、九州からの帰京を期待してのことだとか、房前を慰謝しようとした、あるいは風雅な遊び心によるものとの見方がある。もちろん歌の世界のことであって、このことで政界の動向を推測することは現実的ではないが、旅人が武智麻呂でも宇合・麻呂でもなく、房前に日本琴をこの時期に献呈したという事実は看過できないことである。旅人が日本琴を献呈したのは、帰京を目的としていようが、慰謝に意図があろうとも、風雅な遊びにしても、それは旅人にとっては武智麻呂らよりも房前がより親しい関係の存在であったからに違いない。

このようなことを念頭にしたとき、大伴旅人の大宰帥任官による九州下向は、武智麻呂の政治的策略であって、このことを企図した武智麻呂らと房前とは旅人をめぐって隔たりがあったものと考えるのが妥当である。

大伴旅人が帰京して、そして大納言に昇任したのはいつのことだろうか。正史である『続日本紀』にはみえないが、『公卿補任』には天平二年十月一日とある。『万葉集』巻一七・三八九〇番歌～三八九九番歌の題詞には、「天平二年庚午の冬十一月、大宰帥大伴卿大納言に任ぜられ、帥を兼ぬること旧の如し、京に上る時に」とあって齟齬をきたしているが、任官の知らせが届いたのが十一月とすれば『公卿補任』と『万葉集』との矛盾はなくなるし、大納言の多治比池守が九月八日に没しているので、この後任であろうことからすると、この前後の任官であることは確かなことであろう。

武智麻呂らにとっては大伴旅人の大納言昇任は避けたいところであったとは思うが、石川石足につづいて多治比池守を喪い、太政官が知太政官事舎人親王、大納言武智麻呂、中納言阿倍広庭、参議房前の四名、権の参議多治比県守・大伴道足を加えても七名であったことを思えば、太政官の補充は早急の課題であったのだろう。また大臣不在の現状を考えれば、権の参議の増員ではなく、大臣に代わって政務の代行が可能な大納言を置くことが優先されたものと思われる。

そうなれば神亀四年十月に中納言に任じられた阿倍広庭より上席の養老二年（七一八）三月から在任している大伴旅人が昇任するのが常套である。旅人の大納言昇任という事実をもって、旅人が武智麻呂らと政治的に疎隔であったとはできないとする主張もあるが、そういうことはいえない。

武智麻呂政権の成立

大伴旅人が没した事実は、武智麻呂政権成立の過程を考えるうえで重視されるできごとであった。それは武智麻呂らにとって反目していた政治勢力の重鎮的存在がいなくなって、自分たちの政治・政策が進めやすくなったこと、そして旅人を欠いたことによって太政官が権の参議の多治比県守・大伴道足を含めても六人となったことから補充の必要が生じたが、この異動によって自派閥の官人を新たに太政官に迎えることができたことである。

大伴旅人が没して一〇日がたった天平三年（七三一）八月五日、以下の『続日本紀』天平三年八月辛巳（五日）条に、

諸司の主典已上を内裏に引《め》し入れたまふ。一品舎人親王勅を宣《の》りて云はく、執事の卿等、或は薨《こう》し逝《ゆ》き、或は老い病みて、務を理《おさ》むるに堪へず。各知る所の務を済《な》すに堪ふべき者を挙《こ》すべしとのた

まふ。

とみえているように、議政官の登用にあたって諸司主典以上に推挙することが命じられている。そして、八月七日には主典以上三九六人からの推挙が行われている。その結果『続日本紀』天平三年八月丁亥（十一日）条には、

詔して、諸司の挙に依りて、式部卿従三位藤原朝臣宇合・民部卿従三位多治比真人県守・兵部卿従三位藤原朝臣麿・大蔵卿正四位上鈴鹿《すずかおう》王・左大弁正四位下葛城王・右大弁正四位下大伴宿禰道足等六人を擢げて、並に参議としたまふ。

とみえるように、参議六人が新たに抜擢されている。

今回の補充人事は、太政官構成員が六名となったことから、前回の中納言からの昇格という内部昇格を考えずに、参議に新メンバーを登用しようとするものであった。三年半ぶりの新参議の登用ということもあり、また武智麻呂らにとっては政権を確固たるものにすることからも自派閥よりの選任を思慮していたが、反対派勢力の反発にも配慮することが求められていた。

このような理由から、諸司主典以上の官人から議政官を推挙するということになったのであろうが、推挙による任官は前例のない異常なものであった。これについて詳細に論及されたのが本川氏で、こ

の通説に異論をとなえている。以下、本川説を紹介しながら参議の推挙について考えてみる。

本川氏は、①聖武天皇が皇親や藤原氏の身内を用いるという偏った人選をすることは、一氏一名という議政官の慣例からしてもむずかしいことであったので前例のない推挙形式がとられたとする。また②参議に鈴鹿王と葛城王という皇親が入っていることに留意して、舎人親王を中心とした皇親勢力が皇親の立場の確保と皇親政治への道を再び開こうとしたものでもあったと考え、③宇合・麻呂の参議任用は、武智麻呂にとって参議に加えなかった方が安心できるが、房前とのライバル関係を考えて二人を加えることで、同じ参議であった房前の政治上の相対的地位の低下をはかったものだとする。つまり、この参議推挙は舎人親王と武智麻呂が結束して推進し、それぞれ思惑どおりの人物を補任させたものと理解している（本川、一九九三）。

①については、議政官登用の慣例から納得できる見解であるが、②については鈴鹿王の長屋王の変時以降の親藤原氏的行動や、葛城王が県犬養橘三千代の長子で、かつ光明皇后の異父兄であって、その後に皇籍を離脱して臣籍降下すること、そしてなによりもこれ以降に皇親政治なる状況が現出していないことを併考すれば疑問に思わざるをえない。③については、再三論じてきているように武智麻呂と房前の疎隔な関係を思慮すれば、武智麻呂の立場から考えて矛盾はない。しかし、武智麻呂にとって宇合・麻呂を参議に加えなかった方が安心できるとの見解は、長屋王の変での宇合・麻呂の協力から考えても理解できない。武智麻呂は自分一人が権力支配する政権を考えていたわけではなく、あくまでも宇合・麻呂の協力をえて、そして房前を掣肘しながらの自己を主導者とする政権を構想して

いたと思う。

さて、少し回り道をした。推挙の結果、八月十一日には式部卿藤原宇合・民部卿多治比県守・兵部卿藤原麻呂・大蔵卿鈴鹿王・左大弁葛城王・右大弁大伴道足の六名が参議に任じられた。式・兵部卿の宇合と麻呂、そして左右大弁の葛城王・大伴道足、民部卿の多治比県守が任用されるのは予想された。殊に式・兵部卿、左右大弁は枢要官司の長官という職掌上のことから当然であり、県守は民部卿であるが、道足とともにすでに長屋王の事件時からの権の参議としての功績もある。

当時の太政官は一氏族から一人という不文律があったが、藤原氏は南北二家に分立して武智麻呂・房前を議政官とするなど、その不文律が意義をなさなくなってきていたが、多治比県守は大納言多治比池守の後任、道足は大伴旅人の後任と考えれば、その不文律が守られたということになる。その点でも多治比県守と大伴道足の参議任官は当然のことであった。

知太政官事	舎人親王
大納言	藤原武智麻呂
中納言	阿倍広庭
参議	藤原房前
参議	藤原宇合
参議	多治比県守
参議	藤原麻呂
参議	鈴鹿王
参議	葛城王
参議	大伴道足

太政官構成員表

長屋王事件の最中に、多治比県守・大伴道足を権の参議に任命したのは、前述したように長屋王打倒で太政官内の意見を集約することに目的があったが、これは多治比池守・大伴旅人の後には県守・道足をもって多治比・大伴氏を議政官氏族とすることの意思表示であり、事件にあたって多治比池守・大伴旅人への多治比・大伴一族の動向をも含めての無言の抑制ともなったのではなかろうか。

予想外の登用は大蔵卿の鈴鹿王である。鈴鹿王は、長屋王の弟であるが、事件直後には特に勅使石川石足をもって縁坐の赦除が伝えられ、また従来どおりの季禄・皇親時服料に加えて、位禄・節禄などの支給も保証されている（山下、二〇一二）。これは兄長屋王の事件に関して弟鈴鹿王への特別な配慮であろう。

いずれにしても、この六名の参議就任によって、参議は房前が任じられた時の特別視される「参議朝政」の性格を変えて、正官化する形態をとることになり、必然的に房前も単なる参議（中務卿兼任）となり、その存在はこれら六名と形のうえでは同列化したことになる。天武天皇十年（六八一）生まれの房前、持統天皇八年（六九四）生まれの宇合と同九年の麻呂とでは一三歳～一四歳の年齢差がある。このことを考えた場合、三兄弟が同じ参議に列したことは、房前の存在を考える場合に無視できないことであるといえよう。

こうして六名の参議を加えた新しい議政官が構成されたのであるが、これは大納言多治比池守・大伴旅人の死去をうけて、ただ一人の大納言であった武智麻呂の意図のもとに進められた結果であって、ここに長兄武智麻呂の主導のもとに、参議・式部卿の宇合、参議・兵部卿の麻呂を中心に、中納言阿倍広庭、参議・中務卿の房前、そして親藤原氏というよりは親武智麻呂派というべき参議・民部卿の多治比県守、参議・右大弁の大伴道足に、参議・大蔵卿の鈴鹿王、参議・左大弁の葛城王らを加えた「藤原武智麻呂政権」が成立したといえる。

新参議のなかに宇合と麻呂、そして多治比県守・大伴道足という親武智麻呂派官人を加え、大臣に昇任しなくとも大臣に代わって詔書を覆奏できる大納言、それも一人大納言であることを考慮すれば、武智麻呂の主導する体制はより強化されたのである。

さて、この太政官人事では参議の登用のみで、大納言武智麻呂の右大臣昇任が行われなかった。武智麻呂の右大臣昇任は、これより二年半のちの天平六年正月まで待たねばならなかった。

これについては野村氏が、「ただ一人の大納言として議政官筆頭の座を占めることになり、他氏で大臣への昇任を競いうる人物がいなくなったにもかかわらず、彼の昇任はなお二年半近くもみられなかった」（野村、一九六八）といわれるように不可解である。

その理由として、野村氏は強引に長屋王の打倒と光明立后を達成した藤原氏の、皇親および他氏への配慮があったとしながらも、もう一つは藤原氏内部の事情によるものであったとする。

そのもう一つの藤原氏内部の事情とは、法的な後継者武智麻呂と実質的な後継者房前との分離併立の方式が阻害要因となっていて、凡庸で必ずしも健康にめぐまれず、温良さだけが取り柄という武智麻呂が、政府首班の正式の座を占めることには疑義がないわけではなく、一方、長い議政官歴をもち才腕に富むとはいえ、参議の座から房前を起用することもできないという密やかな葛藤があったからだとされる。

ここでも野村氏は前述した「法的な後継者武智麻呂と実質的な後継者房前との分離併立」方式をもちだして自説を主張している。しかし、この「法的な後継者武智麻呂と実質的な後継者房前との分離併立」方式が右大臣昇任の阻害になっていたというのであれば、二年半後に「分離併立」方式に変化がないのに、どうして武智麻呂の右大臣昇任が可能になったのか、説明がつかない。
それよりも著者は、野村氏が憶測を加えればとしてあげた次の理由に注目したいと思う。

そして憶測を加えれば、房前の才腕を高く評価して、武智麻呂の右大臣就任を牽制していたのは、不比等と手を組んで房前を実質的な後継者にした県犬養橘宿禰三千代ではなかったであろうか。彼女は聖武ならびに光明皇后の乳母と生母として、強い影響力をもっていたのである。いま彼女の薨去（天平五年正月・著者注）をむかえたとき、武智麻呂の右大臣への昇進は可能性を増した。

野村氏のこの主張は、総論的にいえば、大体において当をえたものであると評価することができる。房前への姑県犬養橘三千代の助力があったことは確かなことであると思われるし、武智麻呂と房前のあいだに不比等の後継者をめぐって相克のあったことは間違いない。ただ、各論的にはずいぶんと問題がある。例えば三千代が不比等と手を組んで実質的な後継者として房前を選んだとすることや、法的な後継者武智麻呂と実質的な後継者房前との分離併立方式が成立していたなどということは明確な論拠もなく、瀧浪氏の論証（瀧浪、一九八五）以降、もはや正当な認識として成り立ちえないことはすでに論及したところである。
野村氏は凡庸であった武智麻呂が政府首班に進むことに疑義があり、かといって実質的な後継者房前を参議から一挙に大臣に起用することもできなかったといわれる。

再び論及するが、房前は実質的な後継者ではないし、その存在が武智麻呂の右大臣昇任に影響したわけでもない。野村氏の主張するように、実質的後継者の房前が長屋王の打倒や光明立后などに中心的な働きをしていたならば、最古参の参議である房前が事件後に中納言、そして大納言へと昇格しても不思議ではないし、そうあってこそしかるべきだと思うし、物事とは自ずとそうなるものであって、房前がなんら事件に隠れるべき必要性もないと思う。

長屋王の事件後、房前の参議からの昇任がなされず、宇合・麻呂・多治比県守・大伴道足ら六人の参議登用によって議政官内での房前の存在感は希薄になった。翌天平四年正月には多治比県守が房前を越えて中納言に就任し、さらにこの頃であろう房前は中務卿から民部卿に遷るという、実質的に降格となっている。また中衛大将についても、『延喜交替式《えんぎこうたいしき》』にみえる天平八年十一月十一日の太政官符には「正三位行民部卿藤原朝臣房前」とあって、いつかわからないがこの時にはすでに解任されていたようである。このことは『続日本紀』天平九年四月辛酉（十七日）条の薨去記事に「参議民部卿正三位藤原朝臣房前薨しぬ」とあって、中衛大将がみえないことからも確認できる。これらの事実は、長屋王事件を契機として藤原氏の代表者的な地位には武智麻呂がいたことを顕著に示している。

その武智麻呂の意思によって、県犬養橘三千代らの助力があっても房前の地位は参議のままで据えおかれていたのである（参議で終わること二一年）。それは一方で、武智麻呂の政府首班である右大臣昇任についても、房前を推す三千代の「強い影響力による牽制」によって実現するにいたらず、現状維持の膠着状態になっていたものと推察される。

房前は、天平三年八月の宇合・麻呂ら六人の参加による新議政官構成、そして多治比県守の中納言昇任によって、その存在感は小さくなっていったが、この事実を端的にものがたるのが、三カ月後の畿内惣管・副惣管、鎮撫使の創設であろう。

惣管には舎人親王、副惣管に宇合、山陽道鎮撫使に多治比県守、山陰道鎮撫使に麻呂、南海道鎮撫使に大伴道足が任命されているが、そこには房前の名がみえない。鎮撫使については、第五章第2節で検討するように武智麻呂主導による施策であるが、そこに主導者の武智麻呂と鈴鹿王、葛城王という皇親をのぞいて主要な議政官が任じられているのに房前の任命がなかったのは、前述のような事情が背景にあるのではないだろうか。

翌天平四年二月には親長屋王派の生き残りであった中納言阿倍広庭が没したのにつづいて、同五年正月には県犬養橘三千代も没したことによって、武智麻呂の右大臣昇格への障害が取りのぞかれることになった。

第五章　武智麻呂政権の確立とその政治

1　武智麻呂政権の確立

武智麻呂政権の確立

天平四年（七三二）正月、太政官に異動があって、従三位の多治比県守《たじひのあがたもり》が参議から中納言に昇格した。これは翌月に中納言の阿倍広庭《あべのひろにわ》が没することへの対応かと思われるが、武智麻呂《むちまろ》と疎隔な関係にあった広庭が没して、正三位の房前《ふささき》を越えて県守が中納言に昇任したことは注目される。これは武智麻呂を中心とする政治体制が確立へと一歩進んだものといえる。また同五年正月になって県犬養　橘　三千代《あがたいぬかいのたちばなのみちよ》が没した。予てから婿房前を後援して、武智麻呂と一線を画して大臣への昇任を阻んでいた三千代が没したことによって、武智麻呂政権確立の障害は取りのぞかれた。

この頃のことであろう。『武智麻呂伝』には、是時に当りて、舎人親王《とねりしんのう》は知太政官事、新田部親王《にいたべしんのう》は知惣管事、二弟北卿は知機要事とあり。其の間、参議の高卿には、中納言丹比県守、三弟式部卿宇合《うまかい》、四弟兵部卿麻呂、大蔵卿鈴鹿王《すずかおう》、左大弁葛木王《かつらぎおう》あり。

とあって、これらの人びとによって武智麻呂政権が構成されていたことが明示されている。

天平六年正月になって武智麻呂は従二位に進んで待望の右大臣に昇任する。そして、同四年正月に中納言に昇っていた多治比県守と、宇合が正三位に昇叙して、位階のうえでも正三位で終わること一四年の房前と並んだ。武智麻呂政権は、武智麻呂を中心に県守と宇合が側近として形成されていたのであり、野村忠夫氏も官位からみて房前の地歩が相対的に低下した感があることは否めないとされるが（野村、一九六八）、まさにそのとおりであろう。野村氏はやっとここにきて房前が実質的後継者でないことを間接的に認めたことになる。

武智麻呂が右大臣となったことは、「養老職員令《ようろうしきいんりょう》」太政官条に「衆の務を統べ理《おさ》め、綱目を挙げ持《と》り、庶事を惣《す》べ判《ことわ》らむこと」とある職掌上からいっても、国政を領導すべき地位をえたものと理解することができる。野村氏も、大臣について「現実に太政大臣が任命されない八世紀前半の構成で、左・右大臣は議政官合議体の首座―両者が併存するときは左大臣―として合議体を主宰するもの、つまり政府首班であった」といわれている。よって、この現状を考えると、野村氏が「房前の地歩が相対的に低下した」と理解するにとどめたことは、野村氏自身のいうことと矛盾している。

武智麻呂の右大臣昇任によって急転直下房前の地位が相対的に低下したわけではない。著者が主張してきたような経緯があって、結果的に武智麻呂の右大臣昇任によって野村氏も認める現状となったのである。この一事をもってしても、野村氏のいう「凡庸で温良さだけが取り柄の法的な後継者武智麻呂、才腕に富む実質的後継者房前との分離併立」論は、実態を反映したものではないことが理解できる。そして、前掲した野村氏の主張する「藤原四子体制」論の定義が明確に適合しなくなっていたことを意味している。

また後宮についても、県犬養橘三千代の死後から武智麻呂の妻の一人であった竹野女王《たけののおおきみ》が正四位下で、房前の妻で従四位下の牟漏女王《むろのおおきみ》を越えていちばんの高位の者となっていたらしい（渡辺、一九七五）。不比等《ふひと》と三千代、仲麻呂《なかまろ》と藤原袁比良《ふじわらのおひら》らの例にもみられるように、表の政治と裏の後宮は緊密な関係を有している。竹野女王と牟漏女王の後宮内での立場は、その夫である武智麻呂と房前の政権内での立場をも明示していると思われる。

つまり政府首班たる右大臣武智麻呂の領導のもと、宇合・麻呂を中核として、それに多治比県守や大伴道足《おおとものみちたり》という親武智麻呂派官人、そして皇親の鈴鹿王や葛城王らを加えた議政官構成は、新たな政治的性格を有していたものと解釈され、さらなる武智麻呂の主導体制が強化されたという理解のもとに、ここに「藤原武智麻呂政権が確立」したものと考えることができる。

さきの天平三年八月の宇合・麻呂ら六名の参議就任によって武智麻呂政権の確立と考える理解もある。瀧浪貞子《たきなみさだこ》氏は、「一門に対しては弟たちを参議という地位に就かせることで房前を抑え、自らは兄弟の上位に立った。私はこれをもって武智麻呂政権の確立とみる（傍点著者）」（瀧浪、一九八五）といわれる。しかし、著者はあえて「成立」と「確立」とを峻別して、同三年八月時点は「武智麻呂政権の成立」ではあっても「武智麻呂政権の確立」ではないと思っている。野村氏もいわれたように、大臣の任になければ職掌上からいっても「首班」、つまり議政官を領導する地位をえたことにはならないのであるから、少なくともそれは同六年正月の右大臣就任まで降らせる必要があると思うのである。

律令官僚制政権の誕生と皇親葛城王の橘賜姓

その後、翌年の天平七年（七三五）九月になって新田部親王が、つづいて十一月に知太政官事の舎人親王が天然痘によって没する。ことに舎人親王には太政大臣が追贈されて、その葬儀も太政大臣に准じて鈴鹿王らの監護のもとに挙行されたが、その葬儀に「王親の男女をして悉く葬の処に会はしむ」（『続日本紀』天平七年十一月乙丑条）と、皇親全員に参列を命じている。

このような皇親勢力の象徴であった舎人親王が没したことは、皇親勢力の没落を意味するものであり、新田部・舎人両親王が没したことによって、太政官内に鈴鹿王・葛城王を残しているとはいえ、実質的に皇親政治というものの残滓が払拭されて、ここに藤原武智麻呂政権という新しい律令官僚による政権、「律令官僚制政権」が誕生したということができる。

そのことを敏感に反映したのが、翌天平八年十一月に葛城王・佐為《さいおう》王兄弟らが皇親から離脱、橘宿禰氏を賜姓して臣下に降ったできごとであろう。葛城王らは、母の県犬養橘三千代を喪ったこともあり、また皇親政治の消滅をも目の当たりにして心機一転、皇籍から離脱して官僚として生きることを決心したのである。

『続日本紀《しょくにほんぎ》』天平八年十一月丙戌（十一日）条には、

従三位葛城王、従四位上佐為王ら表を上《たてまつ》りて曰さく、臣葛城ら言《もう》さく、去りぬる天平五年、故知太政官事一品《いっぽん》舎人親王、大将軍一品新田部親王、勅を宣《の》りて曰はく、聞道《きくな》らく、諸王等、臣連の姓を賜はりて朝庭に供奉《つかえまつ》らむことを願ふときく。是の故に、王等を召してその状を問はしむとのたまひき。臣葛城ら、本よりこの情を懐けども上達するに由《よし》無し。幸に恩勅に遇《あ》ひて、死を昧《おか》して聞えむ。（中略）願はくは、橘宿禰の姓を賜はり、先帝の厚命を戴き、橘氏の殊名を流《つた》へて、万歳に窮り無く、千葉に相伝へむことをとまうす。

とみえて、天平五年に舎人親王・新田部親王が、諸王らの臣下に降ることの希望を知り、その事情を葛城王らに尋ねていたことが知られる。すでに三年前から葛城王が臣下に降ることを願っていたことがわかるが、これは正月の県犬養橘三千代の死後のことであろうから、やはりその死が契機となっていたことが確認される。

葛城王らが賜姓を願った橘宿禰氏は、天武朝から持統・文武《もんむ》・元明《げんめい》朝まで仕えてきた母の県犬養橘三千代が、和銅元年（慶雲五・七〇八）十一月二十五日の豊明節会《とよのあかりのせちえ》御宴において元明天皇より忠誠の深さを賞されて、酒杯に浮かべた橘を賜り、「橘は果物のうちの最上で人々の好むものであり、枝

興福寺南円堂と橘の樹

は霜や雪にも負けず繁茂し、葉は寒さ暑さでも凋《しぼ》むこともない。その光沢は珠玉と競い、金銀に交っても美しさが映える」ということにちなんで与えられたものである。

これ以降、葛城王は橘《たちばなの》諸兄《もろえ》と名のるようになるが、この名前には留意させられる。ふつうこのような場合には、弟の佐為王が橘佐為と名のったように王名をそのまま名とすることが多い。新田部親王々子の塩焼王が氷上《ひがみの》塩焼《しおやき》、長親王《ながしんのう》々子の智努王・大市王兄弟の文室智努《ふんやのちの》・文室大市《ふんやのおおいち》などもそうである。ところが葛城王は弟佐為王とはちがって橘諸兄と名のった。この「諸兄」は、光明皇后《こうみょうこうごう》の異父兄、そして光明皇后の夫聖武《しょうむ》天皇《てんのう》の義兄にあたることを意識しての命名であり、葛城王が臣籍に降るにあたって政界での自分の将来を考慮したものであった。

『万葉集』巻六・一〇〇九番歌左注には、橘宿禰氏の賜姓を祝って元正太上天皇《げんしょうだいじょうてんのう》・聖武天皇・光明皇后らも加わった肆宴《しえん》が皇后宮で行われ、三人の橘を賀す歌も詠まれたとある。『万葉集』には、「橘の氏を賜りし時の御製歌一首」として「橘は　実さへ花さへ　その葉さへ　枝に霜置けど　いや常葉《とこは》の木」との聖武天皇の御製歌が一〇〇九番歌としてみえている。ただ、左注には聖武天皇と光明皇后の歌は「その歌遺《う》せ落ちて、未だ探り求むること得ず」とあって、この御製歌は元正太上天皇のものであると伝えている。

この御製歌に応じたのが、諸兄の長子奈良麻呂《ならまろ》の、「奥山の　真木《まき》の葉しのぎ　降る雪の　ふりは増すとも　地に落ちめやも」（一〇一〇番歌）との歌である。「地に落ちめやも」、この橘の実はけっして地におちることなどあろうものか、この歌から父諸兄の賜姓の感激にもまして、奈良麻呂の「橘氏への誇り」と、その繁栄を信じて疑わない心情をよみとることができる。

現にこの頃には橘佐為の娘　橘古那可智《たちばなのこなかち》が聖武天皇のもとに入内《じゅだい》しており（木本、一九九三ii）、諸兄・佐為兄弟は諸王の身分を離れて、政界で勢力を築き橘氏の発展をめざしていたのである。

2　武智麻呂政権の内政

畿内惣管・鎮撫使の創設

武智麻呂政権の確立には前述のように紆余曲折があったが、その過程で重要な役割を果たしたのが畿内惣管と鎮撫使であった。これについては、『続日本紀』天平三年（七三一）十一月丁卯（二十二日）・癸酉（二十八日）条にみえているので、少し長いが左記に転載してみる。

丁卯、始めて畿内の惣管、諸道の鎮撫使を置く。一品新田部親王を大惣管とす。従三位藤原朝臣宇

合を副惣管。従三位多治比真人県守を山陽道鎮撫使。従三位藤原朝臣麿を山陰道鎮撫使。正四位下大伴宿禰道足を南海道鎮撫使。

癸酉、制すらく、大惣管は、剣を帯び勅を待つ。副惣管は大惣管に同じ。判吏二人、主事四人。鎮撫使は、掌ること惣管に同じ。判官一人、典一人。其れ、内外の文武の官六位已下の兵術・文筆を解《し》れる者を抽《ぬ》きて充てよ。（中略）その職掌は、京と畿内との兵馬を差し発《おこ》さむこと、徒《ともがら》を結び衆を集め、党を樹《た》て勢を仮り、老少を劫奪《ごうだつ》し、貧賤を圧略し、時政を是非し、人物を臧否《ぞうひ》し、耶《じゃ》曲冤枉《きょくえんおう》なるを捜り捕へむ事なり。また、盗賊、妖言、自ら衛府《えふ》に非ずして兵刃を執り持つ類を断《ただ》せ。時を取りて国郡司らの治績を巡り察《み》て、如《も》し善悪を得ば、即時に奏聞せよ。（中略）但し、鎮撫使は兵馬を差し発すこと得ずといふ。

畿内惣管・鎮撫使は、帯剣して勅命を待ち、京・畿内の兵馬を動員して、徒党・集団で老人・年少・貧賤な者から物品を強奪する者や、政治の是非を論じたり邪枉《じゃおう》な者を捜査・逮捕したり、また盗賊行為や惑わせる発言をする者、衛府ではないのに武器を携帯する者を処断するとともに、諸国司・郡司らの善悪を巡察して、天皇に報告することを職掌としていた。ただし、畿内諸国を管掌する畿内惣管が兵馬の差発権を有したのに対して、山陽・山陰・南海諸道鎮撫使にはその権限が認められていなかった。

畿内大惣管には新田部親王、副惣管に宇合、山陽道鎮撫使に多治比県守、山陰道鎮撫使に麻呂、南海道鎮撫使に大伴道足が任じられている。武智麻呂は任じられていないが、九月から大宰帥《だざいのそち》を兼官していたから西海道《さいかいどう》鎮撫使を兼任するということであったと思われる。

大将軍である新田部親王を大惣管に、持節大将軍として蝦夷《えみし》制圧に軍事経験のある宇合を副惣管に充て、党閥外の阿倍広庭を避けているのは当然であるとしても、参議の房前・県守・麻呂・鈴鹿王・葛城王・道足の六人から県守・麻呂・道足を任じているところに武智麻呂の意図がみえる。新田部親王は武智麻呂らと従兄弟で、長屋王《ながやおう》窮問にも参加するなど藤原氏に近く、県守・麻呂・道足の三人は長屋王事件前後から武智麻呂政権成立に力を尽くしてきた武智麻呂がもっとも信頼する者たちであったことを考えると、房前が任用されていないことに武智麻呂と房前の距離を感じさせる。

この時に畿内惣管と鎮撫使が創設された背景について、岩橋小弥太氏は国郡司の治績を巡察するのは巡察使・按察使《あぜち》と同じで重複しているが、そのほかのことは特異であって著しく軍事的であるのは、その頃の山陰・山陽・南海道辺になにか事件があったためではないかといわれ（岩橋、一九六二）、野村氏は農民層の動揺に対処する行動であったらしいと述べている（野村、一九六八）。

また林陸朗氏は、前年九月頃に顕著にみえている京および諸国の盗賊の横行、禍福を妄説《もうせつ》して人衆を結集する族、ひそかに兵馬人衆を結党する徒などの動きに対応するもの（林、一九五七）といわれているが、『続日本紀』天平二年九月庚辰（二十九日）条には、京と諸国に盗賊や海賊が横行し、安芸・周防国では妄《みだ》りに霊魂をまつり祈禱する者、京周辺でも妖しい説教で一万人もの人を惑わす者、また諸国で兵士をかってに徴発して猪・鹿を捕殺する者に厳しい禁断を加えていることがみえていて、そのことと職掌がほぼ同じであることから首肯されるものと思われる。

畿内惣管・鎮撫使創設の意図は、長屋王の変や渤海使の来朝、旱害・飢饉等による人心の動揺と社会不安に対して、武力を背景に威圧することにあったと思われるものの、特に反政府的な行動、私的な武力に対する厳しい警戒的態度がうかがわれる（笹山他、一九九〇）。その点で坂元義種氏が当時の政治不安や治安問題と関係があるが、長屋王の変や光明子《こうみょうし》立后がその背景にあったとみるべきだとする見解は妥当なものである（坂元、一九八八）。

坂元氏もいうように、政治不安や治安問題は地方国郡司の施政の紊乱《びんらん》にもよるが、長屋王の事件による政府の不安定要因にもかかるもので、それだけに惣管・鎮撫使の創設は、武智麻呂らが権力の確立を急いでいた意識の現れともいえる。おもてむきには社会不安、治安問題ということになってはいるが、それ以外にも武智麻呂らの権力確立にむけての軍事力の掌握という目的でもあったことは、畿内大惣管・副惣管である新田部親王と宇合にのみ兵馬差発権が認められていなかったことからも推量される。

殊に副惣管の宇合が新田部親王とともに、武智麻呂体制下の軍事権を掌中にして「剣を帯び勅を待」ち、兵馬を差発する権限を有したことは、天皇の親衛隊的な中衛府《ちゅうえふ》の職掌と重なるところもあり、中衛大将である房前の政治的な立場が低下したことを実感させる。

節度使の設置

さて、この畿内惣管と鎮撫使の創設は、誰の建言によるものだろうか。著者は、翌天平四年（七三二）八月に任命された節度使とともに、宇合の建言によって設けられたものと思う。その鎮撫使を純然たる軍事的性格化し、東海・東山・山陰・西海の辺要四道の軍団点検を目的としたのが節度使の設置であった。

楊樹藩氏によれば、唐制の節度使は景雲二年（和銅四・七一一）四月に河西節度使《かせいせつどし》が設けられたのが初めてで、『旧唐書《くとうじょ》』巻三八・地理志には、「開元の時、九節度使有り。分別して要衝を鎮守して、羌狄《きょうてき》を捍禦《かんぎょ》す」とあり、本格的に設置されたのは開元年間（七一三〜七四一）であったことがわかっている（楊、一九六七）。宇合が入唐《にっとう》したのは養老元年（霊亀三・七一七）であるから、その時に唐制節度使を彼の地で見聞している可能性は高い。宇合は政治状況を考慮して、畿内惣管・鎮撫使、そして節度使の設置を太政官に進言して実現をみたものと思われる。

さて節度使については『続日本紀』天平四年八月丁亥（十七日）条と壬辰（二十二日）条に、以下のように記されている。

丁亥、正三位藤原朝臣房前を東海・東山二道節度使とす。従三位多治比真人県守を山陰道節度使。従三位藤原朝臣宇合を西海道節度使。道別に判官四人、主典四人、医師一人、陰陽師一人。
壬辰、勅したまはく、東海・東山二道と山陰道等との国の兵器・牛馬は、並に他処に売り与ふること得じ。（中略）節度使の管《つかさど》れる諸国の軍団の幕・釜欠くること有らば、（中略）速《すみや》かに塡《あ》て備へしめよ。また、四道の兵士は、令に依りて差し点《てん》し、四分が一を満てよ。その兵器は、旧《ふる》き物を修《つく》理《ろ》へ。仍《なお》百石已上を載するに勝《た》ふる船を造れ。また、便宜を量りて糒を造り塩を焼け。また、筑紫の兵士は課役《かやく》並に免す。その白丁《びゃくちょう》は調を免《ゆる》し庸を輸《いだ》さしむ。

節度使には、東海・東山道使に房前が、山陰道使に多治比県守、そして西海道使に宇合が任じられた。判官は、山陰道に巨曽倍津嶋《こそべのつしま》、西海道には佐伯東人《さえきのあずまひと》が任じられて、それぞれ県守と宇合を補佐した（『続日本紀』天平四年八月丁酉条）。宇合は、三月には知造難波宮事《ちぞうなにわくうじ》として難波宮造営に関与したすべての官人とともに物を賜っているから、難波宮造営がほぼ終わったので任を解かれたうえで、西海道節度使を命じられたのである。

壬辰条の記事をみると、節度使の具体的な職掌は、軍団兵士の整備訓練、幕釜など野営装備の補塡、兵器の製造修理、百石以上積載可能な船の建造、兵糧としての糒塩の備蓄などにあったことがわかる。この節度使設置の政治的背景については、通常の国内兵士制の整備にとどまり（平川、一九八〇）、防人《さきもり》制の変化に対応した軍事力整備の国内対策とするのが一般的である（奥田、一九七五）。

しかし、北啓太氏はそのほかに要害地の警護強化もあって、その目的は対外防衛にあったとされ（北、一九八四）、瀧川政次郎氏も新羅征伐の準備だと考えられ（瀧川、一九七七）、鈴木靖民氏も東海・東山道節度使は陸奥出羽の蝦夷反乱に、山陰・西海道節度使は新羅の来攻に備えたものとされたように（鈴木、一九八五）、近隣諸国からの侵攻など、実戦をともなう危急の事態には軍を統帥・指揮する権限も有する（中尾、二〇一〇）対外政策でもあったことを一概に否定はできない。

後に触れるが、節度使の「警固式」や「備辺式」にみえる内容や、この頃には新羅との関係が改善されず、引きつづいて緊張した状況にあったこと、そして山陽、南海両道に置かれず、山陰、西海両道に置かれているのは、設置の主因が新羅に対するものであったことをうかがわせる。ゆえに遣唐押使、遣唐副使としてともに入唐し、海外情勢にも明るい多治比県守と宇合の二人が、この山陰、西海両道節度使に任じられたのであろう。

宇合と西海道節度使

西海道節度使に任じられた宇合は、『懐風藻《かいふうそう》』に「五言、西海道節度使を奉ずる作。一首」として、さきには東山の役（神亀元年に持節大将軍として東北）に赴き、そして今年は九州に下って行く、役人として旅する生涯、幾度辺境の兵士となればよいのかと、倦《う》みあきる心情を詠んでいる。

これは詩歌の世界のことであるから、必ずしも宇合の真情と考える必要もないが、そのような宇合が、常陸守時代の下僚でもあった高橋虫麻呂《たかはしのむしまろ》らに見送られて九州に下向したのは、天平四年（七三二）秋の「白雲の　竜田の山の　露霜に　色付く時」（『万葉集』巻六・九七一番歌）であった。

九州に下向した宇合が、節度使としてどのように西海道諸国の軍制を整備していったのかは、直接的な史料も少なく要領をえない。けれども、『続日本紀』宝亀十一年（七八〇）七月丁丑（十五日）条に、「安きときにも危きを忘れぬは古今の通典なり。縁海の諸国に仰せて、勒《つと》めて警固せしむべし。（中略）また大宰は、同年（天平四年）の節度使従三位藤原朝臣宇合が時の式に依るべし」とあり、宝亀十一年七月に縁海の諸国に警固を努めることを命じたおりには、大宰府に対して宇合の時の式によることを求めている。よって、宇合は節度使在任時に警固に関する式を作成していたことが知られる。

この宇合の式は、『続日本紀』天平宝字三年（七五九）三月庚寅（二十四日）条に、「大宰府言《もう》さく、府官の見る所、方《まさ》に安からぬこと四あり。警固式に拠るに、博多の大津と、壱伎・対馬等の要害の処とに、船一百隻以上を置きて、不虞《ふぐ》に備ふべしとあり」とみえる「警固式」のことであろう。これによれば宇合の警固式には、博多津や壱岐・対馬などには不慮のできごとに備えて百隻以上の船を置くことが規定されていたことがわかる。節度使の職掌にみえる「百石已上を載するに勝ふる船を造れ」にも対応する。

このほかにも、『続日本紀』宝亀十一年七月戊子（二十六日）条には、「北陸の道も亦《また》、蕃客に供《そな》ふれども、有《も》てる軍兵未だ曾《かつ》て教習せず、事に属《あた》りて徴《め》し発すに、全く用ゐるに堪ふる無し。（中略）大宰に准《なずら》へて、式に依りて警虞《けいぐ》すべし」とあり、北陸道が大宰府の式に倣って、①絶海の村々に賊来があった場合、国司に急告し、それを受けた国司では長官以下が集議して警固策をとり奏上すること、②賊船が来着した場合、区域の人民は食糧を持参し要所で戦い、救援の兵士を待つこと、③あらかじめ軍兵の集合地には立札をたて、兵士人民の弓馬になれた者で部隊を編成して混乱を防ぐこと、④戦士以上の者は賊来を知れば武器・食料を携行し本隊に行き、順序よく隊伍を作り行動に備えること、⑤国司以上の官人は私馬を用い、不足の場合には、駅馬《やくめ》（駅家の駅使用馬）・伝馬《でんめ》（郡衙の逓送用馬）を充当すること、⑥兵士や人民が軍隊に加わった場合、公粮を支給し、急迫している所には糒を、そうでない所には米を支給することの六カ条の対策をなしたことが知られるから、宇合の案出した「警固式」にもこれとほぼ同様のことが規定されていたものと察せられる。

また宇合の「警固式」を知るのに参考となるのが、同時に山陰道節度使となった多治比県守の「式」である。天平六年の「出雲国計会帳」にみえる「備辺式」というのが、その一部であると考えられている。「出雲国計会帳」には、同五年七月に節度使から出雲国に「国別応備幕状」が逓送されたのをはじめとして、翌同六年四月に「送山陰道四国鉦幷封函状」「鉦五面状」が到着するまで、そのあいだに「応造幕料布、充価調短絹状」「節度使春夏禄、短絹状」「要地六処儲置弩《ど》幷応置幕料布状」「応定兵士番状」などが逓送されたことがみえる。一方、国司からは同五年八月二十日と同五年十月二十一日、同八年十月六日の三度にわたって節度使に「兵士簿目録」「儲士歴名簿《ちょしれきみょうぼ》」「道守帳《ちもりのちょう》」「津守帳《つもりのちょう》」「駅馬帳」「伝馬帳」「修理古兵帳」「新造兵器帳」などが送付されている。

これをもって出雲国では節度使の設置にともなって、前掲の『続日本紀』天平四年八月壬辰条にみえる制勅にもとづき、軍事体制が着々と実施にうつされ、中古兵器の修造や新造兵器の補充が進み、兵士歴名簿などがみえるから農民兵士の簡点編成、さらに牛馬、兵器の詳細で具体的な把握がなされていたとともに、この節度使は軍団を主にして編成され、国郡司も本来の国衙職務以外に節度使の指揮によって、これらの運営にあたっていたことがわかる（鈴木、一九八五）。

これらの事実を併考すると、宇合を節度使とする西海道諸国でも出雲国のように制勅にもとづき、軍団を中心に兵士、道守《ちもり》、津守《つもり》らのみならず、駅馬・伝馬などの牛馬、器仗など軍事に関わるすべてのものの把握が行われ、その簡点、新造、補充修理が進んでいたものと思われる。その一端を示すのが、『続日本紀』天平五年閏三月壬辰（二十五日）条に、「勅したまはく、調布一万端・商布三万一千九百廿九段を以て、西海道の新しき器仗を造る料に充てよ」とみえる事実である。西海道にのみ特に器仗料として調布・商布（調庸以外の自家・交易用の布）が充てられている。ちょうど、この頃までは宇合も九州にいた時であって、その指揮下で節度使の施策が進捗していたことを知ることができる。

この「警固式」の実施によって、西海道諸国の国郡司・軍団を中心とする軍制は、以前に比べて特段に整備強化され、宇合の考えのもとに再編成されたものと思われるが、その節度使は天平六年四月には停止されて、軍備はそのまま国司主典以上の者が管轄して継承維持されることになる（『続日本紀』天平六年四月壬子条）。対新羅策の変更と国内情勢が安定してきたということからであろう。

大宰府政庁跡

しかし宇合は、天平六年正月に武智麻呂が右大臣昇任にともなって去任した大宰帥を襲任したらしいから、西海道諸国では宇合のもと節度使下の軍制が継続して進められたものと思われる。このようなこともあって、前述したように天平宝字三年三月にも、宝亀十一年七月にもみられるように、宇合の「警固式」がその後も大宰府下のみならず北陸道の軍制規範ともなったのであった。また天平八年五月には、大宰府官人に対して別途に仕丁《じちょう》と公廨稲《くがいとう》を給付し、同八年十月にも府下諸国の田租を免除するなどの施策がとられているが、これは帥としての宇合によるものであろう。

それだけに西海道諸国が、宇合個人に深く影響されることになったことは想像されるところで、そのことは長男広嗣《ひろつぐ》が天平十二年に九州で謀反《むへん》したときの状況を検討することによっても理解される。広嗣軍の中核だったのは、大宰史生《だざいのししょう》で豊前国京都郡《みやこぐん》鎮長の小長谷常人《おはつせのつねひと》や豊前国企救郡板櫃鎮《きくぐんいたびつのちん》大長の三田塩籠《みたのしおこ》、同小長の凡河内田道《おおしこうちのたみち》、そして郡司の大領や擬少領たちであって、官軍と板櫃河で対峙した時の兵力は一万人にものぼっていて、そのなかには大隅国や薩摩国の兵士も加わっていることからすると、その徴発はきわめて大規模かつ迅速に行われたことがわかる。

宇合が没してから三年、まだ西海道では宇合の「警固式」による軍団鎮営への直接的な統制が、組織的にも残存・機能していたことが確認できる。広嗣の乱は、広嗣が宇合の長男であり、このような軍事的背景があってこそ、大きな反乱となりえたのである。

また節度使は、軍団軍毅《ぐんぎ》の考選・任用にも関与したことがわかるから、人的にも宇合との関係がそのまま存続していたことを認めることができる。高橋虫麻呂は、宇合について、

千万《ちよろず》の　軍《いくさ》なりとも　言挙《ことあ》げせず　取りて来ぬべき　士《おのこ》とそ思ふ（『万葉集』巻六・九七二番歌）

「千万の敵であろうと、とやかく言わず黙って討取って来られる男子だと思っています」（東野他、

一九九四）と詠っている。虫麻呂は、宇合が常陸守・按察使在任時には下僚であったことから宇合のことをよく知っており、このように評価される宇合が節度使・大宰帥として西海道諸国で大宰府官人をはじめ国郡司や豪族などとも気脈を通じ、そのあいだに信頼関係を築いたことで強い影響力を及ぼしたことが推察できる。

その影響力の大きさは、長子の広嗣の乱でも発揮されたのであるが、その後の宝亀二年に末子蔵下《くらじ》麻呂《まろ》が大宰帥に就任したのをはじめとして、二男の良継《よしつぐ》、八男百川《ももかわ》も帥となり、五男田麻呂《たまろ》も大弐となるなど、宇合の息男四人が相つづいて大宰府の任に就いているのは、宇合がかつて節度使、大宰帥として九州の豪族たちとのあいだに強い結びつきをもち、その関係が次世代の宇合の息子たちにもうけつがれていったことを推考させる。

宇合が九州から帰京したのは、天平五年の春の頃かと思える。前掲の高橋虫麻呂の送別歌に、「竜《たつ》田《た》道《じ》の　岡辺の道に　丹《に》つつじの　にほはむ時の　桜花　咲きなむ時に　山たづの　迎へ参ゐ出む君が来《き》まさば」との一節がある。この年の十二月には死去した県犬養橘三千代の旧第に参向して、従一位を追贈する詔文を宣べていることが知られるから、もうこの頃には在京していたことが確認できる。

勧学政策

長屋王の変以後、時をへるごとに武智麻呂の主導性が、施策においても顕著に具現されてくるようになる。その一つが天平二年（七三〇）二月にあった釈奠《せきてん》の挙行と博士・学生への慰労などにはじまる学問の奨励と改善策である。釈奠は二月・八月の上丁の日に孔子を祀る儀式で、この日には中臣広見《なかとみのひろみ》が大学寮に遣わされて博士・学生らに慰労と勉励の詔があった。

そして、翌三月にはさらに勧学のための施策がつづいて施行されている。『続日本紀』天平二年三月辛亥（二十七日）条には、

太政官奏して偁《もう》さく、大学の生徒既に歳月を経れども、業を習ふこと庸浅《ようせん》にして、猶博く達《およ》ぶこと難し。実に是れ家道困窮《たしな》く、資《たす》けて給ふに物無し。学を好むこと有りと雖も、志を遂ぐるに堪へず。望み請はくは、性識聡慧《せいしきそうけい》にして芸業優長なる者、十人以下五人以上の専《たく》め学問に精《いそ》しきを選び、善き誘《いざない》を加へむことを。仍て夏・冬の服、并せて食料を賜はむ。

とみえ、大学の生徒には年月をかさねても困窮のために学業が成就できない者がいることから、生来聡敏で優秀な者を五名から一〇名採り、さらに精進させ後進への励みにするということで、夏と冬の服と食料の支給を願ったものである。

この太政官奏は、『令集解《りょうのしゅうげ》』職員令大学寮条の「令釈《りょうしゃく》」に「天平二年三月二十七日奏」として引かれていて詳しくわかる。それによると、①文章博士《もんじょうのはかせ》一名をふくむ直講《ちょっこう》四名と律学博士二名を定め、（明経《みょうぎょう》）助教と同様に処遇する。②雑任《ぞうにん》・白丁から年齢制限なしに聡慧な者を明法生《みょうぼうしょう》一〇名・文章生二〇名簡取する。③大学生の性識聡慧・芸業優長な者から明経四名・文章二名・明法二名・算二名の一〇名を得業生《とくごうしょう》とし、夏は絁《あしぎぬ》一疋・布一端、冬は絁二疋・綿四屯・布二端の時服料

と日毎に米二升・塩二勺、堅魚・雑魚など食料を支給するというものであった。

この大学寮改革は、神亀五年（七二八）七月の第一次改革につづく第二次改革ともいうべきもので、この二度の改革によって学生数は明経生四〇〇名、算生三〇名に加えて明法生一〇名、文章生二〇名の四六〇名定員となり、教官も九名から一五名に増員され、大学寮での教育体制は飛躍的に充実した（小杉、二〇一〇）。長屋王政権下の神亀五年にはじまったこととはいえ、この一連の大学寮改革は大学助《だいがくのすけ》・大学頭《だいがくのかみ》を経験してきた武智麻呂の主導によるものに違いない。

また『続日本紀』同日条には、陰陽・医術・七曜《しちよう》（天文学）・暦学は国家にとって大切な学問だが、その博士らは老齢であるから後進の養成のため、吉田宜《きったのよろし》・御立清道《みたちのきよみち》（医術）、大津首《おおつのおびと》・難波吉成《なにわのよしなり》（陰陽）、山口田主《やまぐちのたぬし》・私部石村《きさきべのいわむら》・志斐三田次《しひのみたすき》（算・暦）ら七人に弟子（得業生、陰陽・医術各三人、七曜・暦各二人）をとって学業を教授させ、弟子には大学生に准じて時服・食料を支給することや、通訳養成のために粟田馬養《あわたのうまかい》・播磨乙安《はりまのおとやす》・陽胡真身《やこのまみ》・秦朝元《はだのちょうげん》・文元貞《ぶんのげんてい》ら五人に弟子各二人をとって漢語を習得させるなどのことを上奏して裁可されたことがみえている。

そして一年後の天平三年三月乙卯（七日）条には、「制すらく、今より已後、筭《さん》を習ひ出身せむに、周髀《しゅばい》を解《さと》らぬ者は、只省に留まることのみを許すといふ」とみえて、『周髀』をマスターしていない算生は、及第しても叙位されずに官職に就けないことが制定されている。

「養老職員令」大学寮条によると、算生は前述のように式部省下の大学寮に三〇名おり、「養老学令」算経《さんぎょう》条には『孫子』『五曹』『九章《くしょう》』『海嶋』『六章』『綴術《てつじゅつ》』『三開重差《さんがいじゅうしゃ》』『周髀』『九司《くし》』の九書を学ぶことが規定されている。『九章』もしくは『六章』『綴術』の一書から三条、残る『海嶋』『周髀』『五曹』『九司』『孫子』『三開重差』から各一条の九条の試問に全答すれば甲第、六答以上ならば乙第で及第だが、『九章』三問を落とせば、六答以上でも落第などとの規定があって、なかでも『九章』が重視されていた。

『九章』は、二四六問の各種問題を方田・粟米などの九章に分類して解法を示した体系的な数学書であった。それに対して、この度の制度は、『九章』に加えて『周髀』の重視をも意図としたものであった。『周髀』は、天文算法を説いたものであって、どちらかといえば暦学とも関わる天文書であるという。

『令集解』学令筭経《さんぎょう》条の「古記」によると、天平三年に式部省の申請をうけて太政官によって決定されたもので、国に益する大器たるためには暦象秘要に関わる『周髀』が重要だとの認識によったものであった。これは同二年三月の陰陽・医術・七曜頒暦《はんれき》などの学術の衰退を防止する施策と一連のものであったが、事は式部省から発しているものの、制度の内容からいっても、これに主体的に関わったのは省下の大学寮であったことは間違いない。

この当時の大学頭・助は明確ではないが、大学少允は武智麻呂次男の仲麻呂で、彼の「薨伝《こうでん》」には「大納言阿倍少麻呂《あべのすくなまろ》に従ひて筭を学び、尤もその術に精《くわ》し」（『続日本紀』天平宝字八年九月壬子条）とあって算道に精通していたことが知られるから、この算生への科試における『周髀』重視の方針は仲麻呂からでたものではないかと推知される。

では、仲麻呂はなぜ『周髀』を重視したのだろうか。それは『周髀』が、ただの算術書というよりも天文算法を説いた暦象秘要に関わる書であったからであろう。例えば、天文博士は中務省《なかつかさしょう》下の陰《おん》陽寮《ようりょう》に属して、「天文生を教え、天文の気色をうかがう」のはもちろんのこと、「異なること有らば密封せむこと」を職掌としていた。当時は天変を天帝の啓示として受けとめていたから、天に異象がみえれば、天文博士は上司の陰陽頭《おんようのかみ》に報告、陰陽頭は占書によって調査のうえ、勘文を密封して天皇に奏聞したのである。槐位に昇ることを思い、為政者たることをめざしていた仲麻呂にとって、天文事象に関心を寄せるのは当然で、この施策の具現化の要因であったといってよい。

若い時より明経道を学びつつも算道をも習得した仲麻呂は、上述のような関心から算道の九書のテキストから天文算法を説いた『周髀』にも興味をもつようになり、その重視策を大学寮内でまとめ、式部省を通じて太政官に申請したのであろう。

令制でテキストが指定されていたのは、大学の明経生・算生、典薬寮の医生・針生だけであったが、榎本淳一氏によると、算生をのぞくテキストは仲麻呂が実権を握った天平宝字元年（天平勝宝九・七五七）十一月に南北朝時代のものから隋・唐時代のものに指定替えされたが、算生のテキストはすでに天平頃には唐代のものが使用されるようになっていたという（榎本、二〇一二）。これは大学少允で算道に詳しかった仲麻呂によって、この前後にテキストが南北朝時代のものから唐代にものに替えられたことを明示している。

このような勧学政策の推進者が誰であるかということであるが、それは武智麻呂ではなかったかと思う。この大学寮改革期に、どちらかといえば長子豊成《とよなり》の兵部少輔に比べて閑職である大学少允に次子仲麻呂を任じていることからも蓋然性が高い。

釈奠の挙行、博士・学生への慰労、そして大学寮の改革、このような一連の政策は、前述したように『武智麻呂伝』に、武智麻呂が慶雲元年（大宝四・七〇四）三月に大学助となって大学に碩学を招くなどして盛行させ、同二年に刀利康嗣《とりのやすつぐ》に釈奠文の作成を願い、さらに同三年七月に大学頭となって儒生を集めて『詩経《しきょう》』『書経《しょきょう》』などを講義して学生を訓導するなど、大学寮の充実に尽力していることがみえていることを勘案すれば、やはり武智麻呂の意図にでるものであったことは確かなことであると思う。

京・畿内班田使と班田

次に、武智麻呂政権の政治として取りあげるのは班田についてである。班田は周知のとおり、「養老田令」口分《くぶん》条にみえるように、六歳以上の男子に二段の土地を、女子にはその三分の二、そして家人《けにん》・奴婢《ぬひ》には三分の一（「養老田令」官戸奴婢条）を支給するもので、持統天皇六年（六九二）より六年ごとに実施されて、七回目の班田が天平元年（神亀六・七二九）にあたっていた。

その班田に関して、天平元年十一月に京と畿内の班田使が任命されている。これは「養老田令」班田条に、「十月一日より起りて、京国の官司、預め校《かんが》へ勘《かんが》へて簿造れ。十一月一日に至りなば、受くべき人を摠《す》べ集めて、対《むか》ふて共に給ひ授けよ」とあるからである。諸国の班田は、その国の国司がこの任にあたったが、この年になって京・畿内班田使が派遣されたのは、班田が初めて実施された持統天皇六年九月に班田大夫等が四畿内に派遣されて以来のことであった。

この時の班田使に誰が任じられたかは明確でない。ただ『万葉集』巻二〇・四四五五番歌の題詞に「天平元年の班田の時に、使ひの葛城王、山背国《やましろのくに》より薩《さつの》妙観《みょうかん》命婦《みょうぶ》等の所に贈りし歌一首」とあるから葛城王が山背国班田使に任じられたことが知られる。そして他には、これも『万葉集』巻三・四四三番歌の題詞に「天平元年己巳、摂津国の班田の史生丈部竜《はせつかべのたつ》麻呂《まろ》自ら経《わな》きて死にし時に、判官大《おお》伴宿禰《とものすくね》三中《みなか》が作る歌一首」とあるから、摂津国班田使判官に大伴三中、史生に丈部竜麻呂が命じられたこととともに、班田使には判官・史生も任じられていたことが知られる。

しかし、持統天皇六年から派遣されていなかった班田使が三七年ぶりに派遣されたのはどうしてなのだろうか。それは、班田使任命に先だって、この年三月に「口分田を班《あか》つに、令に依りて収め授くること、事に於て便あらず。請はくは、悉く収めて更に班たむことをとまうす。並にこれを許す」（『続日本紀』天平元年三月癸丑条）とあるように、令の規定にしたがって田を授け、収公するには「実際上の不便」があるので、口分田の班給方法を見なおして、すべてを収公してさらに班給しなおすことを命じたことが背景にあったからであろう。

これまでの班田収授は、『令集解』田令班田条の「古記」の記事からもわかるように、一度班給を受けると、その戸のその土地に対する用益権は殆ど保証され、一旦班給した口分田には新たな班田は直接に及ぶものではなかったから、すべての口分田を収公して班給しなおすということになると、班給にあたっての混乱は必至であって、そのために班田使の派遣が実施されたのである。

しかし、この施策が実施された理由である「実際上の不便」とはどういうことなのか、具体的な理由が判然としない。口分田の収授は、前述のように現実には死亡などによる収公、つまり退田と、六歳の受田年齢になって新規に班給する受田のみが行われるから、やがて戸の口分田耕地が散在する事態になることであるとする説、「大宝田令」には、「養老田令」と違って初班死の三班収授が規定されていたらしいことから、これが不便であったとの説がある（虎尾、一九六一）。これは初めて口分田を班給された者が、六年後の次の班年までに死亡した（初班死）場合、次の班年には収公せずに、さらにその次の班年（三班）に収公する規定のことである。

いずれにしても、この三月の施策は、すべての班田を収公して新たに班給しなおすという、いままでとはまったく異なる班田収授方式を命じたもので、この政策転換は口分田のすべては国家権力の自由に操作しうる土地であることを明らかにしたものといえる（奥田、一九六八）。この従来からの班田収授方式からの転換策は、天平元年度だけであったが、かつては班田収授制の行きづまりへの対策とみる説が多かったが、いまは班田収授制の実施の本格化とみる説が有力になっている（笹山他、一九九〇）。

さて京・畿内班田使の基本方針であるが、太政官が奏上した七項目はすべて裁可されている。その七項目とは、①親王と五位以上の位田（品階・位階に応じて支給する田）・功田（特に功績のある者に支給する田）・賜田（別勅によって賜る田）・寺田・神田はもとの土地を班給する。②位田は、上田（町別標準収穫稲五〇〇束の田）を他の土地の上田と替える場合には認めるが、中田（同四〇〇束の田）を上田と替える班給は認めない。③位田・賜田は優先して班給する。④職田（職に応じて支給する田）は民部省が田の面積を計算し、土地の広狭に応じて上田・中田を班給するが、半分は畿内国、半分は畿外国に設定する。⑤諸国の国司が在職中に開墾した水田のうち、養老七年（七二三）以降のものは自分で開墾した、買得した田を問わず転勤・免職後にはすべて収公し、人民に班給する。⑥阿波国・山背国の陸田（畑）のうち、荒地を良田とした場合と山背国の三位以上所有のものはすべて収公し、人民に班給する。⑦勅による賜田・功田は還収しない、というものであった。

いずれも三月に実施のすべての班田を収公して新たに班給しなおすという方針によっての、現実に班田収授する場合の細則であったが、なかでも⑤の方針は、国司が解任後も開墾した水田を経営しつづけ、またその水田が売買されていた事実を示しており注視される。

武智麻呂政権のこれらの土地政策は、養老七年の溝池を造って開墾した土地は曾孫まで私有を認める三世一身法によって国家による土地所有が分解することに対処しようとするものであり、天平二年三月まで実施をみなかった大隅・薩摩両国ではじめて班田収授しようとしたことや⑤の国司の開墾と所有の禁止措置を併考すると、国家的土地所有を実現しようとするものであったことがわかる（奥田、一九六八）。

版図拡大と麻呂の東北制圧

武智麻呂政権は、父不比等政権の政策を継承していることが指摘されているが、版図《はんと》拡大策もその一つである。不比等の版図拡大策は右大臣に昇任した和銅元年（慶雲五・七〇八）三月以降に顕著になってきている。まず東北への施策として、同元年九月に越後国に出羽郡を建て、同二年八月には反乱を起こした陸奥国・越後国方面の蝦夷を鎮圧している。さらに同五年九月には出羽国を建国し、同五年十月には陸奥国最上《もがみ》・置賜《おいたみ》両郡を出羽国に併合させている。同七年十月には尾張国・上野国などから二〇〇人を柵戸《きのへ》として出羽国に移し、霊亀元年（和銅八・七一五）五月には相摸・上総・常陸・上野・武蔵・下野六カ国の富める千戸を陸奥国に移している。

そして、南方への版図拡大策としては、和銅六年に征隼人軍を送り、同六年四月には日向国から肝坏《つき》など四郡を割いて大隅国を建国している。同七年三月には豊前国の二〇〇戸を訓導役に隼人居住地に移住させ、多褹島《たねのしま》に印を賜り、太遠建治《おおのおけじ》らに奄美らの人びとを率いて入京させている。これら東北や南九州・南島への版図拡大策は、不比等らの進取的政策を端的に示すものである（高島、一九八五）。

武智麻呂らもこの政策を継承、施策を実行している。天平元年（神亀六・七二九）六月〜七月にかけて、薩摩国・大隅国の隼人らに調貢させ、大隅国姶孋郡《あいらぐん》少領ら隼人に位階を授け、同二年三月には建国まもない薩摩国・大隅国については、前述した口分田の全収吏班制度を懐柔のためであろう、見おくり、新たに皇民化を推進しようとしている。これは武智麻呂を中心とした政府が長屋王の政変をへて一応の安定をみせ、武智麻呂の領導のもとにその政策に藤原氏の独自性を発揮してきたことを感じさせる。

天平七年七月〜八月にも薩摩・大隅国の隼人二九六人に調貢させ、二国の隼人三八二人に位階と禄を授けるなどしているが、版図拡大策は南九州・南島地方に限らなかった。東北地方の蝦夷対策にも武智麻呂政権は積極的であった。

天平元年八月、陸奥鎮守府の兵士を勤務状況に応じて三等に評定して、姓名・年齢・本籍・従軍の年数などを記録して奏上させ、翌月に陸奥鎮守将軍の大野東人《おおののあずまひと》が後につづく者の励みとするために、まず官位を授けることを進言した際には、これを認めて一等評価の三〇人には二級、二等の七四人に一級を進階させている。これは他国出身の兵士を定着させて蝦夷対策を充実させる目的でもあった。

天平二年正月には、陸奥国の言上を容れて、田夷《たい》村の蝦夷は皇民化していることから建郡（郡名不詳）して郡家《ぐんけ》を建てているし、同五年十二月には出羽柵を秋田村高清水岡《たかしみずのおか》に移して、雄勝村《おかちむら》（秋田県羽後町周辺）に雄勝郡を建て、同八年四月には陸奥・出羽両国の郡司らに位階を与えるなど、東北経略も本格化した。

それが天平九年正月の麻呂を持節大使とする東北制圧策で、麻呂は養老元年（霊亀三・七一七）に国介として美濃国に赴任してより平城京を遠く離れたことがなかったが、陸奥持節大使として、佐伯《さえきの》豊人《とよひと》・坂本宇頭麻佐《さかもとのうずまさ》の二人の副使らをともない陸奥国に派遣されることになったのである。豊人は左京亮《さきょうのすけ》であったから下僚としてよく知った間柄であり、宇頭麻佐は征夷の経験があり、また常陸守でもあったから兵站面のことを考慮しての任命であったと思われる。

この度の征夷は、天平五年十二月に最上川河口にあった出羽柵をさらに北の秋田村高清水岡に遷置し、雄勝郡を建郡したのにともなって、陸奥国府より出羽柵への直路を確保するため、途中の雄勝郡の蝦夷を征討することを予てから考えていた陸奥按察使《あぜち》・鎮守将軍の大野東人からの要請に応えたも

多賀城跡

のであった。

麻呂はさっそく平城京を発ち、天平九年二月十九日には陸奥国多賀城に到っている。グレゴリオ暦でいうと三月二十八日で、陸奥・出羽両国では例年だと山間部は別として平地では積雪は融けている状況で、蝦夷征討開始の時期としては最適であった。この後の経緯については、麻呂自身の四月十四日付の言上が、『続日本紀』天平九年四月戊午（十四日）条に引用されていて分明である。この九〇〇字弱の上奏文によって、以下簡潔に記してみる。

麻呂は多賀城に到着すると、早速に大野東人と協議するとともに、常陸・上総・下総・武蔵・上野・下野など六カ国から徴発した騎兵千人の部隊を編成し、これでもって牡鹿半島の海沿いの海道、北上川沿いの山道の両道を開いた。しかし、これによって夷狄たちが疑いと懼《おそ》れの気持ちを抱いたことから、農耕している蝦夷で遠《とお》田《た》郡《ぐん》の郡領《ぐんりょう》である遠田《とおたの》雄《お》人《ひと》を海道より、帰服している蝦夷の和我計安塁《わがのけあるい》を山道より派遣して、それぞれこの度の遣使の趣旨を告げ諭させている。

さらに勇敢で強健な者一九六人を選び大野東人に委ね、四五九人を坂本宇頭麻佐が守備する玉造柵（宮城県古川市大崎名生館遺跡カ）、判官の大伴美濃麻呂《おおとものみのまろ》の守備する新田柵（宮城県遠田郡田尻町カ）、陸奥大掾の日下部大麻呂《くさかべのおおまろ》の守備する牡鹿柵（宮城県桃生郡矢本町カ）など五柵に分置・鎮守させ、麻呂は残る三四五人を率いて多賀城を鎮撫する態勢を整えている。そして天平九年二月二十五日には本格的な征夷に移っているが、このことが麻呂が多賀城に到着してから七日目であることを考えると、ずいぶんと迅速に征夷態勢が準備されたことがわかる。

まず多賀城を進発した大野東人は、陸奥国色麻柵《しかまのき》（宮城県賀美郡中新田町カ）から奥羽山脈を横断して、出羽国大室駅《おおむろのうまや》（山形県尾花沢市丹生・正厳付近カ）までの新道を開削、そして一旦色麻柵にもどったようで、さらに天平九年四月一日になって判官の紀武良士《きのむらじ》らと委ねられた騎兵一九六人、多賀城の鎮兵四九九人、陸奥国の軍団から徴発した兵士五千人と帰服した蝦夷二四九人を率いて進発して、その日のうちに大室駅に到着、そこで兵士五百人と帰服蝦夷一四〇人を率いて待っていた出羽守田辺《たなべの》難波《なにわ》と合流している。ここに帰服した蝦夷を加えているのは、もちろん戦力として期待するとともに、地理に明るいこともあり、なによりも同じ蝦夷でもって説得して戦闘を避けるためでもあった。

いよいよ四月三日には六五〇〇人を超える東人軍は未開の賊地に入り、道を開拓しながら行軍している。陸奥国賀美郡《かみぐん》から出羽国最上郡玉野《もがみぐんたまの》までの八〇里（四二キロメートル）はすべて山野で険阻ではあるが、人馬の往還には艱難でない地形で順調に新道開削は行われたらしい。玉野から賊地である比《ひ》羅保許山《らほこやま》（山形・秋田県境の神室山）までの八〇里は、地形は平坦で険嶮なところはなかったようで、翌四日には征夷軍は比羅保許山に進軍・駐屯している。

そのあいだに田辺難波より大野東人に書状があり、雄勝村の蝦夷三人が征夷軍の制圧を知って投降してきたことが報告されたが、東人はこの蝦夷の投降について奸謀が多いことから再度の帰順の言葉を聞いてからと容易に信じなかったという。

比羅保許山から目的地の雄勝村までの五〇里あまりは平坦であるが、二つの川（役内川《やくないがわ》・雄物川《おものがわ》）を渡らなければならないとの帰服蝦夷らの報告があり、進軍の困難さが予想された。さらに田辺難波からの進軍の目的は蝦夷を教諭し、築城して皇民化するためであるが、兵力をもって圧迫して蝦夷たちが山野に遁走すれば労多くして功少なく上策ではないことや、いまは官軍の勢威を示して引き返し、後に自分が寛大な措置をとれば蝦夷も帰順して城郭の守備もたやすく人民も安住するとの進言もあった。

大野東人はこの田辺難波の進言を容れ、また自身でも早く賊地に入り、耕作・貯穀して兵糧運搬の費用を省こうと計画していたが、例年に倍する大雪でこれが行えず、秣《まぐさ》の調達もままならなくなったことや兵士の状況をも判断して、さらなる進軍を断念し、雪が融けて草が生えるのを待って進発することにして四月十一日に多賀城に帰還した。

この大野東人の判断をうけて、その三日後に麻呂は持節大使として、臣麻呂ら愚昧《おろか》にして、事機に明かならず。但し、東人、久しく辺要に将として、謀中《はかりごとあた》らぬこと尠《すくな》し。加以《しかのみならず》、親《みずか》ら賊の境に臨みて、その形勢を察《み》、深く思ひ、遠く慮《おもいはか》りて、量り定むること此の如し。謹みて事の状を録して、伏して勅裁を聴《こ》ふ。但し今間は事無く、時、農作に属《つ》けり。発《おこ》せる軍士は、且つ放ち且つ奏さむとまうす。

と記して、天皇に送っている。

麻呂は平穏な現状を報告して、農事の時期になったので徴発した兵士の解放を要望するとともに、自分は愚かであって軍機に明るくはないが、大野東人は長く将軍としてこの陸奥国にあって作戦が的中しなかったことはまれであり、また自ら賊地に臨み、その地勢を熟知している、その東人が深謀遠慮のうえで中止と判断したことであるのでと、天皇に上奏している。

この上奏文は麻呂自身の起草になったものであるだけに麻呂の本意がよくうかがえる。ここには武威をもってせず慰撫による民政を説く田辺難波と、軍事に経験豊富で武功のある大野東人、自分が「事機に明かなら」ざるがゆえに、麻呂はこの二人を信頼して、その進言を容れ、結果を天皇に報告して裁断を待ったのであった。この麻呂のとった行動は総責任者である持節大使としての態度にふさわしいものであった。三者三様の立場での責任を果たしたものとして評価できると思う。やがて、この上奏はうけいれられ、麻呂は帰京したのである

官司の補完・修正と官僚制度の改善

大宝律令施行後、やはり何年かたつと現状に対応して、官司の補完・修正の必要性が生じるのは仕方のないことである。これらの政策に関しても不比等は積極的であって、新置改廃や官員の増減など行政の必要に応じて適切な措置をとっている（高島、一九九七）。なかでも慶雲四年（七〇七）七月に授刀舎人寮《たちはきのとねりりょう》を創設したことは政治的にも重要なことであったし、和銅元年（慶雲五・七〇八）二月には催鋳銭司《さいじゅぜんし》、そして同二年三月には造雑物法用司《ぞうぞうもつほうようし》も設置している。

それだけでなく、注目されることは官司の史生《ししょう》の配置・増員が頻繁に行われて、和銅元年には内《く》蔵寮《らりょう》・兵部省、同五年には左右弁官・東西市司に、そして同六年には大膳職《だいぜんしき》・大蔵省・民部省・兵馬司・中務省・宮内省・造宮省などにも補充している。

しかし、このような官司の新置改廃や官員の増減などは、旧制度の残滓払拭の、また政治状況の変化に対応するために必要なことであって、不比等政権・長屋王政権をへても、なお残された課題として武智麻呂政権が解決しなければならない問題であった。

武智麻呂政権でもっとも重視されるのは、鎮撫使・節度使の創設であるが、これは先に詳述したことであるので、ここでは触れない。それ以外で、もっとも早いのは天平元年（神亀六・七二九）八月に行われた諸陵司を諸陵寮に昇格し、員数も正《かみ》、佑《すけ》、令史の各一員から頭《かみ》、助《すけ》、大允《だいじょう》・少允、大属《だいさかん》・少属各一員の大寮としたことや、武官経験者で有官だが任官していない武散位の散位《さんい》寮に出仕する定員を二〇〇名と定めたなどのことがある。

そして興味をひかれるのが、天平三年七月の雅楽寮の楽・舞についての規定を新たに決めたことである。雅楽生のうち、大唐楽三九名、百済楽《くだらがく》二六名、高麗楽《こまがく》八名、新羅楽《しらぎがく》四名、度羅楽《とらがく》（不詳）六二名、諸県儛《もろかた》（九州南部の儛）八名、筑紫儛二〇名とし、大唐楽生をのぞく百済・高麗・新羅各楽の楽生はその国の出身者を採り、度羅楽と諸県・筑紫儛は楽生から採用するという『大宝令』では定まっていなかった定員と採用方法を決めている。

また律令制度下にあっては、官司自体の補完・修正が行われても、律令政治が支障なしに運営されるかどうかは律令官僚の運用実態に関わるところが大きい。その点で天平二年六月に太政官史生以上の勤務日数である上日数を毎月左右大臣に報告し、大臣不参の時には大納言に報告するようにしていることも注目されることであるが、さらに重要視されるのは同五年四月の「今日より以後、永く恒の例とせよ」と、後の時代まで大きく影響した国司交替と解由《げゆ》制度の履行措置である。

これは国司が交替する場合、前任国司が後任を待たずに帰京したり、事務引継が完了しても、その証明書である解由を与えないことがあって、これによって解由のない官人は新たな職に就くことができないことから、遷替する者は必ず解由を与え、かつその旨を太政官に申し送ることの遵守を命じたものであるが、これは正税《しょうぜい》の確保を目的としたものでもあったらしい（福井、一九七八）。

解由制度がいつから始まったかであるが、天平三年に朝集使（国郡官人の勤務評定書を進上する使）をして告知しているから、同三年には制度としてはあったと思われるが、それがいつまで遡るかはわからない。唐制に倣ったとの説もあることから、入唐経験があって神亀元年（養老八・七二四）四月に武智麻呂を襲って式部卿に在任していた宇合あたりによって進められたのかもしれない。

そこで、この宇合と麻呂二人に関わるのが、天平三年十一月の下級武官の考選と解任権に関する太政官処分である。『続日本紀』天平三年十一月丁未（二日）条には、以下のようにみえている。

太政官処分すらく、武官の医師・使部《つかいべ》と左右馬監《めげん》の馬医と仗帯する者との考選と、武官の解任とは、先例並に式部に属《つ》く。事に於て便あらず。今より以後、兵部をして掌らしめよ。

武官である医師（衛府所属の医師）・使部（雑用係の下級職）、左右馬監の馬医と武器を携行する者の考（勤務評定）・選（任官）と、武官の解任は先例で式部省が管掌してきたが、不便であるので今後は兵部省に管掌させるようにするというものである。

武官とは、「養老公式令《ようろうくうじきりょう》」内外諸司条に、「五衛府、軍団、及び諸の仗帯せらむをば、武と為よ」とあり、「養老職員令」兵部省条に「卿一人、掌らむこと、内外の武官の名帳《みょうちょう》、考課、選叙、位記のこと」とあることから、武官の医師・使部・左右馬監の馬医、帯仗官などの考選は、本来は兵部卿の職掌であることは明らかである。

しかし、『日本書紀』天武天皇七年（六七八）十月己酉（二十六日）条にみえる詔には式部省の前身官司である「法官」が内外文武官の考叙のすべてを管掌したとある。これが浄御原令《きよみはらりょう》に継承されていたから、「大宝官員令」で武官は兵部省が管掌するとしたものの、浄御原令以前の慣例が残り、式部省が依然として管掌しつづけていたものとみえる。

兵部省が武官王臣五位以上の上日を把握し、「考」に関与するようになったのは慶雲四年五月以後のことである。そして「選」に関しても、その詮擬権（評定権）を得たのは和銅二年十月になってからであったが、それでは「養老職員令」条文どおりに兵部省が武官の考選権のすべてを掌握したかというと、そうではなく、判任官などは依然として式部省の管掌下にあった。

その後、ようやく神亀五年十一月に府生の補任《ぶにん》権が兵部省に移り、この天平三年十一月になってやっと武官の医師・使部、左右馬監の馬医、帯仗官などの考選権が兵部省に帰したのである。

和銅二年以降、しばらくなかった式部省から兵部省への考選権の委譲が突如なされたのはなぜであろうということが問題になる。この時の式部卿は前述したように宇合、兵部卿は麻呂（木本、二〇一一）で、兄弟であったから既得権など複雑な問題が生じることがなく、スムーズに「大宝官員令」規定どおりに兵部省に委譲されたのだろう。

以上、武智麻呂政権の内政について述べてきたが、吉田孝氏は、天平年間には品部《しなべ》・雑戸の解体による部民制的要素の消滅、官司組織における官僚的要素の強化、皇親政治からの脱却や太政官の強化、そして地方でも班田図の全国的規模での完成、郡稲の正税混合や郡司選任方式の改変、国庁の確立による地方支配の進展などがあったことを主張されている（吉田、一九八三）。これに拠れば、武智麻呂政権が奈良時代史のなかで律令国家の確立に果たした役割が大きなものであったということがわかる。

3　武智麻呂政権の外交

唐と遣唐使

武智麻呂政権の外交政策というと、まず天平四年（七三二）の遣唐使派遣であろう。

この遣唐使派遣は、霊亀二年（七一六）の任命以来、一六年ぶりの派遣で、遣新羅使帰国の直後、そして前述の節度使と同日の任命であることを考えれば、当時の唐・新羅・渤海三国の緊張関係に対処する政治目的をになって任命されたものであることがわかる（笹山他、一九九〇）。

当時の東アジアの国際情勢は、唐と渤海が険悪な関係にあったことから、唐は新羅、渤海は日本と提携関係を結び、唐＝新羅と渤海＝日本との対抗関係が形成されつつあった。遣唐使の派遣は、日本は渤海とは違って唐とは直接な対立関係にはなかったから（鈴木、一九八五）、緊張関係にあった対新羅策として、節度使を設置して国内の軍事体制を整える一方で、唐との外交交渉を進めようとする武智麻呂らの意図によるものであった。遣唐使任命の二カ月後の天平四年十月にはじめて造客館司を置いたのも唐使を迎えることを期待してのことであったと推察される。

『続日本紀』天平四年八月丁亥（十七日）条には、「従四位上多治比真人広成《たじひのまひとひろなり》を遣唐大使とし、従五位下中臣朝臣名代《なかとみのあそんなしろ》を副使とす。判官四人、録事四人」とあるが、ここでは判官以下の官人名がみえない。しかし、他条によって判官は、田口養年富《たぐちのやねほ》・紀馬主《きのうまぬし》（『続日本紀』天平八年十一月戊寅条）、平群広成《へぐりのひろなり》（『続日本紀』天平十一年十月丙戌条）、秦朝元（『懐風藻』弁正伝）の四名で、准判官に大伴首《おおとものおびと》名《な》（『続日本紀』天平八年十一月戊寅条）が任じられたことがわかっている。

任命後、多治比広成は翌天平五年三月一日に山上憶良《やまのうえのおくら》の家を訪ねたらしく、三日になって憶良は「大唐大使卿」広成に、「難波津に　御《み》船《ふね》泊《は》てぬと　聞こえ来ば　紐解き放《さ》けて　立ち走りせむ」（『万葉集』巻五・八九六番歌）などの歌を謹上している。その後、広成は、同五年閏三月に辞見（出発に際しての拝謁）し、節刀（全権委任象徴の刀）を授けられ、一行は翌四月三日に近江・丹波・播磨・備中四国で造られた遣唐使船四隻に分乗して難波津（大阪市中央区心斎橋筋近辺カ）より出港した。

多治比広成ら遣唐使節五九〇人は風波に苦労しつつ、八月に蘇州に到着し、刺史の銭惟正《せんいせい》の報告によって遣わされた韋景先《いけいせん》に慰労されている。そして、天平六年（開元二十二・七三四）四月に美濃絁二〇〇疋・水織絁二〇〇疋を献上したことが『冊府元亀《さっぷげんき》』巻一七〇・巻九七一にみえている。広成らは同六年十月に蘇州を発ったが、暴風雨に遭って四船は離散してしまう。

大使多治比広成の乗船した第一船は十一月に多褹嶋（種子島・屋久島と周辺の諸島）に来着し（『続日本紀』天平六年十一月丁丑条）、翌天平七年三月に入京、節刀を返上し拝朝している。

この第一船で同じく帰国した入唐留学生の下道《しもつみちの》真備《まきび》（吉備真備）は、四月に「唐礼」（唐の典礼を編纂した書）一三〇巻・「太衍暦経《だいえんれきけい》」（唐の僧一行の暦法）一巻・「太衍暦立成」（太衍暦の暦計算を示す）一二巻などの典籍、「銅律管」（銅製の音階調律用管）・「鉄如方響写律管声」（鉄製の音階調律器）などの楽器、「弦纏漆角弓《つるまきうるしのつのゆみ》」「射甲箭」「平射箭《ひらいのや》」などの武具を献上している（『続日本紀』天平七年四月辛亥条）。また、五月には入唐請益生《にっとうしょうやくしょう》の秦大麻呂《はだのおおまろ》も「問答」（律に関するものか）六巻を献上している。

下道真備の将来した文物は、典籍だけでなくそれを理論で終わらせないための道具もふくんでいて、きわめて実践志向であった（中丸、二〇〇九）。五月五日の節会には帰国した遣唐使と唐人らが唐楽や新羅楽を演奏し、また槍をもって舞う弄槍《ほこと》を行っているが、これは真備がもたらした『楽書要録』などの唐の音楽芸能の知識と武具を披露する場であったと考えることができる（南谷、二〇〇六）。

中臣名代の乗船した第二船は遭難し、名代は半年後の天平七年三月に唐都にもどり、閏十一月には帰国にあたって文物の収集に努めていたらしく、玄宗皇帝はその帰国に際して張九齢《ちょうきゅうれい》の作文による国書を授けたという（笹山他、一九九〇）。名代は、翌同八年になって薩摩国に帰着したらしい。「薩摩国正税帳」には「遣唐使第二船」に穎稲や酒を供給したことが記されている（『大日本古文書』二巻一六頁）。やっと八月になって名代は唐人三人・波斯人《はしじん》（イラン人）一人を率いて拝朝していることが『続日本紀』天平八年八月庚午（二十三日）条にみえている。

「皇甫東朝」と記された須恵器片

名代がともなった唐人三人とは皇甫東朝《こうほとうちょう》ら、波斯人は李密翳《りみつえい》で、ほかに唐僧の道璿《どうせん》やインド僧の菩提僊那《ぼだいせんな》らも来日している。その後、天平勝宝三年（七五二）四月に、道璿は律師、菩提僊那は僧正となり、翌年の同四年四月の大仏開眼会には道璿は呪願師、菩提僊那は開眼師を務めるなど仏教界に大きな影響を与えることを思うと、この天平四年度の遣唐使は下道真備のことをも併せて歴史的に意義あるものであったといえよう。

そして、残った第三船と第四船の行方はわからなかったが、第三船の判官平群広成は渤海副使の己《き》珎蒙《ちんもう》らにともなわれて、日本を発ってから五年近くたった、すでに藤原四子没後の天平十一年七月に出羽国に来着した。広成ら一一五人は、蘇州出港後、遭難して崑崙国《こんろんこく》（メコン川下流の国）に流れついたが、殺害され病死する者もあり、広成ら四人のみが生き残って唐国にもどり、阿倍仲麻呂のとりなしで玄宗から船と食料を支給され、同十年三月に登州を発ち、渤海からは渤海国使に同行して帰国したのであった（『続日本紀』天平十一年十一月辛卯条）。

新羅と遣新羅使

遣唐使につづいて、新羅・渤海との関係についても述べておこう。天平年間に先だつ養老年間（七一七〜七二四）は、日羅関係は思いのほか友好的であって、神亀年間にも神亀元年（養老八・七二四）八月には遣新羅大使土師豊麻呂《はじのとよまろ》が派遣され、同三年五月には新羅使金造近《こんぞうこん》らが来日している。

そして天平四年（七三二）正月、八年ぶりに角家主《つののやかぬし》が遣新羅使に命じられたのである。なぜ八年間も日羅関係は疎遠になっていたのだろうか。そして、なぜ節度使を設置するなど対新羅策として軍事体制を整備する必要があったのだろうか。

これについては鈴木氏が興味ある説を主張されている（鈴木、一九八五）。鈴木氏は、『三国史記』新羅本紀の聖徳王三十年（天平三・七三一）四月条に、「日本国兵船三百艘、海を越へて我が東辺を襲ふ。王、将に命じて出兵して大いにこれを破る」とある記事に注目して、この記述は新羅側の認識であって現実には必ずしも記事どおりではなかったものの、直接には朝廷の意図と関わりのないところで日羅間に不祥事があったことは認められると考えられた。そして、角家主の新羅への派遣は、新羅に朝貢を促すとともに、前年に新羅東辺海で起こった不祥事について何らかの交渉の必要性があったからに違いないとされた。

しかし、鈴木氏は遣新羅使派遣の背景には、さらに日本国内の政治情勢からの観点として、長屋王から政権を奪取して数年、藤原四子による内政が進められ、ようやくこの時にいたって具体的な外交政策として、はじめて遣新羅使が再開されるということになったともいいうるとされている。

角家主は天平四年二月二十七日に拝朝して新羅へと出発したが、家主の遣新羅使任命の二日後の正月二十二日に交互して新羅使の金長孫《こんちょうそん》らが来日した。新羅は渤海との敵対関係から、渤海と日本とに挟撃されることの脅威を感じ、日本国兵船の事件から生じた警戒から、まず朝貢をつづけることに政策を転換したものと考えられる。この度の新羅使は、このような政治的・政策的な目的を第一義にしていたが、珍しい鳥獣を献上していることから国際間の貿易という経済的な関心からでもあったとされる。

新羅使は、三月五日には大宰府に安置されることが命じられ、金長孫ら新羅使四〇人が入京したのは五月十一日のことで、五月十九日には拝朝して、財物に加えて猟犬や驢《ろ》馬《ば》・騾《ら》馬《ば》などの鳥獣を献上している。この時、金長孫は来日年期決定の奏請をしているが、これは朝貢の周期の延長を意図としていたと考えられている。二十一日になって三年に一度の来日年期を命じられて、新羅使は六月末になってもどっていった。その二カ月後の八月になって遣新羅使の角家主が帰国したが、家主らの報告は新羅が大規模な城塞施設を設けて防衛体制を進めているという内容であったらしい。

新羅使金長孫在日中の交渉の結果をふまえ、角家主の帰国一週間後の天平四年八月十七日に遣唐使と節度使を任命していることを併考すると、武智麻呂らは緊迫した新羅関係の対応策をとるとともに、新羅を牽制する必要から唐との良好な外交を維持するために遣唐使を派遣することにしたのであろう。

その後、奏請どおり三年後の天平六年十二月になって、新羅貢調使の金相貞《こんそうじょう》らが大宰府に来泊し、翌同七年二月に入京したが、国名を王城国に改めたということの無礼を責められて、ただちに追放されている(『続日本紀』天平七年二月癸丑条)。このことからすると、新羅との緊張関係が解消することはなかったようである。

天平八年二月になると、大使に阿倍継麻呂《あべのつぎまろ》、副使に大伴三中《おおとものみなか》、大判官に壬生宇太麻呂《みぶのうだまろ》、少判官に大蔵麻呂《おおくらのまろ》を任じて遣新羅使が派遣された。継麻呂は津嶋(対馬)で病死し、三中も罹患して帰国が遅れたが、宇太麻呂らは翌同九年正月に入京し(『続日本紀』天平九年正月辛丑条)、「新羅国、常の礼を失ひて使の旨を受けず」(『続日本紀』天平九年二月己未条)と奏上している。これをうけて五位以上と六位以下合せて四五人の官人を内裏に召集して対応策について意見を聞いているが、再度使節を派遣して理由を問うべきだとする意見や兵を発して征伐すべきだとの強硬意見もみられたように、日羅関係は修復することができなかった。

渤海と遣渤海使

このような新羅との緊張した関係の影響もあって、渤海とは親交な関係にあった。神亀三年（七二六）に渤海は唐と通交した黒水靺鞨《まっかつ》を撃ち、つづいて天平四年（七三二）には山東半島の登州を攻撃した。これをうけて唐は翌同五年に新羅に命じて渤海南境を攻めさせている。渤海は、この唐＝新羅連携策に対抗するうえから日本に接近を試みるようになる（笹山他、一九九〇）。このような当時の東アジアの外交関係が渤海と日本との親交関係の背景にあったのである。

渤海が寧遠《ねいえんしょうぐん》将軍郎将の高仁義《こうじんぎ》を大使に任命し、徳周《とくしゅう》・舎航《しゃこう》ら副使、判官・録事・訳語《おさ》・史生・首領二四人の使節をはじめて日本に派遣し、その渤海使が出羽に来着したのは神亀四年九月であった。時期的なことからしても、前年の黒水靺鞨を攻めて唐との関係が悪化していた渤海の事情をうけての日本接近であったことは明確である。

高仁義ら渤海使は、蝦夷の地に来着したため襲撃されて高仁義以下の一六人は殺害されてしまったが、首領の高斉徳《こうせいとく》ら八人がどうにか生きのび、朝廷からの存問をうけ衣服を賜っている。首領とは前述のように使節のなかでももっとも下級役職であるが、その実態は信物として献上する特産物を調達する在地の首長であったらしい（鈴木、一九八五）。

神亀四年十二月に入京した高斉徳ら渤海使は、「衣服令《えぶくりょう》」に規定する衣服・冠・履《くつ》を授かり、翌同五年正月に渤海王の国書と方物として貂《てん》の皮三〇〇枚を献上している。国書には、「相互に親しみ助けあい、使者を通わし仲のよい隣国としての交わりを結ぶことを今日からはじめたいと思います」（直木他、一九八六）とあって、友好・盟友関係をもって通交したいとの意思が述べられている。

この国書を考察した石井正敏氏は、書式は上長に奉ずるものであるが、内容は相手を同格に扱ったもので、高句麗の後身を表明しているとはいえ、決して附庸国としての態度や朝貢の意向を示したものでないことがうかがえると指摘されたうえで、しかし低姿勢を取らざるをえなかったのは、前述したように対唐関係が悪化の一途をたどっていたからであるとされている（石井、二〇〇一）。

また朝廷では高斉徳らに正六位上を授け、高斉徳らと五位以上の官人を宴に招き、大射を行い、雅楽寮の音楽でもてなした。このような歓待は渤海使の来日を有徳の天子のために異国の使者が来朝したのだという慶びの気持ちからであったに違いなく（石井、二〇〇一）、翌二月になって大使引田虫麻呂《ひけたのむしまろ》をはじめ水手《かこ》以上六二人の送渤海客使を任命して送ることにしている。

四月になると、高斉徳らは使者として慰労されて絹布・綾などを賜わり、「我が国とは遠く海を隔ててはいるが、今後も往来を断たさぬようにしよう」との璽書《じしょ》を託されて、六月に渤海に帰国した。今回、日本が送渤海客使まで編成したのは高斉徳らを送るためだけではなかった。新羅との関係が悪化傾向にあったことから渤海への使節も兼ねていたのであろう。

送渤海客使の引田虫麻呂が帰国したのは、日本を発ってから二年後の天平二年八月のことであった。その後の渤海使の来日は、天平十一年・天平勝宝四年（七五二）とほぼ一〇年余の間隔ではあったが、終始友好的な関係にあった。殊に天平宝字年間（七五七～七六四）には同二年・同三年・同六年の三度と頻繁であったが、これはさらに渤海と新羅の関係が悪化し、また武智麻呂の息子仲麻呂が新羅征討計画を実行に移そうとして、日渤両国の新羅挟撃策が具体化していたからであろう。

4　二条大路木簡と四子

二条大路木簡

奈良国立文化財研究所では、一九八九年一月より左京二条二坊五坪と左京三条二坊八坪（二二四頁図参照）のあいだの二条大路上をA区、この北をB区、南をC区とする第一九八次調査を開始した（二二五頁上図参照）。そして平城京左京二条二坊五坪の発掘によって、五坪には大型の建物が整然と配置されていたことから、奈良時代を通して一町もしくはそれ以上を占有していた宅地であったことがわかった。

そして、二条大路に南面した築地《ついじ》に開く礎石建ちの南門跡、SB五三九〇の建物などが確認された（二二五頁下図参照）。この建物は、掘立柱の規模の大きい東西棟建物で、桁行は二間以上、梁間は三間の母屋の北に庇が付き、柱間寸法は桁行が三メートル、母屋の梁間は三・一メートル、庇の出は三メートル弱という。

また、二条大路の南北に大路に沿って東西に走る濠状遺構であるSD五一〇〇（二条大路上南濠状遺構）、SD五三〇〇（二条大路上北濠状遺構・東側）、SD五三一〇（二条大路上北濠状遺構・西側）などの発掘によって（二二五頁上図参照）、合わせて七万四千点余という膨大な木簡が出土した。

その木簡を大別すると、官司間で交わされた「民部省解」「大膳職解」などの「公式令」の規定に則った文書様式の文書木簡、「公式令」の規定書式をとらない「左京職進」「右京職進」などの進上木

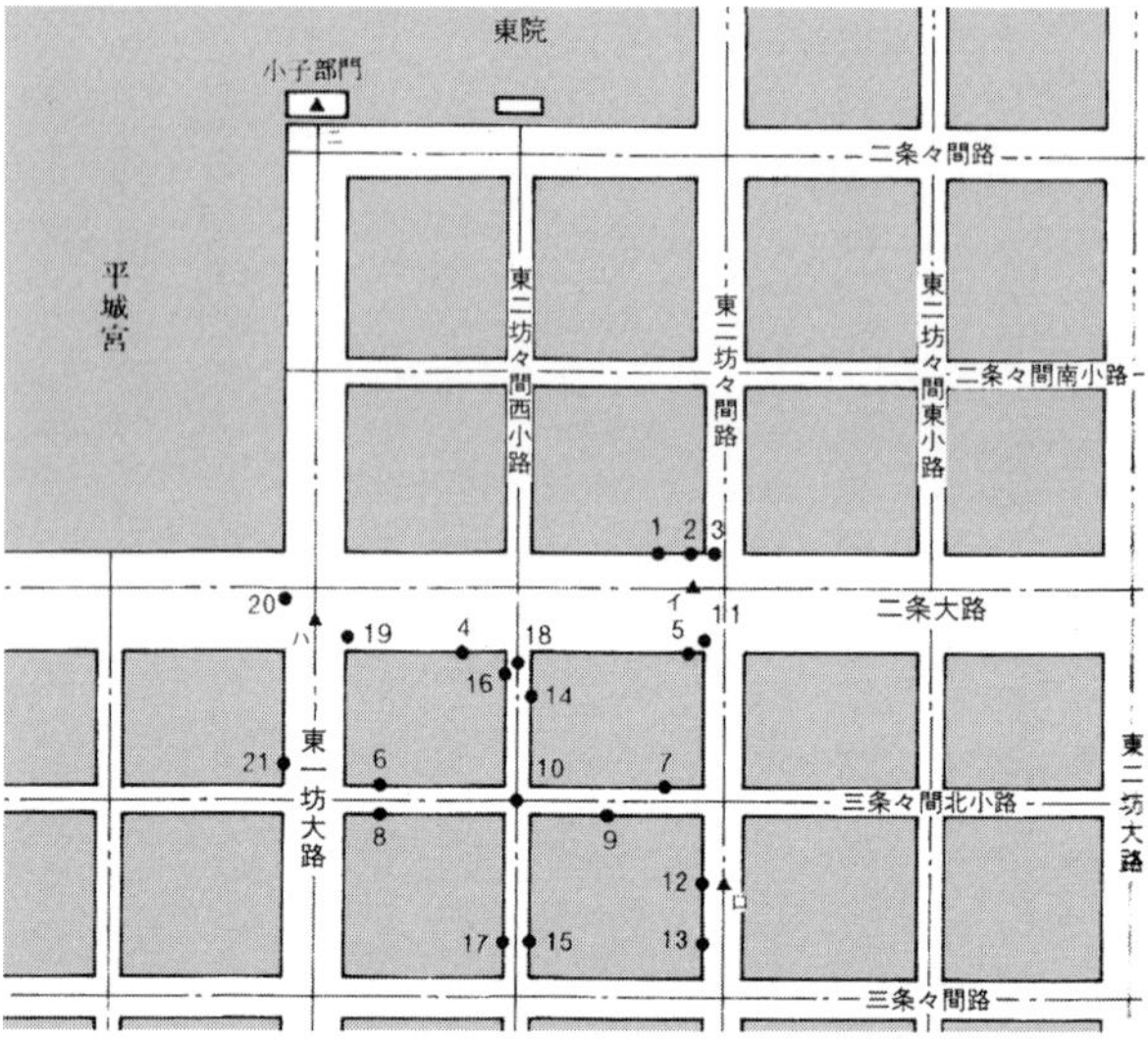

平城京左京二条二坊・左京三条二坊図
（奈良国立文化財研究所，1996より）

簡、門警備・宿直・米支給に関わる伝票木簡や荷札木簡、特徴的な木簡として「伊勢国天平八年封戸《ふこ》調庸帳」の軸のような題籤軸木簡などがある。

この木簡群の年紀であるが、文書木簡に限れば、SD五一〇〇出土木簡は神亀二年（七二五）が最古で、ピークは天平八年（七三六）六月・七月で、同十年四月が下限である。一方、SD五三〇〇出土木簡は、天平三年五月が最古で、同八年十月が最後である。よって、荷札木簡などを含めて検討するとSD五一〇〇は同十二年三月以後ほどなく埋められたが、これは同十二年十月から聖武天皇が藤原広嗣の乱の影響をうけて東国行幸に出かけ、同十二年十二月に恭仁《くに》京《きょう》遷都が宣言されて平城京が廃都となったのが契機

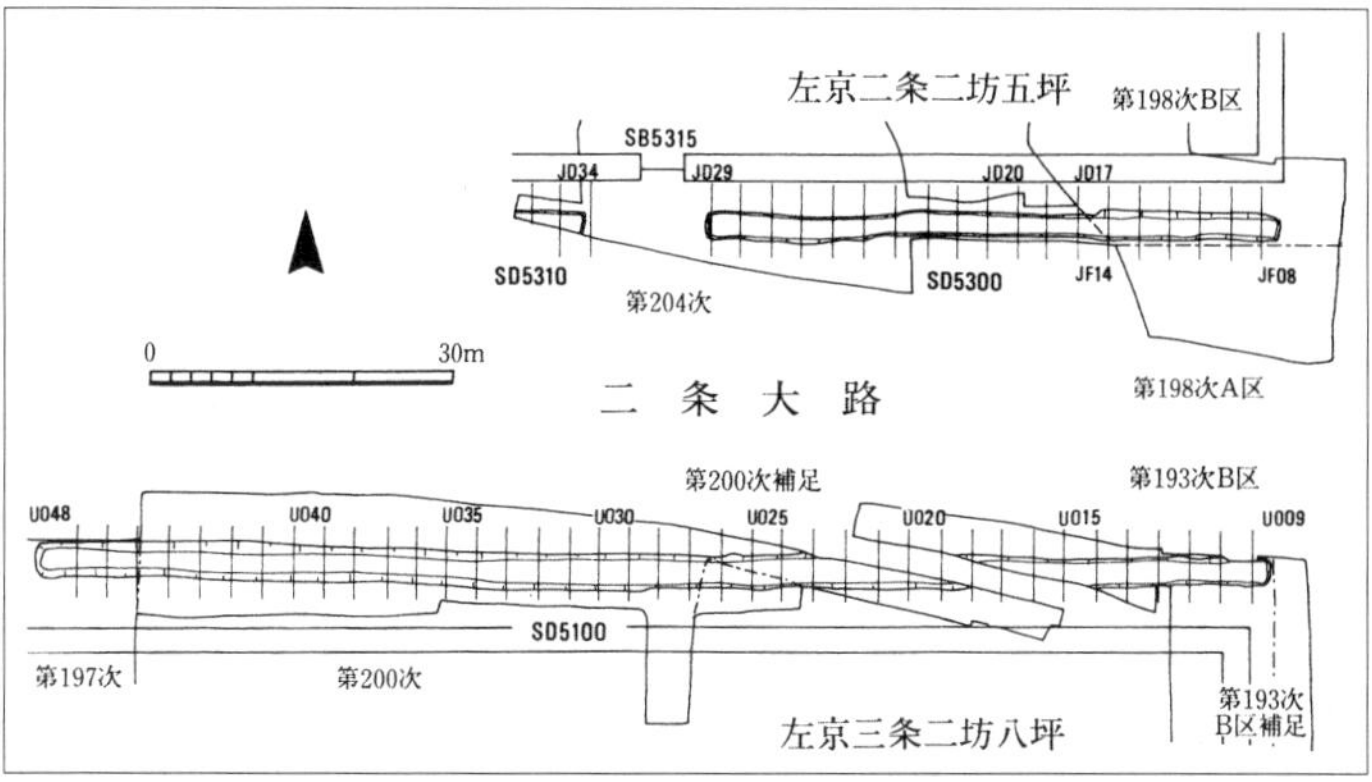

平城京左京二条二坊五坪・左京三条二坊八坪図
（奈良国立文化財研究所，1996より）

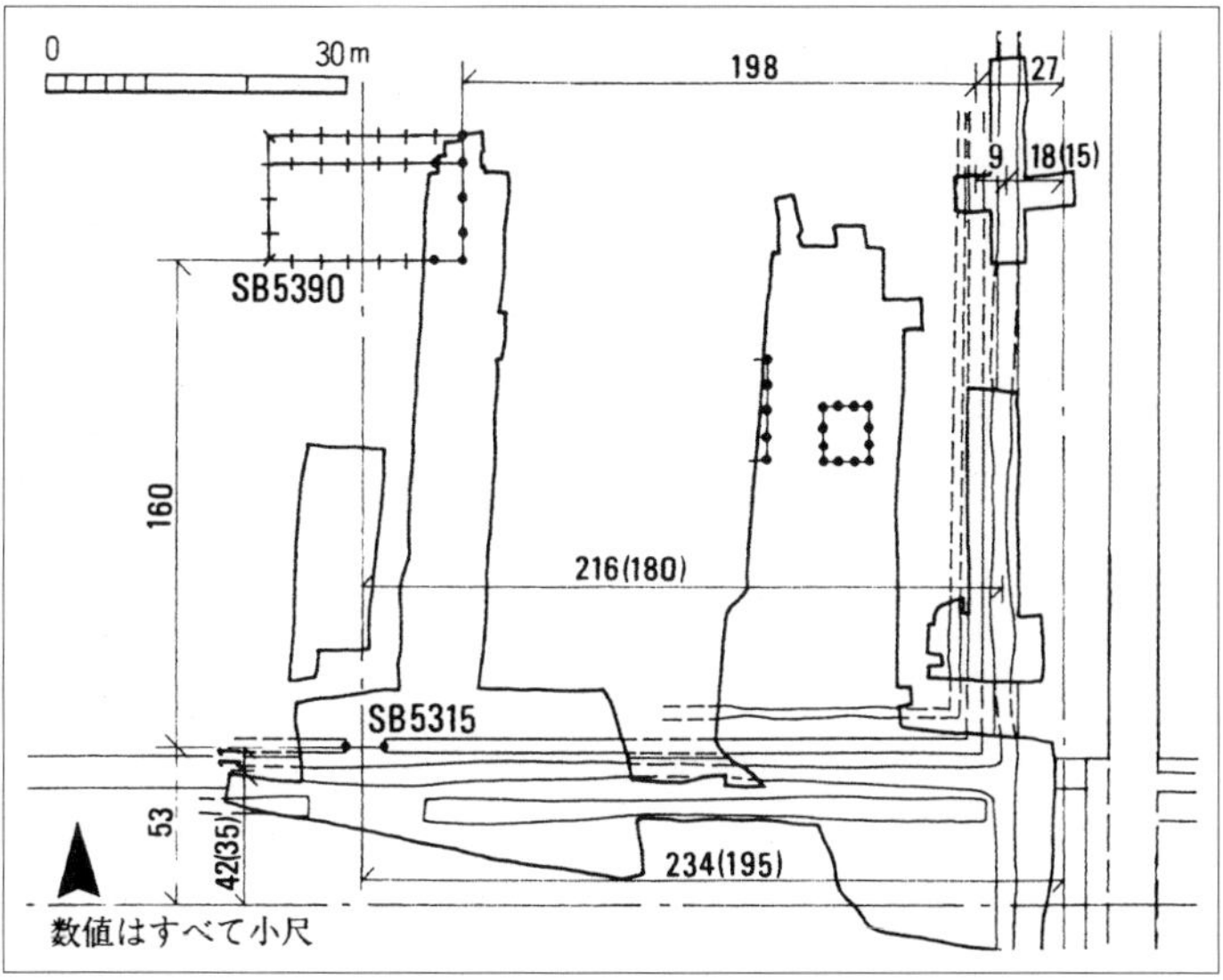

平城京左京二条二坊五坪建物配置図
（奈良国立文化財研究所，1996より）

であったと考えられる。

ＳＤ五三〇〇は天平九年初頭頃に埋められたが、これは後述のように麻呂と密接な関係があることから、麻呂が同九年正月に持節大使として東北に行き、そして同九年七月に没したことが関係していると思われる（寺崎、一九九九ⅱ）。

麻呂の邸宅と家政機関

それでは前述の左京二条二坊五坪の発掘による出土木簡の概要についで、麻呂の家政機関や天平八年（七三六）の聖武天皇の吉野行幸について、報告書である奈良国立文化財研究所編『平城京長屋王邸跡・本文編』（吉川弘文館、一九九六）第Ⅴ章１Ｂ（渡辺晃宏氏執筆）を参考、引用しながら簡単にまとめてみる。

この木簡群で特に注目されるは、ＳＤ五三〇〇から発掘された一枚に「中宮職移兵部省卿宅政所」と記した木簡がみつかったことである。

この木簡は、天平八年八月二日に舎人の刑部望麻呂《おさかべのもちまろ》に付して、中宮職から兵部省卿宅政所宛てに送られた「移」（所管を異にする官司間の公文書）である。この木簡には一九人の舎人の人名がみえ、これらの舎人の勤務場所で廃棄されたと考えられることから、平城京左京二条二坊五坪は、当時に兵部卿の任にあった麻呂の邸宅跡の一部であることが確認された。また「兵部卿宅」と墨書された土師器皿も発見されており、左京職や右京職からの鶏・雀・鼠の進上木簡もあり、このことも左・右京職大夫を兼任していた麻呂の邸宅とすることに矛盾しない。よって、この木簡は麻呂の家政機関から廃棄されたものであることに間違いはない。

このことから左京三条二坊一・二・七・八坪に邸宅のあった長屋王と、敵対する四子兄弟の一人である麻呂が二条大路をはさんで南北に隣接して住んでいたという偶然が認められたのである。

当時従三位である麻呂家には、「養老家令職員令《ようろうけりょうしきいんりょう》」従三位条によって家政機関として家令と書吏各一人と、「養老軍防令」給帳内条にみえるように官給された位分資人《いぶんのしにん》六〇人がいたものと推察されていた。

しかし、この木簡は中宮職が麻呂の家政機関に考文・成選《じょうせん》文という勤務評定に関係した文書作成のための銭進上を要請したものであることから、この一九人は中宮職に所属する中宮舎人であったが、この時には資人として麻呂の家政機関に出向して勤務していたことがわかる。そして、出土したこれらの木簡群の検討・分析によって、現実にはトネリ身分の者を中心に一〇〇人余が資人（一九人ほどが確認されている）として活動しており、麻呂宅以外の家政機関、例えば中宮職からの出向と同じように他官司からの資人もいて、麻呂家の資人らとともに同等の勤務をしていたことがわかる。

そのなかの一人に「他田神□（欠字）」なる者がみえる。これは他田日奉部神護《おさだのひまつりべのじんご》のことであろう。神護は、下総国海上郡《うなかみぐん》の譜第郡領家の出身で、養老二年（七一八）より神亀五年（七二八）までの一一年間を位分資人として麻呂家に仕え、翌年の天平元年（神亀六・七二九）より同二十年まで中宮舎人として勤めたことが「他田日奉部神護解」（『大日古』第三巻一五〇頁）によってわかる。当時、中宮の藤原宮子は体長不良であったから、中宮舎人としての用務の少ないこともあって旧主である縁から麻呂家に出向していたものと思われる（森、二〇一三）。

「中宮職移兵部省卿宅政所」木簡（奈良国立文化財研究所、一九九六より）

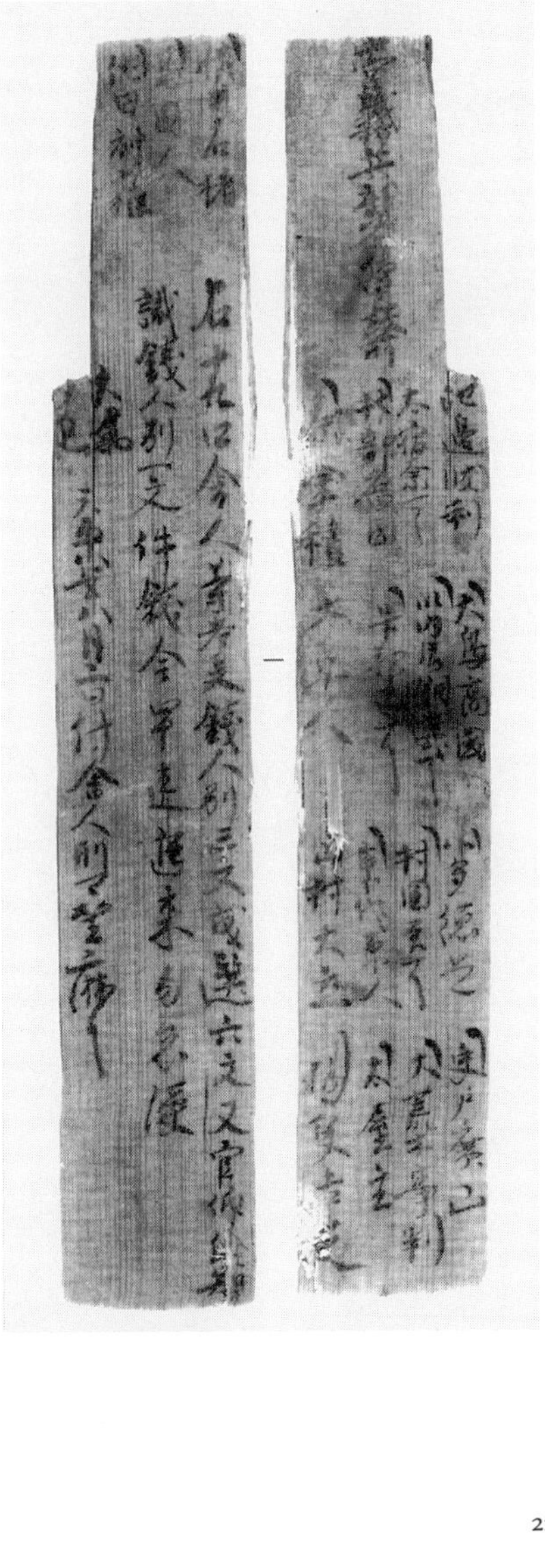

他田神護のほかに「村国虫万呂《むらくにのむしまろ》」なる名もみえているが、この者は村国虫麻呂（村国武志麻呂）のことであろう。虫麻呂は、天平宝字五年（七六一）に外従五位下に昇り、播磨介や越前介を歴任しながら、恵美押勝《えみのおしかつ》（藤原仲麻呂）家の「知家事」を務めていたことが知られている。

さらに阿刀酒主《あとのさかぬし》・大鳥豊嶋《おおとりのとよしま》・大原東麻呂《おおはらのあずままろ》・日下部広道《くさかべのひろみち》・桑原安麻呂《くわはらのやすまろ》・秦浄足《はだのきよたり》など一〇人は、後に皇后宮職系統の写経所関係の正倉院文書に登場する。これは麻呂の家政機関と皇后宮職とが緊密な関係にあり、天平九年七月の麻呂没後には、皇后宮職がこれら本主が没した資人の受け皿として機能していたことを示している。

また、家令について「家令坂本石《さかもとのいわ》」「家令下村主広麻呂《しものすぐりひろまろ》」「家令椋椅部造《くらはしべのみやつこ》伊芸美《いきみ》」の三つの木簡がみえる。そのうち坂本石が麻呂の家政機関で活動していた者と同一木簡にみえることから麻呂家の家令であったと推測できる。書吏であるが「書吏六人部連」と、「天平八年七月二日六人部諸人《むとべのもろひと》」「正八位上六人部連諸人」などの木簡のあることを検討すると、書吏は六人部諸人であったことがわかる。書吏として諸人以外に、「書吏足嶋」「書吏河内画師屋麻呂《かわちのえしやまろ》」「書吏倉人」「書吏田部宿祢」との麻呂の家政機関と密接な関係をもつ家政機関の書吏もみえる。

このように木簡には、麻呂家以外の家令・書吏の名前が多くみえているように、麻呂の家政機関は他家の家政機関と緊密な関係を結んでいたことが推考される。そのヒントとなるのが「右大殿」と記した木簡である。この木簡は「石見国那賀郡右大殿御物海藻一籠納六連」と記された付札木簡で、これによって天平七年六月に石見国那賀郡から「右大殿」、つまり右大臣の武智麻呂宅に進上された海藻が、その後に転送されて麻呂宅に贈られ、そこで消費されたことがわかる。

「右大殿」以外にも、「右府召進上［　］天平八年□月廿四日下村［　］」との「右府」（右大臣武智麻呂）木簡もあり、「下村」は先の家令下村主広麻呂のことかもしれず、そうすれば広麻呂は武智麻呂家の家令という推測も可能となる。また「南宅進上」とも記された木簡もある。「南宅」とは武智麻呂家のことであろうから、このことから麻呂の家政機関と武智麻呂の家政機関が密接な関係にあったことが確認される。

書吏についても、武智麻呂は天平六年正月に従二位に昇叙しているから、家政機関の構成は「養老家令職員令」二位条によれば、家令・従・大書吏・少書吏各一人であったから、先に挙げた六人部諸人以外の書吏と記した四木簡は大少書吏の区別がなく関係なさそうであるが、ただ一点だけ「少書吏」木簡があり、これも武智麻呂家との関連を想起させる。

このように麻呂家の家政機関には、武智麻呂家などの他家の家政機関の職員のみならず、姉の藤原宮子の中宮職をはじめ官司の史生など複数の機関の職員が出向してきており、活動をともにしつつ運営されていたのである。つまり麻呂の家政機関は、単独で活動しているのではなく、複数にわたる人物の家政機関の構成員が出入りしつつ機能していると推察されるのである（渡辺、一九九六）。

なかでも、麻呂家と武智麻呂家の家政機関が緊密な関係にあったことから、長兄武智麻呂と末弟麻呂が四子のなかでも、特に親密であったことが推知できる。ここに房前家との関係を明示する木簡がみえないのは偶然かもしれない。ただ、この木簡群は、著者が本書を通して武智麻呂を中心に宇合・麻呂兄弟と房前とは疎隔な関係にあったとする主張とは、少なくとも齟齬をきたさない。

天平八年の吉野行幸と封戸

そして、木簡群のなかには、天平八年（七三六）七月十五日付の「芳野幸行（ママ）」と記したものがあった。この木簡から麻呂の家政機関が聖武天皇の吉野（芳野）行幸にも関わっていたことがわかった。『続日本紀』によると、聖武天皇は同八年六月二十七日に吉野離宮に出発し、芳野監《よしののげん》の官人と周辺の百姓に物を賜うなどして、七月十三日に平城宮に還ったことが知られる。

この行幸に関して、出土木簡から麻呂家の家政機関は、天平八年六月二十六日〜二十七日にかけて吉野行幸用の物品を運搬する役夫の食料と吉野に持参する食料を支給、野菜も進上したのにはじまって内膳司・大膳職・大炊寮などの官司に関わって、調度品の調達・役夫の確保などセンター的な役割を果たしていたことが明らかになった。

そして、この吉野行幸の期間である天平八年六月と七月の年紀をもつ木簡には、麻呂の家政機関に関わるものがないことから、この期間は麻呂家自体の家政機関の活動が休止していたらしい。渡辺氏は、それは麻呂の家政機関が単に行幸の準備だけでなく、行幸そのものの運営に深く関わってトネリらも従幸したからではないかと推察されている。

ただ麻呂が、なぜ吉野行幸に際して上述のような役割を果たすことになったのか、渡辺氏は行幸に関係深い京職大夫の職にあったからだとされている（渡辺、一九九六）。この頃の麻呂の左右京職大夫のことは『続日本紀』にはみえないが、『公卿補任《くぎょうぶにん》』には天平三年三月の兵部卿任官後も左右京職大夫を兼任していたとみえているし、『懐風藻』にも「従三位兵部卿兼左右京大夫藤原朝臣万里」（麻呂は万里とも表記）とあって、没するまで帯任していたことが知られる。ただ、左右京職大夫の職掌には行幸に関することの規定はなく、何か行幸に関与する任務を新たに命じられたとの事由も想像される。

次に麻呂の封戸に関する木簡について概述する。麻呂は従三位の位階にあったから、「養老禄令」

食封《じきふ》条によって百戸の封戸が支給されていた。麻呂の家政機関に関連する木簡のなかに、近江国坂田郡上坂田郷からの庸米の荷札が五〇点以上みつかっている。これらの荷札木簡は、崩し文字が多く国名を省略するなどの特徴があり、一郷に集中していることから、渡辺氏は封主に充てられた庸米の荷札であるとし、近江国坂田郡上坂田郷は麻呂の封戸と考えられるとしている。

そして、伊勢国の天平八年封戸調庸帳の軸から、伊勢国に麻呂の封戸があり、所在国から封戸の調庸の現物とは別に封主の麻呂に収取状況を整理した文書が送付されていたことも推測される。また播磨国多可郡《たかぐん》の封戸白米の荷札もまとまってみられるから、やはり播磨国多可郡にも麻呂の封戸があったらしいことがわかる。

第六章　武智麻呂政権の崩壊とその後

1　四子の死没

房前と武智麻呂の病死

天平七年（七三五）夏から冬にかけて大流行して「夭《わか》くして死ぬる者多し」（『続日本紀』天平七年是歳条）とあるように、舎人親王《とねりしんのう》や新田部親王《にいたべしんのう》、高田王や聖武天皇《しょうむてんのう》の外祖母賀茂比売《かものひめ》をはじめ多数の死者を出した天然痘は一時終息していたが、同九年になって再び流行（麻疹との説もある）の兆しをみせた。天然痘は、痘瘡（他に豌豆瘡・裳瘡・赤斑瘡とも呼ばれた）などともいって、発源については諸説あるがインドではないかとされ、天山南北道を経由し、中国の西北部に侵入、北中国からさらに遼東半島、そして朝鮮半島へと伝わったものと考えられている。

日本には、欽明天皇朝から用明天皇朝にかけて到来したらしいことが『日本書紀』などの記事で確認できる。その後、しばらく天然痘のことはみえなかったが、天平七年に大流行したのである。今回の天然痘にいち早く罹患したのは房前《ふささき》であった。『続日本紀《しょくにほんぎ》』天平九年四月辛酉（十七日）条には、

参議民部卿正三位藤原朝臣房前薨《こう》しぬ。送るに大臣の葬の儀を以てせむを、その家固く辞《いな》びて受けず。房前は、贈太政大臣正一位不比等《ふひと》の第二子なり。

とみえている。

そして、房前の死後三カ月後の七月になって天然痘は武智麻呂《むちまろ》にも伝染した。『武智麻呂伝』には、

九年七月に至りて、疾《やまい》に遘《あ》ひて弥《いよ》よ留《ひさ》し。朝庭惜みたまふ。其の廿四日に、皇后親《みずか》ら臨みて、勅を称《のたま》ひて患を問ひたまふ。正一位に叙し、徙《うつ》して左大臣としたまふ。其の翌日に、左京の私第に薨《みまか》りぬ。

とあって、七月二十四日に光明皇后《こうみょうこうごう》が武智麻呂を見舞ったことがみえている。光明皇后には、不比等を継いで生家の発展を担い、そして自身を皇后としての今の地位につけるなど、妹の自分にもっとも尽力してくれた長兄への多くの思いがあったからであろう。

『武智麻呂伝』には、武智麻呂は光明皇后の見舞いをうけた翌日の二十五日に左京の私第で没した

とある。他の武智麻呂死没に関する記事としては、『続日本紀』天平九年七月乙未（二十三日）条と丁酉（二十五日）条があり、該条には以下のようにみえている。

乙未、天下に大赦す。詔して曰はく、比来《このころ》、疫気多く発ること有るに縁りて、神祇を祈り祭れども猶可《よ》きこと得ず。而るに今、右大臣の身体に労有りて、寝膳穏《おだひ》にあらず。朕以て惻隠《いた》む。天下に大赦してこの病苦を救ふべし。天平九年七月廿二日の昧爽《よあけ》より以前の大辟罪《だいびゃくざい》已下、咸《ことごと》く赦除《ゆる》せ。その八虐《はちぎゃく》を犯せると、私鋳銭《しじゅせん》と、強・窃の二盗と、常赦の免《ゆる》さぬとは、並に赦の限に在らずとのたまふ。

丁酉、勅して、左大弁従三位橘宿禰《たちばなのすくね》諸兄《もろえ》、右大弁正四位下紀朝臣《きのあそん》男人《おひと》を遣して、右大臣の第に就きて正一位を授け、左大臣を拝せしめたまふ。即日、薨《こう》しぬ。従四位下中臣《なかとみの》朝臣名代《なしろ》らを遣して、葬の事を監護《みまも》らしむ。須《もち》ゐるものは官より給ふ。武智麻呂は贈太政大臣不比等の第一子なり。

『武智麻呂伝』と『続日本紀』の記事とは微妙に食い違うところがある。『武智麻呂伝』には、二十四日に光明皇后の見舞いがあり、翌日（二十五日）に没したと記され、正一位・左大臣への昇叙・昇任は二十四日の光明皇后見舞いの記事につづいて記されて、そのあと二十五日の死没の記事へと移っている。この記事に限れば、昇叙・昇任は二十四日のこととなる。しかし、『続日本紀』には「正一位を授け、左大臣を拝せしめたまふ。即日、薨しぬ」とあって二十五日であったと記される。武智麻呂が亡くなったのは二十五日と合致しているが、正一位・左大臣への昇叙・昇任が『武智麻呂伝』と『続日本紀』で齟齬をきたしている。

どちらが正しいのか、『武智麻呂伝』は天平宝字四年（七六〇）正月〜八月（長谷部、二〇一三）に、息子仲麻呂《なかまろ》らによって成立したものと考えられているから（佐藤、一九九九）、『続日本紀』よりも信頼できると思う。もし二十四日だとすれば、「皇后親ら臨みて、勅を称ひて患を問ひたまふ」とあることからすると、それは光明皇后から直接に正一位・左大臣への昇叙・昇任が伝えられたものとも推察できる。

だが、ふつうは勅使が派遣されて伝えられるもののように思われる。『続日本紀』には橘諸兄と紀男人が派遣されたことがみえている。光明皇后が聖武天皇《しょうむてんのう》の意図や自身の気持ちから武智麻呂を見舞うことはあるかもしれないが、昇叙などの伝達を行うとはにわかに信じがたい。『武智麻呂伝』の記述は、武智麻呂の昇任・昇叙を少しでも飾ろうとした仲麻呂の思惑によるものであったとも考えられる。この件に関しては『続日本紀』の記事に拠るべきかと判断される。武智麻呂は八月五日になって佐保山に火葬された。現在、栄山寺の墓は天平宝字末年の八角堂造営時に仲麻呂によって造られた可能性が高いという（直木、二〇〇五）。

さて、この武智麻呂・房前の死没、ことに房前への処遇について、野村忠夫氏は大臣の葬儀をもって葬送しようとしたとあることや、天平九年十月丁未（七日）条に、「民部卿正三位藤原朝臣房前に正一位左大臣を贈り、并せて食封《じきふ》二千戸をその家に賜ふ。限は廿年を以てす」とあるように、正一位・左大臣の追贈と二〇年に限ったものの食封二千戸を賜ったことは、房前が内臣に就任して、その機能を発揮したことの証でもあり、藤原四子のなかでも重用されていたことをものがたることであるとされている（野村、一九六八）。確かに房前が大臣待遇によって葬送されようとしたことは、房前への君寵あついものがあったといえよう。

しかし、武智麻呂については『続日本紀』記事に「右大臣の身体に労有りて、寝膳穏にあらず。朕以て惻隠む。天下に大赦してこの病苦を救ふべし」とあるように、病気平癒を願って大赦が行われ、翌々日には左右両大弁の橘諸兄と紀男人が武智麻呂第に派遣されて、危篤とはいえ生存中に正一位・左大臣への補任《ぶにん》が伝達されていることが知られる。房前への処遇は死没時から半年後、武智麻呂ら四子が亡くなったあとのことであったことが注視される。

藤原四子亡きあと、空白化した議政官を領導する地位に就いたのは大納言へと昇格した橘諸兄で、それは九月二十八日のことであった。九日後の房前への正一位・左大臣の追贈は、諸兄の意図にでるものであったとみてまず間違いない。房前への追贈が、武智麻呂のようにその死の直前に行われずに、武智麻呂の死後に義兄（室牟漏女王の実兄）である諸兄の主導のもとに行われたことは、野村氏が『続日本紀』天平九年四月辛酉・同九年十月丁未条から導きだされた結論が正当なものといえないものであることを暗示している。

加えて、武智麻呂喪葬の監護には従四位下の中臣名代《なかとみのなしろ》が特別に派遣され、その費用も官給されている。「養老喪葬令《ようろうそうそうりょう》」百官在職条によれば、親王・太政大臣・散一位は治部大輔が、左右大臣・散二位の場合は治部少輔が喪事を監護する規定になっている。大輔は正五位下、少輔は従五位下が相当官位であったから、従四位下の位階にある名代が喪事を監護するために遣わされているのは、名代が中臣氏であったことを含めて特別の配慮があったとみることができる。

武智麻呂がこのような恩遇をうけたことを思うとき、そこで想起しなければならないのは、不比等の没時のことである。『続日本紀』養老四年（七二〇）八月辛巳（一日）条には、「詔して曰はく、右大臣正二位藤原朝臣、疹疾《やまい》漸く留りて、寝膳安からず。朕疲労を見て心に惻隠む。その平復を思ふに、計《はかりごと》、出さむ所無し。天下に大赦して患ふ所を救ふべし（中略）とのたまふ」とあるように、元正《げんしょう》天皇《てんのう》は不比等の平復を祈って大赦を行っている。

四子のうち、武智麻呂にだけ不比等と同様の大赦をもって平復を願っているのは、武智麻呂が不比等の実質的な後継者として認識されていたことを明確に示している。また聖武天皇が、武智麻呂の死後三日間廃朝していることも、「国家を鎮安す、そして黎庶《れいしょ》を存恤《そんじゅつ》した」（『武智麻呂伝』）、つまり政権の中心にあって政治を領導してきた武智麻呂と、房前との存在の違いを考えるうえで看過できないことであろう。

長屋王《ながやおう》打倒やそれ以降の政治動向のなかで、房前が四子の中心にあったとする野村説は、瀧浪貞子《たきなみさだこ》氏による「武智麻呂重視」説発表後も長いあいだにわたって命脈をつないできたが、もうそろそろ再考しなおされなければならない。

四子の死期と四子の関係

小著では前述のように、事あるごとに野村氏の「房前重視」説に反論を加えてきたが、同じように論及してきたもう一つの課題に武智麻呂と房前の関係がどのようなものであったかのことがある。著者は、これも瀧浪説をうけて武智麻呂ら三兄弟と房前とは乖離、疎隔な関係にあったことを論述してきた。

そこで、この件について最後にちょっと変わった手法で自説の補強をしたい。それは四子死没の日時からの考察である。

四子はそろって天然痘に罹患して亡くなったのであるが、この天然痘は天平九年（七三七）正月に帰国した遣新羅使節が持ちこんだものと思う。ただ、これは新羅からの伝染ではなく、その因子は第一〇次遣唐使の第二船であったらしい（小田、二〇〇九）。正月に遣新羅使大判官壬生宇太麻呂《みぶのうだまろ》、少判官大蔵麻呂《おおくらのまろ》が帰京しているものの、大使の阿倍継麻呂《あべのつぎまろ》は津嶋（対馬）で死亡しており、副使の大伴《おおともの》三中《みなか》も罹患して帰京が遅れ、三月になって三〇人が拝朝していることが知られることからして、たぶんこれが平城京での天然痘大流行の原因であろう。

六月一日には「官人が疾に患へるを以て」（『続日本紀』天平九年六月甲辰条）廃朝にしたほどで、『続日本紀』天平九年是年条にも、「是の年の春、疫瘡大きに発る。初め筑紫より来りて夏を経て秋に渉る。公卿以下天下の百姓相継ぎて没死ぬること、勝《あ》げて計《かぞ》ふべからず。近き代より以来、これ有らず」とみえているから、天平七年の天然痘流行にまさるものであった。

四月十七日には房前、そして武智麻呂は七月二十五日に亡くなったことは前述したが、麻呂は『続日本紀』天平九年七月乙酉（十三日）条に、「参議兵部卿従三位藤原朝臣麻呂薨しぬ。贈太政大臣不比等の第四子なり」とあるように七月十三日に亡くなっている。『尊卑分脈《そんぴぶんみゃく》』の「藤氏大祖伝」には、「其れ命終わらむとするに及びて、朋友泣血す」とみえている。そして、八月五日には残った宇合《うまかい》もついに没した。『続日本紀』の同九年八月丙午（五日）条に「参議式部卿兼大宰帥《だざいのそち》正三位藤原朝臣宇合薨しぬ。贈太政大臣不比等の第三子なり」と、麻呂と同じような薨去記事がみえている。

そこで、この期間に天然痘で死没した公卿・官人名とその日時を「公卿・官人死没日時一覧表」にまとめてみた。

・藤原房前（四月一七日）
・大宅大国《おおやけのおおくに》（六月一〇日）
・小野《おのの》　老《おゆ》（六月一一日）
・長田王（六月一八日）
・多治比県守《たじひのあがたもり》（六月二三日）
・大野王（七月五日）

・藤原麻呂（七月一三日）
・百済　王　郎《くだらのこにきしろう》虞《ぐ》（七月一七日）
・藤原武智麻呂（七月二五日）
・橘《たちばなの》　佐為《さい》（八月一日）
・藤原宇合（八月五日）
・水主内親王（八月二〇日）

公卿・官人死没日時一覧表

この一二人すべてが天然痘による死没とはいいきれないが、まずそう考えて大過ないと思う。これをみると、死没は四月十七日の房前から八月二十日の水主内親王《もいとりないしんのう》までの四カ月間に集中しており、

「夏を経て秋に渉る」との『続日本紀』の記事と合致する。四子兄弟についてみると、注目されることは、房前が四月十七日ともっとも早く、麻呂の七月十三日、武智麻呂の七月二十五日、そして宇合の八月五日とは百日以上も隔たっている一方で、房前をのぞく三人は二〇日ほどのあいだにつづけて死没していることである。

天然痘は、皮膚に紅斑、水疱、膿疱ができる疾患で、ポックスウィルス群のワクシニアウィルスが原因で発病する。感染は患者からの飛沫・接触のほか、患者の触れた物品からの間接伝染もある。七日から一七日間の潜伏期のあとに発熱、頭痛で発症し、発熱後三日から四日で一時解熱傾向がみられるが、ふたたび発熱し同時に発疹がでる。このようなことから伝染してから二〇日間くらいで発疹がでて、遅くとも一カ月以内には死に至るものと理解される。

そうすると、房前と、武智麻呂、宇合、麻呂とは、同じ天然痘に罹患しながらも、その伝染経路が異なることは確かなことであろうと思われる。三月中旬から下旬にかけて伝染した房前に比べて、武智麻呂らは六月下旬から七月初旬の二〇日のあいだに相前後して罹患したものと推察される。

天然痘の伝染経路までもちだして、ことさら房前と武智麻呂、宇合、麻呂兄弟との政治的な乖離関係を論証するつもりはない。伝染経路はいろいろとあり、房前は遣新羅使のうちに親しい人があり、それから早くに伝染したということも考えられる。しかし、武智麻呂、宇合、麻呂三兄弟の互いに逢う機会の多さに比べて、房前との接触が少なかったから、このような結果になったということも考えられなくもない。伝染病のことであるだけに、ある意味で科学的に真実をものがたっているのではないかと思う。

2　橘諸兄政権の成立

四子死後の政治動向と橘諸兄

天平九年（七三七）四月に参議房前が、六月に多治比県守、七月に麻呂と武智麻呂が、八月に宇合がつづいて没し、藤原武智麻呂政権は瓦解した。武智麻呂政権は、右大臣武智麻呂、中納言県守、参議の房前・宇合・麻呂・鈴鹿王《すずかおう》・橘諸兄・大伴道足《おおとものみちたり》の八人で構成されていたが、このうち経験豊富で中心の上席五人が没したのであるから、その政治的な動揺は、太政官はもちろんのこと、広く政界に波及した。残されたのは、参議の鈴鹿王・諸兄・道足の三人のみで、急いで再構築がはかられた。

まず天平九年八月に多治比広成《たじひのひろなり》を参議に登用したのにつづいて、九月になって鈴鹿王を知太政官事に、橘諸兄を大納言に任じる一方で、広成を参議登用一カ月後でさらに中納言に抜擢している。鈴鹿王を知太政官事に任じたのは、このような緊急事態をのりこえるために皇親勢力の協力をも要したためであろう。そして、広く官人に昇叙を行っているが、これは多くの公卿・官人が病没したのをうけて、その欠員を補う人事を行うための官位相当を考慮してのものであった。律令制度のもとでは官職にともなう位階が決められており、当時は「大宝官品令《たいほうかんぴんりょう》」に拠っていた。

この昇叙、原則であれば一階であるが、注目されるのは藤原乙麻呂《ふじわらのおとまろ》・藤原永手《ふじわらのながて》・藤原広嗣《ふじわらのひろつぐ》の三人のみが従六位上から従五位下に一挙に三階も昇っていることである。乙麻呂は武智麻呂の、永手は房前の、広嗣は宇合の息男であり、まだ一四歳であった麻呂の嗣子である浜成《はまなり》をのぞいて、この措置は次代を担うべき藤原南・北・式家出身の新官人を養成しようとする意図があったものと思われる。

さて太政官であるが、天平九年九月に補充人事を行ったが、それでも知太政官事鈴鹿王、大納言橘諸兄、中納言多治比広成、参議大伴道足の四人であったことを考えれば、必ずしも政界の動揺を鎮静できたとは思えないが、それだけに大納言の諸兄の主導性が政策となって反映してきている。それが同九年十二月二十七日に実施された大倭国《やまとのくに》を大養徳国に表記変更したことである。

そして同日に、光明皇后を仲立ちとして病身の皇太夫人《こうたいぶにん》藤原宮子と玄昉《げんぼう》との会見が設けられたことである。宮子は出産以来、病気のために我が子聖武天皇と逢ったことすらなかったが、玄昉の看護によって快復して聖武天皇と面会することができたという。これによって玄昉は絁《あしぎぬ》千疋・真綿千屯など褒賞を賜り、中宮亮下道《しもつみちの》（吉備）真備《まきび》は一階昇って従五位上となっている。これは太政官を主導する立場となった橘諸兄が、まずは聖武天皇の信頼をえることを目的に、玄昉・真備と三人で語らってなしたことであったに違いない。ここにすでに諸兄を中心に玄昉と真備が中核をなす橘諸兄体制の実態が垣間みえる。

橘諸兄体制と阿倍内親王立太子

年が明けて、天平十年（七三八）正月十三日、橘諸兄を正三位に叙し、右大臣に任じることが行われた。ここに橘諸兄体制が成立したといえる。前年十二月に武智麻呂の嫡子豊成《とよなり》が擢用されて参議となっていたから、知太政官事鈴鹿王、右大臣諸兄、中納言

橘諸兄自署

多治比広成、参議大伴道足・豊成と太政官は五人体制であったが、やはり政権運営の経験不足などから考えて、ただちに政権が安定するということはなかったと思われる。橘諸兄「体制」と称する所以である。

そして橘諸兄の右大臣昇任と同日に行われた注目すべきこと、それは阿倍内親王《あべないしんのう》の立太子であった。この阿倍内親王立太子について、立太子のことが日程にのぼったのは旧年中のことであるが、四子の急死によって藤原氏の政治力は失われていたから、これを推進したのは聖武天皇であるとする瀧浪説がある（瀧浪、二〇〇四）。

確かに阿倍内親王の立太子は二週間足らずの日数で決まるものではないから、前年の天平九年から準備が進められてきたものと思われる。そうなると四子の推進結果とも推測することができる。しかし、もし四子が妹の光明皇后腹の阿倍内親王を立てて、さらに権勢を確固たるものにしたいとの計画をめぐらせていたならば、同六年正月にはすでに武智麻呂を中心とする藤原氏政権が確立していたわけであるから、同六年～同九年までのあいだに阿倍内親王の立太子が実現していたとしても不思議ではない。

四子は、元正太上天皇《げんしょうだいじょうてんのう》が阿倍内親王の立太子に積極的ではなかったことや、女性という劣性条件を克服するむずかしさ、光明皇后の男子誕生に望みをもっていた可能性もあろうほかに、主な理由としては安積親王《あさかしんのう》を擁立しようとする反藤原氏勢力の抵抗が予想されることから、強いて元正太上天皇や旧氏族と軋轢を生じさせてまで阿倍内親王の立太子を強引に進めることをしなかったのである。

そうなると、推進者は瀧浪氏のいわれるように聖武天皇ということになりそうだが、著者は聖武天皇ではないと思う。最終的に決定したのは、聖武天皇であったと思うが、これを聖武天皇より以上に切実に求めていたのは光明皇后であったはずである。

『続日本紀』天平宝字六年（七六二）六月庚戌（三日）条に、「朕《わ》が御祖太皇后《みおやおおきさき》の御命《おおみこと》以て朕に告《の》りたまひしに、岡宮《おかのみやの》に御宇《あめのしたしらしめ》しし天皇の日継《ひつぎ》は、かくて絶えなむとす。女子の継には在れども嗣がしめむと宣りたまひて、此の政行ひ給ひき」とあるように、阿倍内親王は光明皇后の「御命」によって女性であったが即位したと自らはっきりいっている。「岡宮に御宇しし天皇」、つまり草壁親王の直系皇統を絶やすことはできないという理由をあげてはいるが、これは表むきのものであって、以下に述べるような理由をもって、光明皇后は聖武天皇に強く阿倍内親王の立太子実現を迫ったものと思われる。阿倍内親王は二一歳、もちろん年齢としても問題はない。

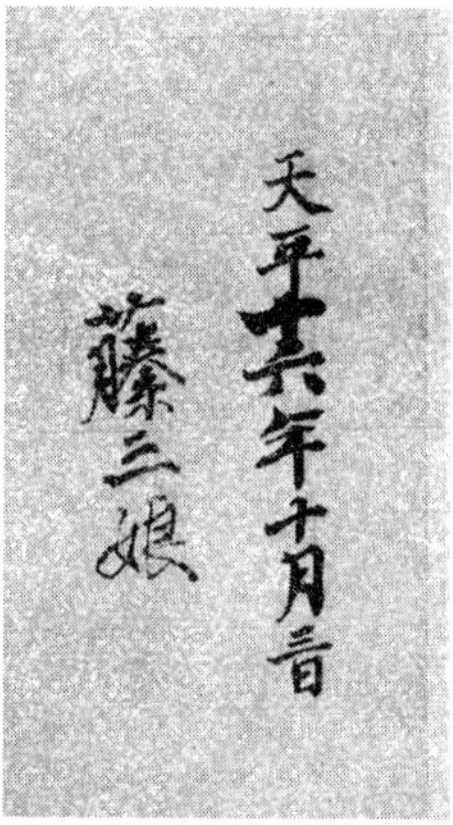

光明皇后自筆

光明皇后は「藤三娘」と署名することもあるように、生家である藤原氏の繁栄を強く願っていた。四子によって立后が実現し、そしてこれら兄達を背後勢力として、その政治力によって守られてきた光明皇后が、この四子の四カ月間での次々の早世と藤原氏政権の崩壊が現実のものとなったとき、胸中に願ったことは、どのようなことであったのだろうか。

それは生家藤原氏の復活を期待し、かつ娘である阿倍内親王を母親として護り、皇后としての自分の立場とその政治的発言力を保持することであったはずである。四子という支持勢力を失ってしまったいま、一一歳と成長してきている安積親王が立太子し、聖武天皇を継いで即位することは、安積親王を擁する橘諸兄・奈良麻呂《ならまろ》父子を中心とする旧氏族が藤原氏に代わって政治権力を掌握することにつながり、また光明皇后自身にとっても皇后としての権限を失うことが予想され、絶対に忌避しなければならないことであった。たとえ母の県犬養橘三千代《あがたいぬかいのたちばなのみちよ》と同族の県犬養広刀自《あがたいぬかいのひろとじ》の生んだ安積親王であっても、上述の理由から光明皇后にとっては到底認められることではなかった。

このことを主的な理由として、阿倍内親王の立太子は、元正太上天皇の同意はもとより貴族・官人の大方の合意をへないで、光明皇后の意思に引きずられる形で聖武天皇の了解のもとに強行されたのである。

阿倍内親王の立太子にあたっては、大赦と六位以下への一階の進級があったが、これを祝って行われて当然の五位以上の官人への昇叙はなかった。これは元正太上天皇らを中心に旧氏族ら阿倍内親王の立太子を認めない政治勢力があり、阿倍内親王の立太子を認めることにもつながる五位以上の昇叙を元正太上天皇が許さなかったからであろう。

ようやく天平十五年五月になって、政情の変化もあり、また阿倍内親王による五節舞《ごせちのまい》奏覧にことよせた聖武天皇の強い要望もあって元正太上天皇は妥協し、先には認めなかった五位以上への昇叙を聖武天皇に自ら要請したのである。この阿倍内親王の五節舞奏覧は、阿倍内親王を天武天皇系正統の存在として、「礼楽」思想によって保障しようとしたものであった（中丸、二〇〇九）。

しかし、これでもまだ阿倍内親王を皇太子として認めようとしない政治勢力は残った。そのことは橘奈良麻呂が、天平十七年になっても、「陛下（聖武天皇）、枕席安からず、殆ど大漸《だいぜん》に至らむとす。然も猶、皇嗣を立つること無し」（『続日本紀』天平宝字元年七月庚戌条）と、阿倍内親王を皇嗣として認めない言葉を発していることからも実証することができる。

上述のように、皇太子阿倍内親王を擁して政治的発言力を有する光明皇后を中心とする四子の次世代の藤原氏と、聖武天皇をはさんで政治的に対立する橘諸兄を中心とする大伴・佐伯ら旧氏族との権力闘争は徐々に先鋭化しつつあった。

橘諸兄政権成立と藤原式家閥との闘争

橘諸兄は昇叙と異動をくりかえしながら自己政権の成立をはかっていたが、四子が没して一年が過ぎた頃から式家宇合の長子である藤原広嗣を中心とする式家閥が藤原氏復権を目的に政権批判を強めるようになった。広嗣は、前述のように藤原氏の次世代を担うことを期待され、要職の式部少輔に大養徳守（大倭守）も兼任するなど発言力を増し、父宇合の影響もあって有力な政治的勢力を構成していた。このような反体制派の蠢動《しゅんどう》をうけて、諸兄は広嗣派との対決を思慮に入れたうえで、天平十年（七三八）閏七月には中務《なかつかさ》・兵部・刑部・大蔵・治部各省の大輔・少輔をはじめ弁官職の人事異動を行い、行政組織の充実をはかりつつ、脆弱な太政官組織の拡充と政権の安定を希求した。

まず、橘諸兄のとった方策は、式家閥の象徴でもあった藤原広嗣を平城京から遠ざけることであった。天平十年十二月、諸兄は広嗣を九州の大宰少弐に貶した。この広嗣の左降人事と同時に、右中弁の高橋安麻呂《たかはしのやすまろ》にも大宰大弐を命じている。安麻呂も左遷になって広嗣とともに大宰府に下ることになったのは、神亀元年（養老八・七二四）四月に征夷持節大将軍宇合のもとで副将軍に任じられ、海道蝦夷《えみし》の制圧に活躍して以来、天平四年九月には右中弁となって武智麻呂政権を支えてきた宇合（式家）閥の有力官人であったことがその理由であろう。諸兄は、式家閥の象徴的存在であった広嗣とその有力官人である安麻呂を九州に追放して、式家閥の瓦解を企んだのであった。

橘諸兄の式家閥瓦解への策謀は、これだけではない。明けて天平十一年三月に起きた石上乙麻呂《いそのかみのおとまろ》配流事件も同様の性格をもつ政治的陰謀事件であった。これは乙麻呂が久米若売《くめのわくめ》を奸したとして土佐国に遠流《おんる》となったもので、一見すると、諸兄と式家閥との権力闘争と関係なさそうに感じられるが、実はそうではない。「養老雑律《ようろうぞうりつ》」の規定では、せいぜい懲役一年か二年の科罪が、なぜ死刑一歩手前の遠流に処断されたのかが疑問である。多くの説が出されているが、著者は翌四月の太政官強化のための参議補充人事と関係があると推察している。

橘諸兄の主導する太政官は、前述のように知太政官事鈴鹿王、右大臣諸兄、中納言多治比広成、参議大伴道足・豊成の五人体制で、政権もけっして安定したものではなかったことから、参議の補充による太政官の拡充が検討されていたが、天平十一年四月七日になって広成が没したこともあって早急な参議補充を必要とした。

参議には従四位下以上の者が対象となる。この時、その適格者は従四位上の大野東人《おおののあずまひと》、従四位下の巨勢奈弖麻呂《こせのなでまろ》・大伴牛養《おおとものうしかい》・県犬養石次《あがたいぬかいのいわすき》・石上乙麻呂・高橋安麻呂・中臣名代・小野牛養《おののうしかい》の八人であった。この八人のなかでは位階が一級高い東人は別として、もっとも適任と思われるのは乙麻呂である。すでに参議である大伴道足の兼任職が右大弁であるのに対して、乙麻呂は上席の左大弁であり、家柄という点でも物部氏後裔の石上氏出身で、前の左大臣石上麻呂の嫡子であることを勘案すれば当然である。

しかし、石上乙麻呂の姉妹である国盛《くにもり》（国守）は宇合に嫁ぎ、広嗣・良継《よしつぐ》をもうけている。つまり乙麻呂は広嗣の伯（叔）父にあたり、宇合没後は、国盛が紐帯的存在となって、式家と石上氏は良好な関係にあった。また国盛は、光明皇后に仕える命婦でもあったから政治的な発言力も侮れなかった。

そして石上乙麻呂の帯びる左大弁は、太政官符を発布し、太政官と中務省以下の四省との連絡を掌る責任者で大きな政治力を有する。乙麻呂は、若い（二六歳前後）藤原広嗣の後見者で、式家閥の重鎮的存在であったとみてよい。橘諸兄にすれば新参議に登用したくない人物であった。そこで企んだのが、久米若売とのスキャンダルを過大な事件として立件して土佐国への遠流に処すことであったと思われる。若売が配流先の下総国から広嗣の乱以前に大赦で帰京しているにもかかわらず、同罪であったはずの乙麻呂の赦免が広嗣の乱鎮圧後にまで遅れたのがその証といえよう。

高橋安麻呂は大宰府に左遷、後に広嗣の乱に連座する式家閥の中臣名代、長屋王事件時に藤原氏についた小野牛養らをのぞく残る四人が参議に任用された。しかし、ここで注視したいのは県犬養石次である。石次が従四位下に叙されたのは四カ月足らず前の天平十一年正月で、それも二階の特進である。これは橘諸兄が、母の県犬養橘三千代と同族で親しい間柄にあった石次を参議に登用して、太政官内での主導力を高めようとした意図の結果であろう。

藤原広嗣と高橋安麻呂の大宰府への左降、そして石上乙麻呂の土佐配流によって、橘諸兄は反対派の式家閥の勢力を排除して、新たに大野東人・巨勢奈弖麻呂・大伴牛養・県犬養石次の四人を参議に加えて、太政官は八人となって形式的には政治体制は整った。これをもって橘諸兄政権が成立したといえよう。

しかし、知太政官事の鈴鹿王をのぞけば、太政官は右大臣橘諸兄以外は大納言・中納言もいない参議六人というバランスを欠く構成となっている。それだけに諸兄の強い主導力が期待されるが、その諸兄にしても四子の死をうけて、参議から大納言に昇って三カ月で右大臣に任官したという経験不足を考慮する時、橘諸兄政権といういうにはいまだ実態がともなっていなかったことは否定できない。

3　藤原広嗣の乱

藤原広嗣の乱勃発の理由

このような不安定な橘諸兄政権を見透かすかのようにして起こったのが藤原広嗣の乱であった。叙上のような経緯をへて、諸兄政権は確立へとむかいつつあったが、

その過程での政治的対立は、ついに軍事的衝突へとつながった。『続日本紀』天平十二年（七四〇）八月癸未（二十九日）条には、

大宰少弐従五位下藤原朝臣広嗣、表を上《たてまつ》りて時政の得失を指し、天地の災異を陳《の》ぶ。因て僧正玄昉法師、右衛士督《うえじのかみ》従五位上下道朝臣真備を除くを以て言とす。

とみえる。古代中国では皇帝による治政は天帝より委任されたものとの認識があり、広嗣も天災地変が起こるのは政治が悪いのであって改める必要性を要求し、まず諸兄のブレーンであった玄昉と下道真備の追放を訴えたのである。

藤原広嗣の目的が、この記事どおりに玄昉と真備の追放だけとの理解もあるが、この二人を重用して政治を進めているのは為政者の橘諸兄であることを考慮した場合、この広嗣の要求が諸兄にも向けられたものであることは十二分に推測することができる。さらに広嗣の真意が、諸兄を信任して施政を委任している聖武天皇の責任をも追及するものであった可能性も否定できない（遠山、一九九九）。このような広嗣の政治批判について、「職制律《しきせいりつ》」は天皇を指斥するものと見なして斬刑にあたると規定していることから、広嗣にもそのような覚悟があったとしても不思議ではない。

乱の拡大を止めようとして、聖武天皇は大宰府管内の人びとに勅を出しているが、そこには藤原広嗣について、「京の中に在りて親族を讒《しこ》ぢ乱す。故に遠きに遷さしめてその心を改むることを冀《ねが》ふ」

（『続日本紀』天平十二年九月癸丑条）とあって、「親族を誹謗した」ことが広嗣の九州への左遷の理由であったとしている。

具体的に親族とは誰らを指すのかであるが、かつて著者は藤原氏復権に協力的でない南・北・京家の従兄弟たちであるとの見解を論述したことがある（木本、一九九五ⅱ）。ただ橘諸兄ということも棄てきれない。「養老儀制令」五等条の規定にてらせば、諸兄は県犬養橘三千代の先夫との子で、不比等とは四親等、藤原広嗣とは六親等で、五親等内の親族に当たらないようでもあるが、「養老戸令」の親族規定には伯叔父姑が含まれ、「職制律」にも三親等内の婚家とあるから、諸兄が広嗣の叔母吉日《きちひ》を妻としていたこと（角田、一九六四）を併考すると親族とも理解でき、広嗣が誹謗したのは義叔父である諸兄であった蓋然性が高いように思われる。

藤原広嗣の乱の経緯

上表が容れられないと知った藤原広嗣は、ついに天平十二年（七四〇）九月三日、大宰府で兵を起こした。朝廷では、蝦夷征伐に功績のある陸奥按察使《あぜち》・鎮守将軍の大野東人を大将軍に任じ、東海・東山・山陰・山陽・南海の五道から一万七千人の兵士を徴発し、また佐伯常人《さえきのつねひと》・阿倍虫麻呂《あべのむしまろ》を勅使として派遣した。

一方、藤原広嗣は自ら五千の兵士を率いて西方面の鞍手道より、弟の藤原綱手《ふじわらのつなて》は五千人を率いて東方向の豊後国より、多胡古麻呂《たごのこまろ》は中央の田河道より、遠珂《おか》（遠賀）郡の鎮所をめざして、三方より進軍した。遠珂に先着した広嗣は、ここでも兵を徴発し、併せて一万の兵を集めた。

九月二十四日付の大野東人の報告によると、東人自身は後続兵士の集結を待って渡海することとし、二十二日には佐伯常人・阿倍虫麻呂らが軍士四千人を率いて関門海峡を渡り、板櫃鎮《いたひつのちん》を制圧している。本格的な戦いは広嗣軍の豊前国京都郡《みやこぐん》（福岡県京都郡南部・行橋市北部）鎮長で大宰府の史生《ししょう》でもある小長谷常人《おはつせのつねひと》、企救郡《きくぐん》板櫃鎮（北九州市小倉北区板櫃町カ）大長の三田塩籠《みたのしおこ》、小長の凡河内田道《おおしこうちのたみち》らとのあいだで繰りひろげられたが、朝廷軍はこれらを殺獲し、登美（北九州市小倉北区富野カ）・板櫃・京都三処の営兵千七百人余を捕虜にする勝利をあげている。

二十五日付の報告では、これらの形勢をみた京都郡大領の楉田勢麻呂《しもとたのせまろ》が兵五〇〇騎を率い、また仲津郡《なかつぐん》擬少領の膳東人《かしわでのあずまひと》、下毛郡《しもつみけぐん》擬少領の勇山伎美麻呂《いさやまのきみまろ》、築城郡《ついきぐん》擬領の佐伯豊石《さえきのとよいわ》らも兵士を率いて朝廷軍に加わったことが知られる。

その後、聖武天皇は藤原広嗣が幼少より凶悪な性格であって、父の宇合でさえも廃嫡にしようとしていたこと、前述の親族を誹謗し、一族を混乱させたことなどを列挙する勅符数千条を散擲《さんてき》させて、人民の広嗣からの離反と朝廷軍への協力を求めている。

十月九日付の報告によると、ついに隼人を先鋒に一万騎を率いて板櫃川（紫川）の西側に陣取る藤原広嗣軍と、佐伯常人・阿倍虫麻呂率いる六千人の軍士が川をはさんで対峙した。広嗣は筏を船として渡河し攻撃しようとしたが、朝廷軍は弩《ど》を放って、これを押しとどめた。そのうち朝廷軍の隼人による広嗣軍の隼人への説得により広嗣軍は浮足だった。

そして、佐伯常人が藤原広嗣に呼びかけること一〇度、やっと出てきた広嗣が常人と阿倍虫麻呂が勅使であることを確認すると、二度拝礼すること二回、「広嗣は朝廷の命令を拒むつもりではなく、

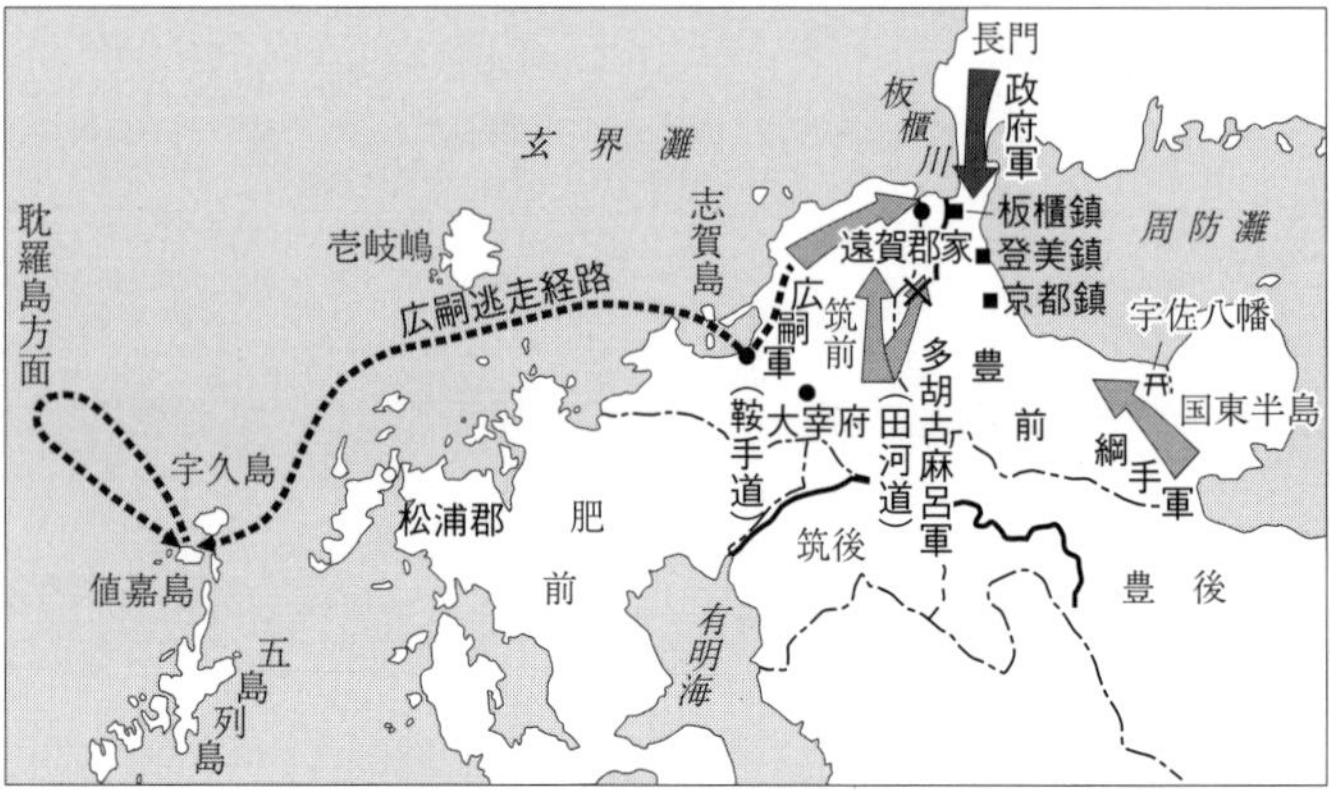

藤原広嗣の乱関係地図（渡辺，2001より）

ただ朝廷を乱している玄昉と下道真備の追放を要望しているだけである」といったという。

　そこで佐伯常人らは、勅符を与えるために大宰府の典以上の職にある者を召喚したにもかかわらず、兵を起こして押し来たのはどういう理由なのかと詰問したところ、藤原広嗣は答弁することができずに馬に乗って退いたという。これを見た広嗣軍の隼人などの朝廷軍への帰服があいつぎ、そのひとりである贈唹多理志佐《そおのたりしさ》からは先述の三方からの進軍計画や藤原綱手・多胡古麻呂がいまだ到着していないことなどの情報が伝えられた。

　そして十日か十一日には決戦があったのであろう、その詳細はわからないが、戦局は藤原広嗣に不利に展開し、ついに敗走した広嗣は肥前国松浦郡の値嘉島《ちかのしま》（五島列島）から船での逃亡をはかった。東風に吹かれること四日間、耽羅島《たんらのしま》（済州島）に着いたが、強風のために上陸できずに、一昼夜漂い、にわかに西風に吹きもどされることになった。その時、広嗣は「大忠臣である自分を神霊はなぜ見棄てようとするのか、神力によって暫し風波を静かにしてほしい」と願って、駅鈴を海に投じたが、風波はさらに強くなって、等保知駕島《とほちかのしま》（福江島カ）の色都島《しこつのしま》（不詳）に漂着した。

そして十月二十三日になって広嗣は、値嘉島の長野村で阿倍黒麻呂《あべのくろまろ》によって捕えられ、十一月一日に松浦郡で藤原綱手ともども斬首となった。藤原菅成《ふじわらのすがなり》や従者・僧二人は大宰府に拘禁された。十一月三日には従者の三田兄人《みたのえひと》ら二十数人も投降して、この二カ月近くにわたる内乱は終息したのであるが、その余波は翌天平十三年正月、与党らの死罪二六人、没官《もっかん》五人、流罪《るざい》四七人、徒罪《ずざい》三二人、杖罪《じょうざい》一七七人の処断まで及んだのである。

4　四子の子女

武智麻呂の子女

『尊卑分脈』には、豊成・仲麻呂・乙麻呂・巨勢麻呂《こせまろ》の四子がみえ、また聖武天皇夫人となった女子が知られている。長子豊成と次子仲麻呂は、『公卿補任《くぎょうぶにん》』『尊卑分脈』『続日本紀』によれば、安倍貞吉《あべのさだきち》の娘貞媛《さだひめ》か安陪真虎《あべのまとら》の娘とのあいだに、豊成は武智麻呂が二五歳の慶雲元年（大宝四・七〇四）に、仲麻呂は同三年に生まれたとある。

『武智麻呂伝』によると、武智麻呂は豊成・仲麻呂兄弟を博士の門下に学ばせたが、兄弟ともに才学があって評判になったという。豊成は長子だけあって二一歳を迎えた神亀元年（養老八・七二四）二月には早くも従五位下に叙せられて兵部少輔に任官、天平九年（七三七）十二月には藤原四子没後ただちにただ一人参議に抜擢され兵部卿を兼ねている。その後、中務卿《なかつかさきょう》・中衛大将《ちゅうえのたいしょう》をへて、同十五年五月に中納言、同二十年三月に大納言となっている。

それに比べて次子仲麻呂の昇進は遅く、従五位下昇進は天平六年で一〇年後である。しかし、同十一年正月に従五位上に昇ると、それからの昇進はめざましく同二十年三月までの九年間に民部卿・参議・近江守・式部卿などに任じて、一挙に八階昇って正三位となっている。一方、豊成は同二十年三月には従二位となっているが、一六年間に九階で、仲麻呂の昇級度が勝っている。

この仲麻呂の急激な昇進の要因は、光明皇后の尽力によるものに違いない。そして、天平勝宝元年（天平二十一・七四九）七月に仲麻呂は大納言に昇り、皇后宮職を拡大整備した紫微中台《しびちゅうだい》の創設にともなって長官の紫微令《しびりょう》に就いたことから、徐々に政治勢力を増して政界を主導するようになる。これも光明皇后の思慮によるものと推察されるが、そこには「天資弘厚」（『続日本紀』天平神護元年十一月甲申条）といわれ寛大で温厚なだけの豊成より、「率性聡敏」（『続日本紀』天平宝字八年九月壬子条）と評される才気ある仲麻呂に娘孝謙天皇《こうけんてんのう》のもとでの政治と生家の将来を託そうとした意図が看取される。

そして、豊成と仲麻呂の政治的立場が逆転する契機となったのが、天平宝字元年（天平勝宝九・七五七）七月に起こった橘奈良麻呂の変である。奈良麻呂は、父橘諸兄が没して橘氏を中心とする政治勢力が凋落するなか、聖武太上天皇の遺言によって皇太子となっていた道祖王《ふなどおう》が光明皇太后・孝謙天皇と仲麻呂の画策によって廃太子となり、仲麻呂の推す大炊王《おおいおう》が立太子して、ますます仲麻呂の権力が強大化することに叛意を抱くようになった。奈良麻呂は、反仲麻呂の大伴・佐伯・多治比氏の人びとを誘い、長屋王々子の黄文王《きぶみおう》を擁して、仲麻呂の殺害と大炊皇太子の追放、光明皇太后からの御璽・駅鈴の奪取、そして孝謙天皇の廃位を目的に決起しようとしたのである。

橘奈良麻呂らの決起は、複数の密告によって仲麻呂の知るところとなったが、この反逆の事情を知った巨勢堺麻呂《こせのさかいまろ》が藤原豊成に告訴したものの、豊成は必要な措置をなにもとらなかった。奈良麻呂らが計画成功後は右大臣である豊成に事態を収拾させることにしていたことや、豊成が大炊王に対抗して塩焼王《しおやきおう》の擁立を望んでいたことなどを併考すると、豊成と仲麻呂との兄弟関係は破綻していて、豊成には未必の故意のようなものがあったのかもしれない。仲麻呂は、大乱を知りながら上奏せず、また真相を究明しようとしなかった豊成を責めて、大宰員外帥に左降して九州に追放しようとした。しかし、豊成は病と称して難波別業に留まり赴任しなかったという。

藤原豊成自筆

橘奈良麻呂の変によって、反対派勢力を一掃し、目のうえの瘤である兄豊成を追放した仲麻呂は、天平宝字二年八月に大炊王が即位して淳仁天皇《じゅんにんてんのう》となると、大保《だいほう》（右大臣）に昇り、藤原恵美押勝《ふじわらのえみのおしかつ》と称して政治権力を確立、儒教主義に基づき唐政治を参考にした特異な政治を推進し、また律令制を順守する官僚制国家を志向した。同四年正月には大師（太政大臣）、同六年二月には正一位に昇叙して、官職・位階は人臣を極めた。しかし、光明皇太后が没すると、政治権力を欲する孝謙太上天皇《こうけんだいじょうてんのう》との関係が道鏡の出現を契機として険悪化し、やがて鋭く対立するようになる。

天平宝字八年九月、孝謙太上天皇が淳仁天皇の所持する御璽と駅鈴を奪取したことから、孝謙太上天皇と淳仁天皇を擁する仲麻呂とが軍事衝突し、先手をとられた仲麻呂は近江湖頭で敗死することになる。仲麻呂敗死後、ただちに藤原豊成は右大臣に復職して従一位に昇ったが、翌年の天平神護元年（天平宝字九・七六五）十一月に没している。

乙麻呂（乙万呂・弟麻呂）と巨勢麻呂（許勢麻呂・巨勢万呂）については、その生誕時がわからない。乙麻呂の従五位下昇叙は天平九年で、巨勢麻呂は同十二年であるから乙麻呂が年長であったと推定される。たぶん、乙麻呂は和銅六年（七一三）から霊亀二年（七一六）前後の生まれ、巨勢麻呂は同二年より養老三年（七一九）頃のことだと推測され、武智麻呂の三四歳〜四〇歳頃のことであろう（木本、一九九三iii）。

『続日本紀』天平宝字四年六月癸卯（七月十六日カ）条の乙麻呂薨伝《こうでん》によると、乙麻呂は四子とあるから、巨勢麻呂は五子ということになる。三子の存在は史料には一切みえないから、たぶん夭逝したのであろう。乙麻呂の母は、『尊卑分脈』には「大納言正三位朝臣の女」、巨勢麻呂の母は「小治田《おはりたの》朝臣功麻呂《いさおまろ》の女阿弥娘《あみのいらつめ》」とあるが、ともに不詳であることからしても疑問がある。

乙麻呂は、先に述べたように天平九年九月の四子没後に、藤原永手・藤原広嗣とともに三階昇って従五位下に昇叙している。藤原氏でも将来を期待される人材であったことがわかる。

その後、越前守・兵部少輔から天平十八年九月に兵部大輔を歴任して、天平勝宝二年三月には多治《たじ》比国人《ひのくにひと》とともに大宰少弐に任じられ、同二年十月には宇佐八幡神の教えによって正五位上から一挙に従三位に昇り、大宰帥に任命されている。乙麻呂は大宰府で宇佐八幡宮の神官と深い関係を結ぶようになった。

天平勝宝元年十一月に宇佐八幡神は入京すると託宣して宇佐を発ち、同元年十二月になって入京している。このことは、大仏造顕に反対する政治勢力の拡大をおそれた仲麻呂が、宇佐八幡神が大仏完成助勢のために入京するのを演出することによって反対派の追及をかわそうとしてとった行動であったと思うが、この背景には乙麻呂と宇佐八幡宮神職団との紐帯があり、乙麻呂は宇佐八幡神を自己の栄達に利用したのである。しかし、同四年九月には大宰帥を解任されたようで、その後の五年間の動向は知られない。

従三位でありながら参議にも連なれず、天平宝字元年六月に従五位下相当の美作守に左遷されていた乙麻呂は、同三年十一月にようやく武部卿（兵部卿）として中央政界に復帰している。兵部少輔・兵部大輔を歴任していた乙麻呂にとってはふさわしい官職であったといえる。この武部卿補任までは乙麻呂にとっては長い不遇の時代であったが、これは宇佐八幡神の託宣による破格の昇進によって、政治を領導していた仲麻呂との関係が悪化していたことが要因であって、この時になって仲麻呂との関係が改善されたのかもしれないが、その翌同四年六月に没している。

一方、巨勢麻呂は天平十五年六月には中宮亮に補任し、同十七年四月にも中宮亮に在任していることが確認でき（『大日古』第二巻三九八頁）、着実に兄仲麻呂の信頼をえながら、天平勝宝六年正月には従四位下、天平宝字二年八月には従四位上、そして参議として台閣《たいかく》に列して播磨守を兼任するなど、兄仲麻呂政権の中枢にあって重要な役割を果たしている。

天平宝字六年十一月には、巨勢麻呂は乙麻呂のあとをうけて武部卿に任じて、新羅征伐の実行に備えて遙かに九州の香椎廟に奉幣しているが、同八年九月の仲麻呂の近江脱出と行動をともにして琵琶湖畔にて殺害されている。

武智麻呂には豊成・仲麻呂・乙麻呂・巨勢麻呂の息子四人以外に、女子が一人いたことがわかっている。この女性は、『続日本紀』には聖武天皇の夫人で、天平九年二月に無位から正三位に叙せられたとみえているが、名は欠いて知られない。この娘がいつ入内したかはわからない。たぶん武智麻呂が政権を成立させた同四年から同五年頃に一五歳前後ではなかったかと思うが、武智麻呂の期待どおりに聖武天皇とのあいだに皇子を生むということはできなかった。同十七年十一月には山背国《やましろのくに》宇治郡加美郷堤田村の家宅や八段余の土地の貢進をうけて、藤原南夫人と呼ばれていたことが知られるが（『大日古』第三巻一一三頁）、同二十年六月に没している。

房前の子女

房前には、長子鳥養《とりかい》、次子永手、三子真楯《またて》（八束《やつか》）、四子清河、五子魚名《うおな》、六子御楯《みたて》（千尋《ちひろ》）、七子楓麻呂《かえでまろ》の七男と、聖武天皇夫人となった女子（名を欠く）、南家豊成室と仲麻呂室の袁比良《おひら》（宇比良古・袁比良売・袁比良女）の三女が知られる。

鳥養は、『尊卑分脈』には房前の一子とある。天平元年（神亀六・七二九）八月に正六位上から従五位下に叙爵しており、和銅七年（七一四）生まれの永手の叙爵よりも九年ほど早いことからすると慶雲年間（七〇四～七〇八）、房前の二〇歳代前半の生まれである可能性が高い。ただ、鳥養は叙爵以後の動向が知られないことから早世したらしい。鳥養の第二子小黒麻呂《おぐろまろ》が天平五年生まれであることを考えれば、これ以降間もない頃であったと類推することができる。

長子の鳥養が早世したことから房前のあとの北家を継いだのは、次子の永手であった。永手は『続日本紀』宝亀二年（七七一）二月己酉（二十二日）条に、「永手は房前の第二子、母は牟漏女王《むろのおおきみ》で、五十八歳で没した」とある。逆算すると、前述のように和銅七年の生まれとなる。天平九年九月に三階昇って従五位下に叙せられているが、これは四子が没した直後のことであり、南家乙麻呂と式家広嗣の三人だけであったことを思えば、藤原一門でも次代を担う官人として期待されていたものと考えられる。

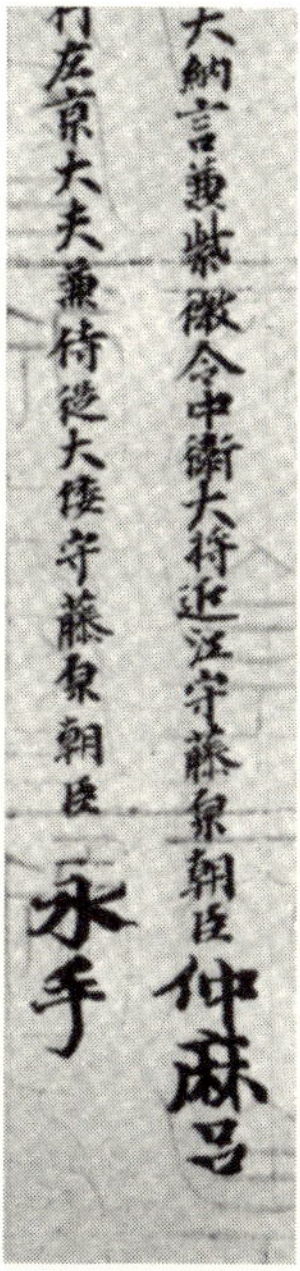

藤原仲麻呂・永手自署

その後、天平勝宝元年（天平二十一・七四九）四月に従四位下に昇るまで一二年間は一階も昇叙しなかった。この時期は橘諸兄政権時代であるから、伯父諸兄（母牟漏女王の実兄）との関係が良好ではなかったとのことかとも思う。一歳下の真楯が、ちょうどこの時期に正六位上から従四位下へと六年間に五階も進階するなど、聖武天皇からの寵遇ぶりを考えると、縦横の機略を駆使する資質に乏しかった永手（野村、一九八〇）は真楯の影響をうけたのかもしれない。

しかし、藤原仲麻呂政権下では天平勝宝二年正月には従四位上、同四年十一月には大倭守に就いており、この頃に新嘗会の肆宴《しえん》で詔に応えて歌を詠んでいる。それが『万葉集』巻一九・四二七七番歌の「袖垂れて　いざ我が苑に　うぐひすの　木伝ひ散らす　梅の花見に」で、廣岡義隆氏は「豊かな夢想に心楽しんでゐる世界で、これこそ雅意識の真骨頂とみるべきであろう」と評されている（廣岡、一九九〇）。

天平勝宝六年正月には従三位に昇り、同七歳十二月には左京大夫・侍従・大倭守を兼任（『大日古』第四巻八四頁）、同八歳七月には中務卿・左京大夫・侍従（『大日古』第四巻一七七頁）、天平宝字元年（天平勝宝九・七五七）四月には道祖王廃太子後に、豊成とともに塩焼王を推し成功しなかったが、翌月には中納言に任じられている。

天平宝字元年七月、橘奈良麻呂の変が起こる。上道《かみつみちのひ》斐太都《だつ》や巨勢堺麻呂の密告・密奏によって小《お》野東人《ののあずまひと》と答本《とうほんの》忠節《ちゅうせつ》らが捉獲、左衛士府《さえじふ》に禁着されたが、永手は勅使として派遣されて窮問の任にあたった。七月三日には右大臣藤原豊成と永手ら八人が取り調べにあたったが、東人は頑なに関与を否定した。ところが翌日四日の永手を責任者とする勅使の尋問によって、ついに東人は密告のとおりにクーデターに関与していたことを白状したのである。

これは豊成のところでも既述したように、豊成がクーデター派にも一定の理解を示すようなことがあって追及が緩慢であったが、永手は豊成と違って厳しい訊問を行ったからに相違ない。この永手の小野東人への尋問による白状が糸口となってクーデターへの参加者や計画など全容が解明されたのであった。また永手は仲麻呂派官人として知られる坂上《さかのうえの》犬養《いぬかい》とともに豊成の邸宅に派遣されて、豊成の三男乙縄《おとなわ》をクーデターに関与したとして拘引している。

これら豊成の一連のことに関して、永手の行動は中納言として当然のことと理解することもできるが、現実的には藤原仲麻呂側の立場にあったことを示唆しているように思われる。ところが、中納言昇任を境として、天平宝字二年頃より永手の動向は知られなくなり、同二年八月の官号改易にも太政官構成員でただひとり関与しておらず、仲麻呂政権の主流より外れていたとの指摘もあり（吉川、一九九五）、この頃に永手の身上に変化があったらしい。

天平宝字七年正月には武部卿、同八年九月の内乱では孝謙太上天皇よりいち早く正三位に叙せられて、孝謙太上天皇による新体制の形成・運営に関して重要な位置をしめた（中川、一九九一-ii）。天平神護二年（七六六）正月には従二位大納言から正二位右大臣、同二年十月には左大臣となっている。宝亀元年（神護景雲四・七七〇）六月には称徳天皇

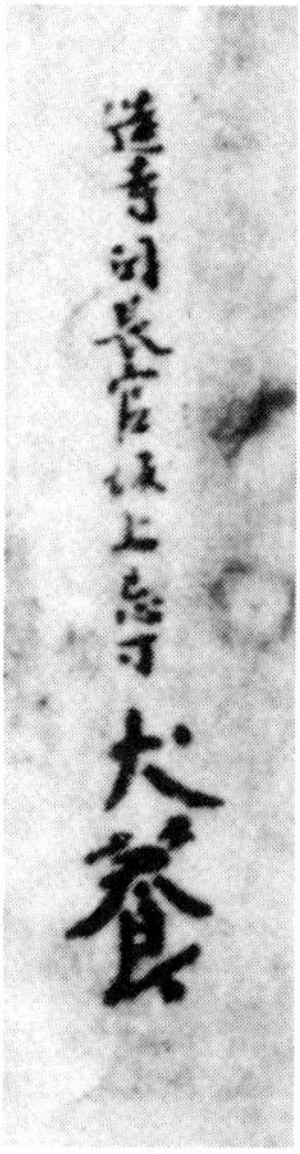

坂上犬養自署

（孝謙太上天皇の重祚）の不予から近衛、外衛、左右兵衛《ひょうえ》の四衛府を摂知して動乱に備えたが、同元年八月の天皇崩御に際しては、式家の藤原良継・百川《ももかわ》兄弟と協力して、右大臣吉備真備《きびのまきび》らの推す文室《ふんやの》浄三《じょうさん》（智努王《ちのおう》）・大市（大市王）兄弟を排して、策を定めて白壁王《しらかべおう》（光仁天皇）の立太子を強行した。

宝亀元年十月には正一位に叙せられたものの、同二年二月に俄かに病にかかって没した。「長岡大臣」と呼ばれた永手が左大臣にまで昇って、房前以後の北家を「累世の相門」（大臣を出す家柄）としたことは、平安時代の北家隆盛につながることとして評価しなければならない。

三子真楯、天平宝字二年八月の淳仁天皇の即位とともに、その藩屏として期待されて六子御楯とともに八束から真楯へと改名している。母は永手と同母の牟漏女王で霊亀元年（和銅八・七一五）の生まれである。前述のように橘諸兄政権時には聖武天皇より寵遇されて、天平十二年正月に従五位下に叙爵、春宮大進《とうぐうのだいしん》から同十三年七月に右衛士督、同十五年六月に式部大輔、そして左少弁を歴任して、同十六年十一月には従四位下、同十八年九月からは大倭守に、同十九年三月に治部卿に任じた。

そして天平二十年三月には、石上乙麻呂・多治比広足《たじひのひろたり》・石川年足《いしかわのとしたり》とともに参議に昇任している。この人事は光明皇后を背景として、徐々に権力を構築しつつあった藤原仲麻呂の主導したものであった。真楯については、『続日本紀』天平神護二年三月丁卯（十二日）条の薨伝に、「従兄仲満は心にその能を害《そこな》はむとす。真楯これを知りて、病と称して家居し、頗る書籍を翫《なら》へり」とあって、仲麻呂とは不仲だと考えられてきたが、その官歴などを検討すると、真楯は仲麻呂政権の中枢にあったものと判断してよい（吉川、一九九五）。薨伝に仲麻呂と不仲との記事があるのは、真楯の遺族らが逆臣となった仲麻呂との関係を払拭する内容で作成して式部省に提出した伝記である「功臣家伝」を『続日本紀』が薨伝資料として採用したからであろう（木本、二〇〇五・二〇〇七 i）。

天平宝字二年八月には中務卿、同四年正月には大宰帥に遷って従三位に昇り、同六年十二月には中納言に昇任し、再び信部卿（中務卿）を兼任している。同八年九月の仲麻呂の内乱に際しては、正三位に叙せられ、授刀大将《たちはきのたいしょう》として孝謙太上天皇側に立って軍功があったようで勲二等を授けられている。天平神護二年正月大納言に昇任し、また式部卿も兼ねたらしいが、同二年三月になって没した。

また真楯は、大伴家持とも交遊があって、『万葉集』に何首かの歌が収められている。巻二・三九八番歌～三九九番歌は梅を歌ったもので、巻六・九八七番歌は月の歌、巻八・一五七〇番歌～一五七一番歌は春日野や高円山を詠んだものである。

これ以外で真楯に関わるのが、巻六・九七八番歌の「士《おのこ》やも　空《むな》しくあるべき　万代《よろずよ》に　語り継ぐべき　名は立てずして」との山上憶良の歌である。左注には「山上憶良臣の沈痾の時に、藤原朝臣八束、河辺朝臣東人《かわべのあずまひと》を使はして疾《や》める状を問はしむ。ここに、憶良臣、報《こた》ふる語已畢《おわ》る。須くありて、涕を拭ひ悲嘆して、この歌を口吟《うた》ふ」とある。真楯が河辺東人を使者として憶良の病状を尋ねさせたところ、憶良が涙を拭きながら悲嘆してこの歌を口ずさんだという。

四子清河、入唐《にっとう》後に河清と改めたといわれる。生年はよくわからない。宝亀三年～同九年に五〇歳代中頃から六〇歳前後で没したとされる（笹山他、一九九八）。いずれにしても三子真楯が霊亀元年、五子魚名が養老五年（七二一）生まれであるから、そのあいだに生まれたことには違いない。母は、

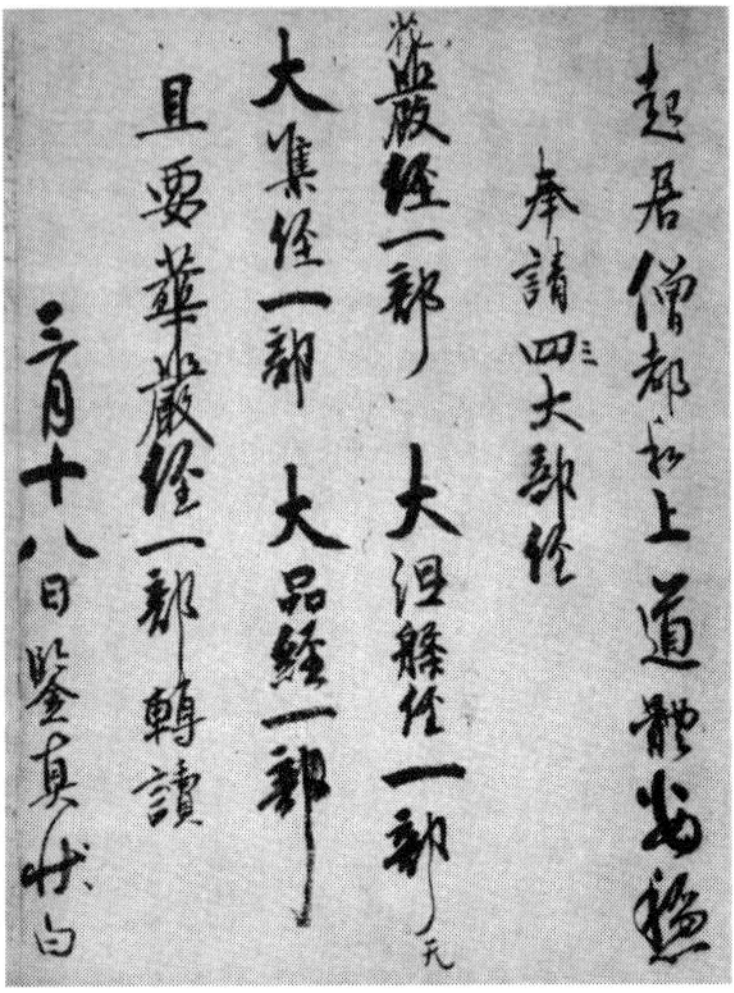
起居僧都和上道體安穏
奉請四大部経
花厳経一部　大涅槃経一部
大集経一部　大品経一部
且要華厳経一部　轉讀
三月十八日鑑真状白

鑑真自筆

『尊卑分脈』『公卿補任』などによると、房前の異母妹である片野朝臣というが確かなことではない。

　天平十二年十一月に従五位下に叙爵、その後は中務少輔や大養徳守（大倭守）を経験し、同十八年四月には従四位下に昇叙した。天平勝宝元年には参議に擢用され、順調な官途を歩んでいたが、翌年の同二年九月に遣唐大使に任命されたことが、清河のその後の人生を大きく変えた。同四年閏三月には、全権委任の象徴である節刀を天皇から賜わり、正四位下に叙されている。

　入唐に際して春日に祈った日、光明皇太后は御作歌を清河に賜ったが、これに応えて清河は「春日野に　斎《いつ》く三諸《みもろ》の　梅の花　栄えてあり待て　帰り来るまで」（『万葉集』巻一九・四二四一番歌）と歌い、また藤原仲麻呂家での入唐使を餞する宴でも、「あらたまの　年の緒長く　我《あ》が思へる　児らに恋ふべき　月近付きぬ」（『万葉集』巻一九・四二四四番歌）と詠んでいる。

　天平勝宝五年（天宝十二・七五三）正月、入唐した清河は拝朝賀正し、玄宗から特進（正三位）を贈られている。帰国に際して、玄宗は日本使を送る五言一首を清河らに贈り、鴻臚《こうろ》大卿《たいけい》の蔣挑椀《しょうちょうえん》に命じて揚州まで送らせている。清河は揚州では竜興寺に鑑真を訪ねて、日本への渡来を要請している。同五年十月に清河は帰途についたが、乗った第一船は阿児奈波嶋（沖縄）に着いたものの、逆風に遭って驩州《かんしゅう》に漂着、一行が殺害されるなかにあって清河だけは命脈を保った。

淳仁天皇朝の天平宝字三年正月になって、朝廷でも高元度《こうげんど》を迎清河使に命じて清河の帰国をはかった。高元度が清河の帰国を唐帝に要請したが、特進兼秘書監《ひしょげん》（図書頭《ずしょのかみ》）の要職にあって、唐帝の「河清は唐朝の貴族で、朕の鍾愛する者である」という理由で帰国の許可をえることができず、清河帰国の機会は失われた。その後、清河は在唐中にも拘わらず、同七年正月に在唐大使・仁部卿・常陸守に補任され、同八年正月には従三位に昇叙されている。

唐にあって清河の望郷の気持ちは強く、自分の書を郷親に送ることを願い、その書は宝亀元年三月の新羅使によってもたらされている。朝廷ではあくまでも清河の帰国を促し、同七年四月の遣唐使に絁百疋・細布《たえ》百端・砂金百両を託した。しかし、清河の帰国は叶わず、遺された娘の喜娘《きじょう》が同九年帰国の遣唐使で来日し、伝領した清河の邸宅を唐招提寺に施入したという。

五子魚名は、『公卿補任』『尊卑分脈』には養老五年生まれで、母は清河と同母であるという。河辺（川辺）大臣といわれた。天平二十年二月に正六位上から従五位下に叙爵、天平勝宝元年十一月には宇佐八幡神の入京に際して迎神使となり、その後は備中守・上総守など地方官を歴任して、天平神護二年十一月に従三位に昇叙して宮内卿・大蔵卿の八省卿を務めて、神護景雲二年（七六八）二月に参議となった。

宝亀元年十月には正三位となり、翌同二年三月には大納言に昇り、以後は近衛大将・大宰帥を兼ねた。同九年三月には内臣、同十年正月には内大臣となった。天応元年（七八一）正月に正二位、同元年六月には左大臣兼大宰帥に任じられたが、延暦元年（天応二・七八二）六月には事に坐して左大臣を免じられ、大宰府への赴任を命じられたが、左大臣免職の理由が事に坐してというだけで具体的なことがわからない。

延暦元年閏正月に起きた氷上川継《ひがみのかわつぐ》事件に連坐したという見解もあるが、魚名は議政官の意向をふまえて天皇の意志を抑止する政治的な行動が多く、即位して間もないこともあって積極的に天皇権力の確立を望んでいた桓武天皇《かんむてんのう》にとっては、このような魚名を容認できるものではなく、事に坐したとして追放したものであろう（亀田、一九八九）。魚名は下向の途中、摂津国で病となり療養していたが、同二年七月に没した。

六子千尋は、御楯ともいう。これは上述した真楯と同じように、天平宝字二年八月の淳仁天皇の即位とともに藩屏となることを期待されて御楯と改名したからである。母は、『公卿補任』によれば、永手・真楯と同母の牟漏女王であるという。生年は明らかではないが、五子魚名が養老五年生まれであることから、これ以降であること以外で確実なことはない。

父房前は養老五年正月に従三位、神亀元年（養老八・七二四）二月に正三位に叙されているから、御楯がかりに神亀元年の生まれだとすると、蔭位《おんい》対象の二一歳になるのは天平十六年、「養老選叙令」五位以上子条には、三位の庶子は従六位下に叙されることが規定されているから、同十六年に従六位下に叙されたとして、天平勝宝元年四月時点で正六位上であったことを考えれば、五年間に三階昇っていたことになる。不比等の蔭孫だと贈一位の庶孫で従六位上、二階の昇叙となるが、これは妥当なことだと思う。よって、御楯は神亀元年前後の生まれだと推察することができる。

天平勝宝元年四月に正六位上から従五位下に、同元年七月には従五位上、天平宝字元年五月に正五位下、同元年八月には正五位上、同二年八月には従四位下と、九年間に五階昇叙するという順調な官人生活を歩んでいる。これは、藤原仲麻呂の娘児従《こより》を室に迎えて、娘婿として仲麻呂政権で期待されていたからであろう。このことは美濃守、大弁・侍従を歴任して（『大日古』第一五巻一三〇頁）、同三年六月に従四位上となり、参議に登用された事実をもってして証とすることができる。

天平宝字五年正月には、御楯は授刀督《たちはきのかみ》に加えて、伊賀・近江・若狭按察使に補任されている。授刀衛は、令制五衛府とは違って、藤原仲麻呂自らが長官の大将を兼任する中衛府《ちゅうえふ》とともに精強な軍隊であった。仲麻呂が天平十八年二月に騎舎人《うまのとねり》を授刀舎人《たちはきのとねり》として復活させ、天平勝宝八歳七月に定員を四〇〇人にするなど拡充して、天平宝字三年十二月には中衛府から独立させて衛府として授刀衛を組織化している。仲麻呂は、中衛府と授刀衛の二衛府を自己政権の軍事的支柱として考えており、また息子真先《まさき》を美濃・飛驒・信濃按察使に命じたのとともに、御楯を伊賀・近江・若狭按察使に任じたのも、基盤国である近江国を中心に、畿内周辺国の統制をより強化しようとする意図であったから、御楯は仲麻呂から息子同様に信頼される官人であったことがわかる。

天平宝字五年八月、孝謙太上天皇と淳仁天皇が薬師寺に礼仏することがあったが、その帰途の太上

佐伯今毛人自署

天皇と天皇を自邸に迎えて宴飲したことから、御楯には正四位上、室児従には正四位下が授けられている。また同五年十月には淳仁天皇の保良宮《ほらのみや》への行幸があったが、その際にも保良京の御楯邸に迎えて従三位を授けられたが、同八年六月に没した。

七子楓麻呂、母は『公卿補任』『尊卑分脈』によると、阿岐（阿波）釆女《うねめ》だという。いつの生まれかは明確ではない。楓麻呂の叙爵は、後述のように天平宝字二年八月で、神亀元年前後生まれだと思われる御楯より一〇年も遅れていることを考慮すれば、楓麻呂の生まれは天平元年頃、房前の五〇歳前後の出生である可能性が高い。

天平宝字二年正月には正六位上にあって西海道《さいかいどう》問《も》民苦使《みくし》となり、九州に人民の辛苦二九件を採訪している。同二年八月には従五位下に昇叙して、丹後守に任じられ、同三年十一月には文部少輔（式部少輔）、同四年正月には加えて東海道巡察使を命じられている。同七年正月には刑部大判事となった。同八年九月の仲麻呂の内乱では軍功をたて勲四等を授けられ、その後は美濃守・右兵衛督・大宰大弐・右大弁・信濃守を歴任している。

宝亀元年八月、称徳天皇が皇嗣を指名しないで没すると、藤原永手・藤原良継らの主導と藤原百川の画策によって白壁王（光仁天皇）が立太子するが（木本、二〇〇七ⅱ）、これまで女帝の寵愛によって法王として権勢を誇った道鏡が造下野国薬師寺別当に放逐されることがあった。この時に弾正尹《だんじょうのいん》であった楓麻呂は、佐伯今毛人《さえきのいまえみし》とともに道鏡を下野国まで領引している。同元年十月には従四位上、同二年十一月には正四位下、同五年正月には正四位上、そして同五年五月には従三位に昇っていて、そのあいだには伊勢守、右衛士督に讃岐守を兼任して、同三年四月には参議に列した。その後は、参議・大蔵卿に摂津大夫を兼任していたが、同七年六月に五〇歳前後で没した。

次に房前の娘三姉妹について概述しておこう。まず聖武天皇夫人となった女子（名を欠く）である。天平九年二月に武智麻呂の娘とともに正三位に叙せられている。論拠らしいのはないが、同じ状況にあった武智麻呂の娘がこの時には一五歳前後であると思われるので、この房前の娘も同年代であるとすると養老七年頃の出生で、魚名や御楯と前後して生まれた可能性が高い。天平十二年三月に父房前らのために一切経律論を写させ（『大日古』第二巻二五三頁）、天平勝宝六年頃には写経を行っていたようで、造東大寺司より藤原夫人家務所に経律集伝七六巻についての牒が送られている（『大日古』第四巻三八頁）。また、天平宝字二年十一月の「伊賀国司解」によれば、伊賀国阿拝郡柘植郷《あえぐんつげごう》に土地をもっていたことがわかるが（『大日古』第四巻三五〇頁）、同四年正月に従二位で没した。

南家豊成室の女性は、『公卿補任』『尊卑分脈』によると、豊成四子の縄麻呂《なわまろ》（綱麻呂）の母とみえるだけで詳細なことはわからない。縄麻呂は宝亀十年に五一歳で没しているので、天平元年生まれ、一九歳くらいで縄麻呂を生んだと仮定すると、この女性は和銅四年の生まれとなって、永手と前後して生まれた房前の長女であるのかもしれない。天平宝字八年には、藤原百能《ふじわらのももの》が豊成の嫡妻となっていたから（後述、百能の項）、この時にはすでに亡くなっていたと思う。

仲麻呂室の袁比良は、天平勝宝元年四月に大仏建立の功績によって従五位上から正五位下に叙され、同元年九月には従四位下に昇った。天平宝字三年六月には、淳仁天皇から仲麻呂を「朕が父と」、「藤原《ふじわらの》伊良豆売《いらつめ》（袁比良）をばははとなも念す」との言葉があって、天皇の母同然の存在として親密な関係を構築していたようで、同四年正月には淳仁天皇の仲麻呂第行幸に際して従三位より正三位に昇叙されている。

袁比良は天平宝字六年六月になって没したが、この時には尚蔵《くらのかみ》・尚侍《ないしのかみ》であって後宮を掌握していたことが知られ、従兄で夫の仲麻呂政権を背後から支えていたことがわかる。この袁比良の死によって、内廷との緊密な関係が維持できなくなったことも仲麻呂政権崩壊の要因の一つであったことを思えば、その存在は政治的に大きなものであったことが理解される。

袁比良が仲麻呂に嫁した時期については明確でないが、初出子であろう訓儒麻呂《くすまろ》が天平二年頃の出生であることを考慮すれば、和銅五年前後の生まれで、姉である縄麻呂の母と同じ頃に姉妹して豊成・仲麻呂の南家兄弟に嫁したのであり、ここに藤原氏の同族内の婚姻によって、次の世代の律令貴族の家が再生産されることになったのである（遠藤、二〇一二）。

宇合の子女

宇合には広嗣、良継、清成、田麻呂、綱手、百川、蔵下麻呂《くらじまろ》（倉下麻呂）ら九人の男子のあったことが知られる。長子は広嗣、次子は良継、五子は田麻呂、八子は百川、九子は蔵下麻呂で間違いない。四子は清成だと考えられているが、よくはわからない。六子は『尊卑分脈』は綱手とするが、広嗣とともに九州に誅殺されたこと以外はわからない。三子・七子については皆目わからない。

長子広嗣については、本章第3節で既述したので略して、次子の良継から概述してみよう。良継は、もと宿奈麻呂《すくなまろ》という。光仁天皇《こうにんてんのう》即位を契機として改名したのであろう。『続日本紀』宝亀八年（七七七）九月丙寅（十八日）条に六二歳で没したことがみえているので逆算すると、霊亀二年（七一六）の生まれだとわかる。宇合が二三歳の時である。母は、『公卿補任』天平神護二年（七六六）項に「左大臣石川麿女、従五位下国盛大眉」とあるが、宝亀元年（神護景雲四・七七〇）項に「左大臣石上朝臣麿女、従五位下刀自」とあるから、左大臣石上麻呂の娘国盛（大刀自）で、大眉は大刀自の刀自を一文字と誤写したのであろう（木本、一九九九ii）。

天平十二年（七四〇）九月の兄広嗣の乱に坐して伊豆に流されたが、同十四年に罪を許されて帰京後に刑部少判事に任官した。同十八年四月に正六位下から従五位下に叙せられ、その後に越前守・上総守から相摸守を歴任した。天平勝宝七歳（七五五）二月には相摸防人部領使《さがみさきもりがことりづかい》として防人歌八首を大伴家持に推め、鎌倉郡の丸子多麻呂《まろこのおおまろ》らの三首が採られており（『万葉集』巻二〇・四三二八番歌〜四三三〇番歌）、良継と家持の親しい交遊が知られる。

藤原仲麻呂政権下では、民部少輔・右中弁・上野守・造宮大輔などに任じられたが、天平宝字七年（七六三）四月頃には（中川、一九六〇）、『続日本紀』宝亀八年九月丙寅（十八日）条に、時に、押勝が男三人、並に参議に任せらる。良継、位、子姪《してつ》の下に在りて、益忿怨を懐けり。乃《すなわ》ち、従四位下佐伯宿禰今毛人、従五位上石上《いそのかみの》朝臣宅嗣《やかつぐ》・大伴宿禰家持らと、同じく謀りて太師を害《ころ》さむとす。是に、右大舎人弓削宿禰《ゆげのすくね》男広《おひろ》、計を知りて太師に告げき。即ち皆その身を捕へ、吏に下して験《しら》ぶるに、良継対へて曰はく、良継独り謀主と為り。他人は曾て預り知らずといへり。是に強ひて大不敬《だいふきょう》なりと劾《とが》めて、姓を除き位を奪ひき。

とみえるように、佐伯今毛人・石上宅嗣・大伴家持らと太師である仲麻呂の暗殺をはかった。密告によって露呈して尋問をうけたが、首謀者は自分であり今毛人らは関わっていないとかばい、大不敬として姓をのぞかれ位も奪われたことが知られている。

天平宝字八年九月の仲麻呂の内乱では、兵士数百を率いて仲麻呂を近江に追討して軍功をあげ、従四位下勲四等を授けられている。この仲麻呂の内乱をきっかけとして、良継は同八年十月にはさらに正四位下、天平神護二年十一月には従三位に昇り、前後して大宰帥・兵部卿・造法華寺長官を務めて、宝亀元年七月には参議となるなど、称徳天皇朝に政界で地歩を築いてゆく。

そして注目されることは、前述したが称徳天皇没後の皇嗣をめぐって、文室浄三を推す右大臣吉備真備らを制して、藤原永手・藤原百川らと謀って白壁王擁立を主導したことである。女帝の死没と白壁王立太子という政情の混乱に対して、良継は騎兵司となって近江国兵二百騎を率いて鎮静化、政界に発言力を増していった。

宝亀元年九月に式部卿、同元年十月には正三位に昇って、同二年三月に中納言より内臣にいたったが、これより政治を一人で動かすようになり、官人の昇進・降格も思いのままに実権を発揮した。同五年正月には従二位、同八年正月に内大臣に任じられたが、同八年九月に没した。

次は五子の田麻呂である。太満侶とも書く（『大日古』第四巻一九三頁）。『続日本紀』延暦二年（七八三）三月丙申（十九日）条の薨伝に、宇合の第五子、年六二歳で没したとあるから、養老六年（七二二）の生まれである。母は、『公卿補任』天平神護二年項には小治田幼麿《おはりたのわかまろ》（功麿）の孫娘、牛養《うしかい》の娘とある。

天平十二年には、兄広嗣の事件に坐して隠岐に流された。同十四年に罪を許され帰京したが、良継がただちに政界に復帰したのと相違して、飛鳥の稲淵山中に隠居して、仏教の修行三昧にふけったという。兄弟広嗣・綱手の誅殺や連坐しての隠岐への流罪などを多感な少年期から青年期に経験したことが、田麻呂の「恭謙で、人と競うことをしなかった」（「薨伝」）というおとなしい性格に影響していたのであろう。

しかし、三五歳頃の天平勝宝年間（七四九～七五七）末から天平宝字元年頃になって政界に復帰したようで、同五年頃には正六位上から従五位下に昇り、礼部少輔（治部少輔）に在任している。また保良京に派遣されて諸司の史生以上の宅地を班給するなどして、造宮使として保良宮造営の中心人物であった。同五年十一月には南海道節度副使に遷っている。この度の節度使は渤海との軍事提携のもとに新羅征伐を目的に設置されたもので、田麻呂は節度使百済王敬福《くだらのこにきしきょうふく》のもとで兵船や兵士・水手《かこ》ら

藤原田麻呂自署

の管理の任務についていたのである。

　その後、田麻呂は左虎賁督《さこほんのかみ》（左兵衛督）を帯任しつつ、つづいて天平宝字六年三月には遣唐副使に任じられた。けれども同六年四月に安芸国より難波の江口に回航した遣唐使船が破損したことによって二船に減船となり、使節を縮小したために遣唐副使は免じられたらしい。そして同七年正月になって左虎賁督から美濃守・陸奥出羽按察使に任官した。藤原仲麻呂の内乱後の同八年十月には右中弁・外衛中将、天平神護元年（天平宝字九・七六五）二月に外衛大将となっている。同二年七月には参議を命じられた。時に従四位下で参議・外衛大将・丹波守であったが、兄良継や仲麻呂の内乱で孝謙太上天皇（称徳天皇）の勝利を決定づける軍功をあげた弟の蔵下麻呂より先んじて参議に昇ったことは注目される。

　しかし、神護景雲二年（七六八）十一月には大宰大弐を命じられている。これは田麻呂だけではなく式家官人に等しく通じることであって、称徳・（弓削）道鏡政権が藤原氏らを排斥して、弓削一族やその基盤地である河内国を出自とする百済王一族や葛井《ふじい》氏らに権力基盤を移す政治的意向が背景にあった（赤羽、一九六六）。

　けれども式家が中心となって光仁天皇を擁立し、道鏡を追放したことから、これ以降の田麻呂は順調であって良継・百川・蔵下麻呂らと「藤原式家主導体制」を構築した（木本、一九九八）。宝亀元年十月には正四位下に昇叙すると、同二年十一月には正四位上、つづいて従三位となり、左衛士督・兵部卿を歴任して、同十年十二月には参議に中務卿・中衛権大将を兼任している。

さらに宝亀十一年二月には中納言に昇格して、天応元年（七八一）に大納言兼近衛大将、延暦元年（天応二・七八二）六月にはついに右大臣に昇るなど、光仁天皇はもちろんのこと、桓武天皇からの信頼もあつかったが、同二年三月に没した。これは議政官勢力を抑制して、天皇権力の確立をめざす両天皇にとっては、温厚な性格の田麻呂ゆえに重用しても天皇権力確立の妨げにならないとよんでいたからであろう。

八子の百川、もとは雄田麻呂《おだまろ》と称した。兄良継と天武天皇以来の皇統に終止符をうち、きたるべき平安時代を構築する天智皇統の桓武天皇の登場を嚮導する重要な役割を果たした。『続日本紀』宝亀十年七月丙子（九日）条の薨伝に、宇合の八子、四八歳で没したとあるから逆算すると天平四年の生まれである。『続日本紀』宝亀十一年六月己未（二十六日）条に、久米若女（久米若売）が亡くなった記事があるが、そこに百川の母とある。

道鏡自筆

若女は天平十一年三月、石上乙麻呂と関係をもったとして下総国に流されているが、これは前述のように橘諸兄が反対派勢力の重鎮であった乙麻呂を陥れるための陰謀事件であった。このような政争に巻きこまれて百川は父との死別一年半後、八歳で母とも離ればなれの生活を送ることになったのである。

百川が官人として出身したのは二一歳となった天平勝宝四年の頃であろうが、史料に初見するのは、天平宝字三年六月に従五位下に叙爵した記事である。同七年四月に智部少輔（宮内少輔）、天平神護元年七月には左中弁に、同二年九月に山陽道巡察使、そして神護景雲元年（天平神護三・七六七）二月には、左中弁・侍従・内匠頭《たくみのかみ》・武蔵介の四職兼任に加えて右兵衛督に任官している。この時、百川が右兵衛督、良継が兵部卿、田麻呂が外衛大将、蔵下麻呂が近衛大将に在任中であり、式家兄弟がそろって軍事の要職にあることは注目される。

神護景雲二年十一月には、左中弁・内匠頭・武蔵守に加えて中務大輔・検校兵庫副将軍、同三年三月には内豎大輔《ないじゅだいぶ》を兼任するなど、百川は称徳・道鏡政権に信頼されており、また同三年十月に道鏡が河内国弓削（由義）宮を造営すると河内守、つづいて河内大夫となった。

このような道鏡と百川の関係について、百川は腹心であるかのようにしながら、実はこれを牽制していたとか（横田、一九五九）、巧妙に腹中に入りこんで揺さぶる機会をうかがっていた（野村、一九八五）とする見解がある一方で、官人として優れた資質をもっていて道鏡らに一目おかさせる要素をもっていたとの理解もある（中川、一九六五）。上述のように、百川は多くの官職を兼任していることから、中川収氏もいうように律令官僚として優れた資質をもっていたことには違いなく、それゆえに百川自身も政治に自身の資質を発揮することを望んでおり、また称徳天皇も道鏡もこのような百川を重用したのであろう。

宝亀元年八月、称徳天皇は西宮寝殿に五三歳で没したが、自身の皇権が弱体化することを恐れて、まだ皇太子を指名していなかった。この危急存亡の秋に皇嗣をめぐって政界は混迷したが、その間の事情については、『日本紀略』宝亀元年八月癸巳（四日）条が引く「百川伝」が詳しい。

皇帝遂に八月四日に崩《かむあが》りましぬ。天皇平生より未だ皇太子を立てず。此に至りて、右大臣真備ら論じて曰はく、御史大夫従二位文室浄三真人は、是れ長親王《ながしんのう》の子なり。立てて皇太子となさむと。百川、左大臣・内大臣と論じて云はく、浄三真人は子十三人有り。後世は如何と。真備ら都《すべ》てこれを聴かず、浄三真人を冊《た》てて皇太子となす。浄三確《かく》辞《じ》す。仍りて更に其弟参議従三位文室大市真人を冊てて皇太子となす。（大市また）これを辞す。百川、永手・良継と策を定めて、偽りて宣命語を作りて、宣命使をして庭に立て宣制せしむ。右大臣真備、舌を巻きて如何ともすることなし。百川、即ち諸仗に命じて、白壁王を冊てて皇太子となす。

天武天皇々孫の文室浄三（智努王）や文室大市（大市王）を擁立しようとする吉備真備らに対抗して、百川は永手・良継らとはかって天智天皇々孫の白壁王を立てようとした。百川は称徳天皇の（白壁王を皇太子とする旨の）宣命を偽造して、軍衛に命じて真備らの行動を制して、ついに白壁王を立太子させることに成功したのである。この「百川伝」の記事には疑問がないわけではないが、検証をかさね

藤原百川自署

て概ねこの内容は真実を反映しているものと考えてよいと思う（木本、二〇〇七ii）。百川の記事の冒頭で、「平安時代を構築する天智皇統の桓武天皇の登場を嚮導する重要な役割を果たした」と記した意味はこのことである。

そして宝亀元年八月末までには、内豎大輔・内匠頭・右兵衛督・越前守を兼任したまま、左中弁から右大弁に昇任し、この後に雄田麻呂から百川に改名した。良継とともに光仁天皇の即位が契機となっている。同二年三月には大宰帥に任じているが、右大弁を本官とする百川は遙任であった。同二年十一月には参議に列し、同三年十二月の「太政官符神祇官」には、「参議正四位下行右大弁兼右兵衛督越前守」との位署がある。

この間の宝亀三年三月には皇后井上内親王《いのうえないしんのう》が巫蠱《ふこ》・魘魅《えんみ》大逆のことで廃后にされ、同三年五月には皇太子他戸親王《おさべしんのう》も廃太子され、同四年正月には山部親王《やまべしんのう》（桓武天皇）が立太子している。これは山部親王に娘乙牟漏《おとむろ》を配している良継と、「内外の機務、関《あずか》り知らぬこと莫し」（『続日本紀』宝亀十年七月丙子条）といわれた百川らが企んだ陰謀事件であった。

宝亀五年五月には従三位となり、同八年十月には式部卿、同九年二月には中衛大将となったが、同十年七月には参議・式部卿・中衛大将で没した。

蔵（倉）下麻呂は、『続日本紀』宝亀六年七月壬辰（一日）条の「薨伝」には、宇合の九子で、同日に四二歳で没したと記されている。『尊卑分脈』は四三歳とするが、ここでは『続日本紀』の記事をとって天平六年、宇合の四一歳時の生まれとしておく。母は『尊卑分脈』『公卿補任』ともに、佐伯《さえきの》徳麿《とくまろ》の娘家主娘《やかぬしのいらつめ》とするが、徳麿については不詳である。

「薨伝」の記事によると、天平勝宝三年頃に内舎人《うどねり》となり、同七歳中には出雲介に遷り、天平宝字二年正月には山陽道問民苦使《もみくし》に任じられている。問民苦使は文字どおり民苦を巡問して政治に反映させるものであるが、その選任には藤原仲麻呂の藤原南・北・式家や側近公卿の子弟などから有望な官人を採用して、若手官僚を育成しようとする意図のあったことが指摘されていることから、この時に蔵下麻呂は期待される官人の一人であったと思われる。

しかし、この問民苦使に選任された他の官人が昇叙・昇進するなかで、蔵下麻呂のみはその後の動向がわからない。仲麻呂政権下で不遇であったようであるが、この頃の天平宝字五年に粟田馬養《あわたのうまかい》の娘廉刀自《かどとじ》とのあいだに縄主《ただぬし》をもうけている。馬養は訳語《おさ》であって漢語を教授したりしているが、この馬養とともに同じく漢語教授を命じられている秦朝元《はだのちょうげん》の娘も清成に嫁して種継を生んだと伝えられている。漢語に詳しい氏族との姻族関係には、入唐経験のある宇合の意向や式家の家風のようなものがあったのかもしれない。

天平宝字七年正月、蔵下麻呂は従五位下に叙爵して少納言、同八年正月には備前守に補任されたが、同八年九月の仲麻呂の内乱が起こらなければ蔵下麻呂の一生は平凡なものとなったに違いない。擁する淳仁天皇の保持する御璽・駅鈴を孝謙太上天皇に略奪された藤原仲麻呂は、京中での緒戦にも敗れたことから、態勢を整えるために宇治をへて基盤国の近江に逃亡する。しかし、勢多《せた》橋を焼き落とされたために近江国庁に入ることができず、反撃にも失敗した仲麻呂の一行は、越前国をめざして琵琶湖西岸を北上するが、高嶋郡三尾埼《みおのさき》において佐伯三野《さえきのみの》・大野真本《おおののまもと》らの率いる孝謙太上天皇軍と最後の死闘に及んだのである。孝謙太上天皇軍が劣勢になったその時に、蔵下麻呂が援軍に駆けつけて仲麻呂軍の主鋒であった藤原真先を討ったのに乗じて、三野らは反攻に転じて孝謙太上天皇方は勝利をえることができたのである。

このように蔵下麻呂の軍功は大きいものであって、一挙に八階昇って従三位に叙せられ、右兵衛督に任じている。天平宝字八年十月には淳仁天皇を淡路国に衛送し、幽閉する任務にも就いている。天平神護元年正月には近衛大将となり、さらに伊予・土佐按察使、左京大夫などを兼任した。

宝亀元年八月には、称徳天皇没後の皇嗣を白壁王（光仁天皇）に決定する議政に参議でもないのにただ一人参与しているが、これは近衛大将として親衛軍を掌握する最高の武官であったからであろう。その後も、宝亀元年九月には兵部卿を兼ねるなど、長く軍衛を代表する地位にあって、春宮大夫《とうぐうのだいぶ》や大宰帥をも歴任して、同五年五月に参議に昇ったが、翌同六年七月に没した。

宇合には三人の女子の存在が知られる。一人は南家の巨勢麻呂に嫁して藤原弓主《ふじわらのゆみぬし》を生んだ女性である。弓主の生年はわからないが、弓主の孫の諸成《もろなり》が延暦十二年の生まれであることから推察を重ねると、弓主の母なる女性の生年は養老四年から神亀二年（七二五）頃となろう。夫の巨勢麻呂が養老二年頃の出生と考えられているから、年齢差からいっても納得できる。

もう一人の女子は、房前の五子魚名とのあいだに二子鷲取《わしとり》をもうけた女性である。鷲取は『尊卑分脈』の記事には宝亀四年の生まれとあるが、この年だと養老五年生まれの魚名が五三歳となって遅すぎるし、『続日本紀』に鷲取は宝亀二年正月に従五位下に昇叙したとあるから、『尊卑分脈』は信頼できない。魚名二〇歳すぎの生まれと仮定すると、鷲取は天平十三年頃の出生と推察される。そうすると、宝亀二年の従五位下昇叙は三一歳頃で妥当となる。古代女性の初出子は一九歳前後が一般的であったことを考慮すると、この女子が生まれたのは養老年間末から神亀年間初め（七二一～七二五）頃、宇合の三〇歳前後の時となる。

残るもう一人の女子は帰子。従五位下とあるから、後宮に仕えていたらしい。『尊卑分脈』には蔵下麻呂の男子である縄継《ただつぐ》の母は、「従四上掃守王《かにもりおう》（掃部王カ）の女乙訓女王《おとくにのおおきみ》、或は異母妹従五下帰子、承和十四七廿六薨（八十六）」とみえる。蔵下麻呂の男子である縄継の母ともされる。「或は」とあるから、この記事をそのまま信じることはできないが、異母兄の蔵下麻呂と縄継を天平宝字六年頃に生んだとされる。蔵下麻呂は二九歳、帰子は宇合最晩年の頃の生まれである可能性がある。

また宇合の娘として、もう一人、高島正人氏は天平十九年正月に無位から正四位上に叙された藤《ふじ》原殿刀自《わらのとのとじ》が宇合の娘で、聖武天皇の夫人となったのではないかと推察されている（高島、一九八九）。武智麻呂・房前の娘が夫人となっているから、宇合の娘も後宮に入っていても不思議ではないが、角田文衛氏は不比等の五女にも比定する（角田、一九六四）ようにはっきりしない。

最後に、麻呂の子女について略述してみる。麻呂の子女について、『尊卑分脈』には綱《つな》（縄）執《とり》、浜成、勝人《かつひと》と百能の三男一女がみえるが、綱（縄）執・勝人についてはよくわからない。ここでは浜成と百能について触れる。浜成は浜足とも称するが、ここでは浜成に統一する。『公卿補任』には麻呂の一男で、母は因幡国八上郡《やかみぐん》采女因幡国造《いなばのくにのみやつこ》気豆《きず》の娘とあるが、『尊卑分脈』は麻呂の二男として相違する。『続日本紀』には延暦九年（七九〇）二月に六七歳で没したとあるから逆算すると、神亀元年（養老八・七二四）の麻呂三〇歳の時の生まれとなるが、これは『公卿補任』とも一致する。

天平勝宝三年（七五一）正月に叙爵し、天平宝字元年（天平勝宝九・七五七）六月に大蔵少輔、同七年四月に節部大輔（大蔵大輔）、宝亀二年（七七一）閏三月に刑部卿、弾正尹などをへて、同二年十一月には従四位上に叙せられ、同三年四月には参議となった。そして、どうも参議となったことが契機となって、この頃の同三年四月二十日から五月七日のあいだに浜足から浜成に改名したらしい。同三年十一月には大蔵卿、のちには武蔵守も兼任して、同六年三月に正四位上、同七年正月に従三位に昇叙している。

ところが、桓武天皇が即位して間もない天応元年（七八一）四月、浜成は大宰帥を命じられ、同元年六月には「歴る所の職に善政聞ゆること無し」（『続日本紀』天応元年六月癸卯条）を理由に大宰員外帥に左降、八人の傔仗《けんじょう》を三人に、公廨《くがい》も三分の二を削られ、職務執行を停止させられた。このような浜成への厳しい対応は、他戸廃太子後の新皇太子に山部親王（桓武天皇）の名があがった時、浜成が山部親王は卑母出であると反対して、尾張女王《おわりのおおきみ》を母とする薭田親王《ひえたしんのう》の擁立をはかったことがあり、このことの桓武天皇の宿怨によるものであったとされる（林、一九六九ⅱ）。

浜成の不幸はこれで終わらなかった。翌年の延暦元年（天応二・七八二）閏正月に起こった氷上川継の謀反事件に縁坐し、参議・侍従を解任されたのである。浜成は大宰府にいたから直接に関与したわけではないが、川継は浜成の娘法壱《ほういち》を妻としていたし、息子の継彦《つぐひこ》がこれに関与したとされたのである。川継の祖父新田部親王は、天武天皇と藤原五百重娘《ふじわらのいおえのいらつめ》とのあいだに生まれており、その五百重娘が天武天皇と死別後に兄不比等とのあいだにもうけたのが浜成の父麻呂であったから、川継と浜成の血脈はつながっている。また川継の父塩焼王（氷上塩焼）は孝謙天皇の皇嗣として有力であったことがあり、また母の不破内親王《ふわないしんのう》は聖武天皇の皇女であった。

この氷上川継事件の背景であるが、藤原北家の魚名が讒言したとか、藤原式家と川継・浜成の政治的対立が要因だとする見解もあるが、その真相は即位後間もない桓武天皇が皇位をめぐっての対立者（川継）を排し、その周辺（浜成）に痛撃を加えて、おのれの地歩を安固なものにしようとしたものと思われる（北山、一九五九）。川継は前述のように、天武天皇の曾孫・聖武天皇の皇孫で、桓武天皇よりも皇統ということで考えれば、川継のほうが皇儲にふさわしい。川継の体制批判と心奥に天武系相承の原則が生きていた浜成が、義父・婿として連携することに桓武天皇は恐れたのである。

また浜成には『歌経標式《かきょうひょうしき》』という歌論の著作がある。その序文には「宝亀三年五月七日参議兼刑部省卿守従四位上勲四等藤原朝臣浜成上」との位署がみえる。『歌経標式』は、歌句中の音に注目し、

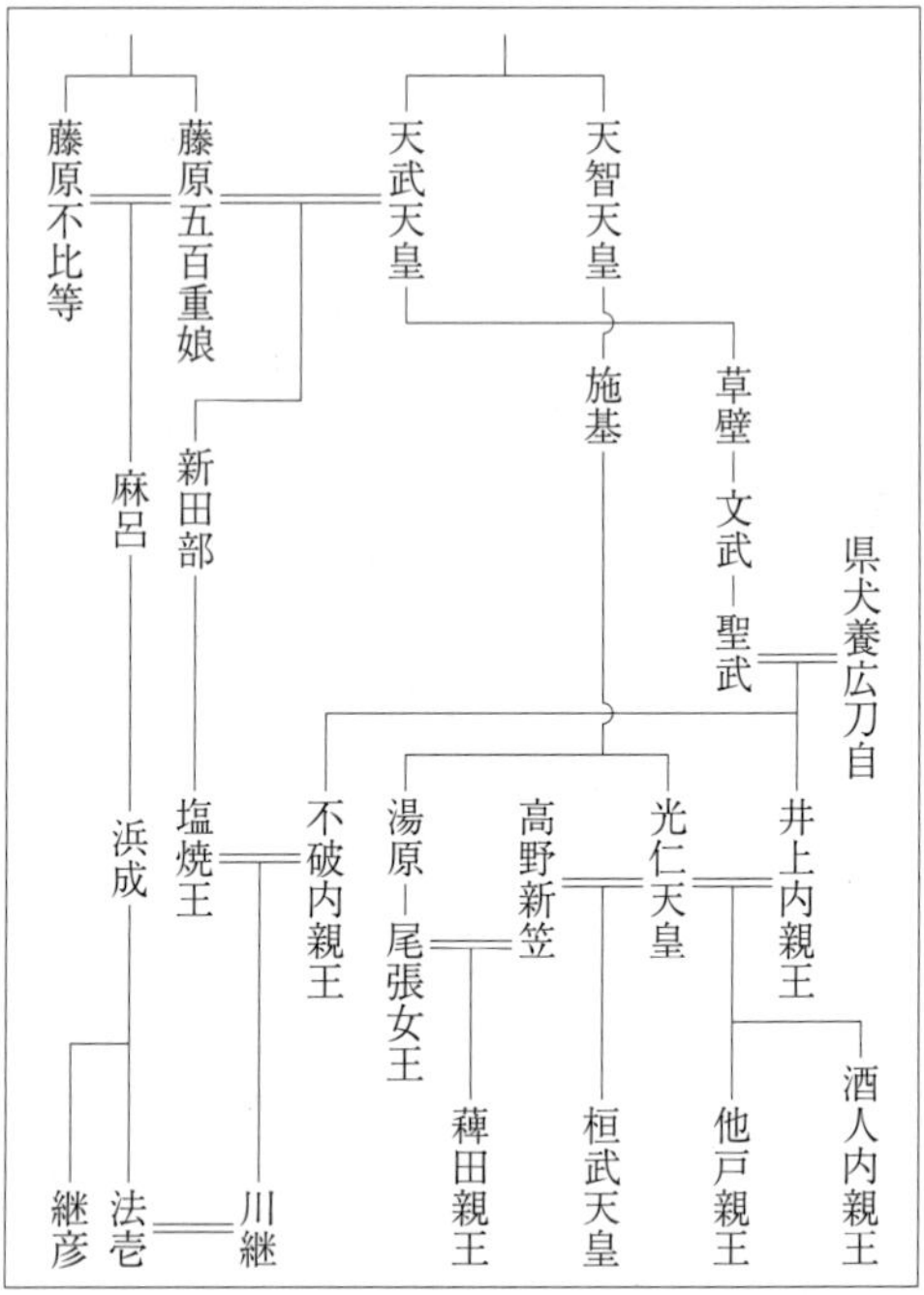

藤原浜成・氷上川継関係系譜（木本，2012より）

歌の病となる音の配列を示した「歌病」、韻のあり方について述べた「求韻」、歌意の不整合、言語表現・韻の不適といった作歌技法上の欠陥をもつ歌体の「査体」、査体と対極の正雅な歌体の「雅体」などについて、中国の詩論を参考に論じた歌学書である（平沢、一九九三）。

浜成は『歌経標式』撰述の発意を、歌作に長けていても音韻を知らず、歌で人を悦ばしても、その歌の音の配列、韻のあり方が「病」である欠点にあたることを知らない者もいることを危惧したことにあるといっている。また序文には宝亀三年五月七日の期日を記しているが、跋文には「五月廿五日」とあって日付が相違している。これは跋文が「以前の歌式、制を奉《う》けたまはりて删定《さんてい》すること件の如し」と勅撰であることを明らかに示す表現になっていることを考えれば、当初は浜成の発意で著されて五月七日に奏上されたものの、光仁天皇の命によって若干の修正をへて改めて勅撰という形で五月二十五日に奏上されたものと思われる（平沢、一九九三）。

浜成は、立太子を反対された桓武天皇の宿怨によって「歴る所の職に善政聞ゆること無し」を理由に大宰員外帥に貶され、婿の氷上川継の縁坐を理由に政界から葬られている。しかし、『続日本紀』延暦九年二月乙酉（十八日）条の「薨伝」には「ほぼ群書に渉りて、頗る術数に習へり」とある。『歌経標式』を著したことは、「群書に渉りて」とあるように文人として優れた才能を有していたことを示すものであろう。

また興福寺僧の永超が嘉保元年（寛治八・一〇九四）に撰した『東域伝燈目録』によると、『唯識問答《ゆいしきもんどう》』四巻は浜成と善修との問答から成立したとあるから、浜成は仏教にも関心のあったことがわかる。そして「頗る術数に習へり」と陰陽五行に詳しく、卜筮《ぼくぜい》星術によって吉凶を判断することにも巧みであったという。このことからすると、浜成には行政の資質に劣るものがあったとは思えない。やはり浜成の大宰員外帥への左降、参議・侍従の解任は、即位まもない桓武天皇が皇位をめぐっての対立者である氷上川継を擁する浜成に痛撃を加えて、おのれの地歩を安固なものにしようとしたものであったことは確かなことであろう。

最後に麻呂の娘百能、『続日本紀』延暦元年四月己巳（十七日）条の「薨伝」には、兵部卿麻呂の娘で、六三歳で没したとあるから、養老四年（七二〇）、麻呂の二六歳の時の生まれであることがわかる。母については、『続日本紀』に記事はないが、『尊卑分脈』にみえる当麻《たいま》氏の女性というのも確実なことはいえない。「薨伝」は、南家の藤原豊成に嫁したとあるが、嫡妻は縄麻呂の母である房前の娘であって、一六歳差を念頭にすると百能は後室であったらしい（遠藤、二〇一二）。

天平勝宝元年（天平二十一・七四九）四月に無位より従五位下に叙爵、天平宝字八年九月には正五位上から一挙に従三位に昇叙されている。この五階の昇叙は、仲麻呂の内乱での夫豊成とものどもの働きによるものであり、この時には嫡妻になっていたと思う。天平神護元年（天平宝字九・七六五）十一月の豊成没後には貞固（貞節の心が固い）を称賛され、後宮に仕えて尚侍として内廷に活躍し、神護景雲二年（七六八）十月には正三位、宝亀九年八月には従二位まで昇った。

第七章　四子の学問と文学

1　四子の学問と詩歌

武智麻呂《むちまろ》が学問に対して専心的であって、息子の豊成《とよなり》や仲麻呂《なかまろ》の教育にも熱心であったことは既述したが、『武智麻呂伝』には、

武智麻呂の習宜別業

或時には披覧して夜を徹しぬ。（中略）三玄の意趣を尽す。（中略）（大宝）四年三月に、拝《め》されて大学助《だいがくのすけ》となる。（中略）碩学を招き、経史を講説せしむ。（中略）遠近の学者、雲のごとく集ひ星のごとく列なる。（中略）（慶雲）三年七月に、徙《うつ》りて大学頭《だいがくのかみ》と為る。公、屢《しばしば》学官に入り、儒生を聚集《つど》へ、詩書を吟詠し、礼易《れいえき》を披玩《ひがん》す。学校を揄揚し、子衿《しきん》を訓導す。（中略）和銅元年三月に、図書頭《ずしょのかみ》に遷り、（中略）図書・経籍《きょうじゃく》を検校《かんが》ふ。先に壬申の年の乱離より已来《このかた》、官書は或は巻の軸零落《お》

ち、或は部の帙《ちつ》欠《か》少けたり。公、爰《ここ》に奏し請ひて、民間を尋ね訪ひ、写し取りて満て足《たら》はす。（中略）季秋に至れば、毎《つね》に文人才子と、習宜《すげ》の別業に集ひて、文の会を申《かさ》ぬ。時の学者、競ひて坐に預らむと欲《おも》ふ。名けて龍門《りょうもん》点額と曰ふ。

ともみえている。武智麻呂は若い時から夜を徹して書籍に馴染み、三玄つまり『荘子《そうじ》』『老子』『周《しゅう》易《えき》』の趣旨を理解したという。そして慶雲元年（大宝四・七〇四）三月に大学助になると、碩学を招いて講義を行い、大学を充実させている。

慶雲三年七月に大学頭に昇任すると、学者を聚集して『詩経《しきょう》』『書経《しょきょう》』や『礼記《らいき》』『易経《えききょう》』などを講読させて、学生を訓導したのである。武智麻呂の前後で大学頭に任じた者をあげると、楽浪河《さざなみのこう》内《ち》は百済から渡来した文章博士《もんじょうのはかせ》、山田三方《やまだのみかた》は入唐《にっとう》経験のある文章博士、調老人《つきのおきな》は大宝律令撰定者の一人で明経博士《みょうぎょうのはかせ》、箭集虫麻呂《やずめのむしまろ》と塩屋古麻呂《しおやのこまろ》は養老律令撰定者で明法博士《みょうぼうのはかせ》、ともに当代の錚々たる学者である。このことからしても武智麻呂の学識のほどが知られる（岸、一九六六）。

また和銅元年（慶雲五・七〇八）三月に図書頭に遷任すると、壬申の争乱以来、図書寮の図書（『河《か》図《と》』『洛書《らくしょ》』）や儒教の古典である経籍が散失していたのを書写して、充実・整備したというのである。

このような武智麻呂であっただけに、大納言となった天平元年（神亀六・七二九）を過ぎた頃から、毎年九月になると習宜の別業に文人や才子らを集めて、文学の集会を開いていたが、当時の学者は競ってこの文学の集会への参加を希望したことから、龍門点額と称されたというのである。これは朝廷

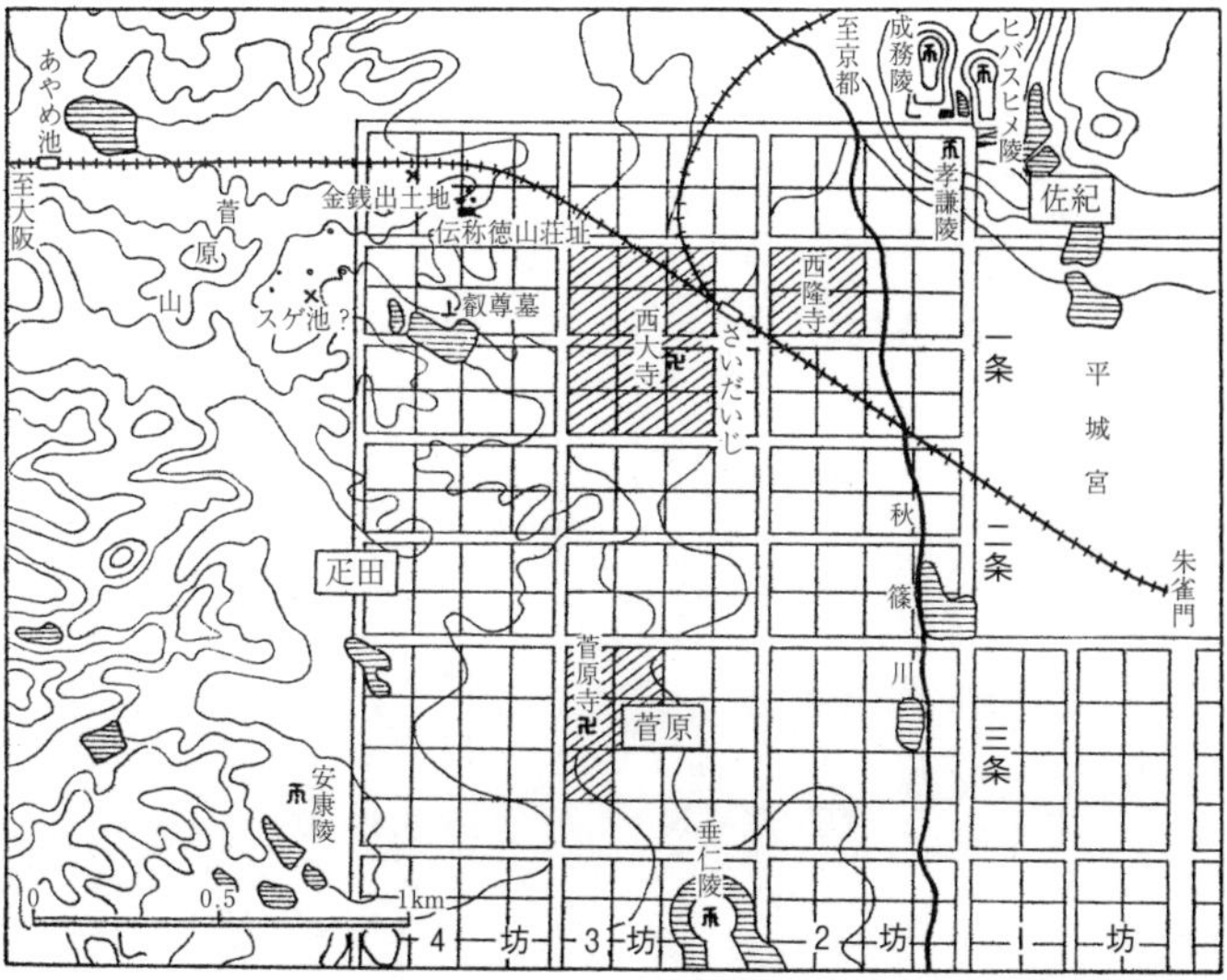

習宜別業付近要図（岸，1966より）

でも学問を重視する傾向が高まりつつあり、また『懐風藻《かいふうそう》』に収められた詩文から長屋《ながや》王《おう》の私邸である作宝楼《さほのろう》で盛大な詩苑が開かれていたことがわかることから、これに影響をうけたということもあったのかもしれないが、やはりそのもととなるところは武智麻呂が個人的にも学問に熱心であったからであろう。

さて、この武智麻呂の習宜別業、左京の私第と違って何処にあったのだろうか。岸俊男氏の研究（岸、一九六六）に拠って簡潔に述べてみる。

岸氏は、習宜は地名であり、『法隆寺伽《ほうりゅうじが》藍縁起《らんえんぎ》并《ならびに》流記《るき》資財帳《しざいちょう》』に習宜池というのが添下郡《そうのしもぐん》菅原郷にみえることから、右京三条三坊にある菅原寺より以西の京外の丘陵地帯をふくむ地域にあったと推察している。そして、永仁六年（一二九八）の『西大寺三宝料田園目録』に、「スケノ池…石塔院ノ西谷也」とあるのをみつけられ、叡尊の墓所である石塔院の西の谷あたりにスケノ池、習宜池があって習宜の地もこの付近であるとされた。

さらに岸氏はこれに加えて、叡尊の墓所の西大寺奥院の北北西約二〇〇メートル先に称徳天皇の山荘跡と伝える遺跡があるが、この山荘がもとは武智麻呂の習宜別業ではなかったかと憶測されている。

房前の詩作

房前《ふささき》の詩作は、『懐風藻』に「贈正一位左大臣藤原朝臣総前」として、①「五言、七夕」、②「五言、秋日長王が宅にして新羅の客を宴す」、③「五言、宴に侍す」の三首がみえている。

①帝里初涼至り、神衿《しんきん》早秋を翫《はや》したまふ。瓊筵《けいえん》雅藻を振ひ、金閣良遊を啓《ひら》く。鳳駕雲路に飛び、龍車漢流を越ゆ。神仙の會《あい》を知らまく欲《ほ》りせば、青鳥瓊楼《けいろう》に入るといふことを。

②職貢梯航の使、此より三韓に及《いた》る。岐路衿《くび》を分つこと易《やす》く、琴樽《きんそん》膝を促《しじ》むること難《かた》し。山中猿吟断え、葉裏蟬音《せんいん》寒し。贈別に言語無し、愁情幾萬端ぞ。

③聖教千禩《せんし》を越え、英聲九垠《きゅうぎん》に満つ。無為にして自らに無事、垂拱《すいきょう》して労塵勿《な》し。斜暉蘭《しゃきらん》を照らして麗しく、和風物を扇ぎて新し。花樹一嶺に開き、絲柳三春に飄《ひるがえ》る。錯繆殷湯《さくびょういんとう》の網、繽紛《ひんぷん》周池の蘋《みくさ》。枻《ふなだな》を鼓《う》ちて南浦に遊び、筵を肆《の》べて東濱に楽しぶ。

①は、四句まで地上・宮中の詩会を述べ、五・六句でわずかに七夕をえがく。相当立派な腕前であるとの見方もあるが（林、一九五八）、三・四句はもう少し吟味してもよく、形式的になりすぎているとの評がある（江口、二〇〇〇）。②は、長屋王の邸宅で、神亀三年（七二六）五月に来日した新羅使を歓送する宴（林、一九五八）での一〇首のうちの詩作である。この一〇首の作者のうち、長屋王以外の公卿は参議の房前と阿倍広庭《あべのひろにわ》だけで、それ以外は学者が多いのに特徴がある。公卿の三首のうちではもっともわかりやすく現実的な詩作である。七・八句の情などみるべきであるとする（江口、二〇〇〇）、納得できる佳作である。③は、一・二句にみえるように現状の讃歌で、ちょっと佶屈《きっくつ》（堅苦しい）感があり、五句から八句までは景を叙べて、そこに個性がみられる（江口、二〇〇〇）が、平凡であって、面白みがない印象が強い。

宇合の詩歌と棗賦

宇合《うまかい》は『尊卑分脈《そんぴぶんみゃく》』が、「特に心を文藻に留む」と記すように、文学的な才能があり、また関心も深く、詩集二巻があったことがわかっている。その意図について、辰巳正明氏は「士大夫の志をのべることにあった」とされている（辰巳、一九九四）。この日本はじめての詩の別集は、名もふくめて伝存しておらず、宇合の詩作はわずか六首が残存しているにすぎない。宇合には、ほかに類書である『芸文類聚《げいもんるいじゅう》』『初学記《しょがくき》』などを利用した「棗賦」が残るが、これらの歌をふくめての幾十首が宇合の詩集を形成していたものと推定されている（小島、一九六二）。

宇合の六首とは、①「五言、暮春南池に曲宴す」、②「七言、常陸に在るときに、倭判官が留りて京に在《いま》すに贈る」、③「七言、秋日左僕《さぼくや》射長王が宅にして宴す」、④「五言、不遇を悲しぶ」、⑤「五言、吉野川に遊ぶ」、⑥「五言、西海道《さいかいどう》節度使を奉ずる作」である。この詩作に通じるテーマは友人である。①では「翰《ふみて》を染《そ》むる良友、数竹林に過ぎぬあり。弟《おと》と為り兄《せ》と為り」とあるし、②に「僕と明公と、言を忘るること歳久し。義は伐木に存り」など、詩文をよくする友人は七人ほどであるが、みな兄弟のような関係だと述べ、その交際は長くその親密さは『詩経』伐木篇にみえるように深いものであるという。

それでは、少し長いが②を掲出してみよう。

我弱冠王事に従ひしより、風塵歳月曾《かつ》て休まず。帷《とばり》を褰《かか》げて独り坐《い》る辺亭の夕、榻《しじ》を懸けて長く悲しぶ揺落の秋。琴瑟《きんしつ》の交遠く相阻《へだた》り、芝蘭の契接《ちかず》くに由《すべ》も無し。由も無ければ何にか見《あわ》む李と郭と、別有れば何にか逢はむ逵《き》と猷と。心を馳せて悵望《なが》む白雲の天、語を寄せて徘徊《たもとお》る明月の前。日下に皇都君は玉を抱き、雲端の辺国我は絃《こと》を調ふ。清絃化に入りて三歳を経、美玉光を韜《つつ》みて幾年をか度《わた》る。知己逢ふことの難き今のみに匪《あら》ず、忘言遇ふことの罕《まれ》らなる従来然《むかしよりしか》にあり。為に期《ねが》ふ風霜の触るることを怕《おそ》れず、猶し巌心松柏の堅きに似むことを。

ここでも「知己逢ふことの難き今のみに匪ず、忘言遇ふことの罕らなる従来然にあり。為に期ふ風霜の触るることを怕れず、猶し巌心松柏の堅きに似むことを」と記して、友人に会えないのは今日だけのことではない。昔からのことだからこそ、巌や松柏のような堅い意気投合する友人にめぐり会いたいのだといっている。

この詩作は、不遇な友人大和長岡《やまとのながおか》を励ます友情の詩、また宇合自身の不遇をも表白したもの（井実、一九九五）、長岡の愚痴への返事（胡、二〇〇二）、長岡に会えない境遇への孤独感と悲哀感を描いたもの（土佐、二〇〇八）とかいわれるが、「月並みな讃辞ではなく、平素の心境を述べたもの、ようやく個性的な作品に接する思いである。序も立派なものである」（江口、二〇〇〇）との評価もあるように、六首のなかでは秀作であると思う。林古渓も、「詩の法は、十八句五節であって、韻が二度換ってゐる。この仕方は集中初めてである。宇合の才気と、学問とを想像することが出来る」（林、一九五八）とし、江口孝夫氏もかさねて「序もすばらしいが、この詩はより要点のみを手際よく歌っている。朗誦し高吟するに足るものである」（江口、二〇〇〇）という。また胡氏も、楽府《がふ》的手法を意図的に用いて、「一篇の詩作に交友ないし世間・人事にまで及ぶこれだけの内容を盛り込んだ作品は、懐風藻の中で他に類を見ないばかりでなく、これこそ述志の文学といっても過言ではあるまい」と評価される（胡、二〇〇二）。『懐風藻』作者は二首〜三首を採るのが例であるが、六首も採っているところに宇合の文才を認めることができる。

しかし、このような宇合にも苦衷はある。④の「学は東方朔《とうぼうさく》に類ひ、年は朱買臣《しゅばいしん》に余る。二毛已に富めりと雖も、萬巻徒然《いたずら》に貧し」は、五〇歳でやっと立身した東方朔より年長となり、頭髪は白髪まじりとなったが、ただ万巻を抱くだけで貧乏のままだと不遇を叙べる歌だが、これは四四歳で没した宇合が自身を歌ったものではなく、「門地にすぐれ、出世の早かった宇合が、能力を持ちながらも栄進できずに節を守っていた友に、同情し、いつか感情移入となって生まれた歌である」と理解する（江口、二〇〇〇）のもある。「諸役にしばしば転じている宇合としては、それを不遇と見做したものとみて差し支えがなかろう」（小島、一九六二）とするのが適切な判断のような気がする。

②と④について述べたが、ここで留意したいのは②の「我弱冠王事に従ひしより、風塵歳月曾て休まず」の歌いだしの文言である。「弱冠」とは二〇歳のことであるから、「王事」とはつまり二三歳で遣唐副使に任じたことだと理解されるが、二〇歳の頃には麻呂が美濃介に任じたのと同じように国司の一員として地方へと赴任していたはずであり、「王事」とは国司であるとする見解もある（金井、一九八四ii）。

しかし、この見解には諾うことはできない。「王事」との語句は、『続日本紀《しょくにほんぎ》』にはみえないが、『令義解《りょうのぎげ》』には「田令」・「選叙令」・「喪葬令《そうそうりょう》」などにみえており、日本思想大系『律令』は「天皇の命によること」と注記している。けれども、『令集解《りょうのしゅうげ》』田令王事条にみえる「凡そ王事に因りて、外蕃《げばん》に没落《もちらく》して還らざらむ」との令条を、諸説は険難に遭って外蕃に死せば諸蕃使も該当すると解釈していることを考慮すれば、遣唐使と理解しても矛盾しないように思える。中国清朝の顧炎武《こえんぶ》が古代から明代までのことを扱った『日知録』には、「凡そ大国に交はりての朝聘《ちょうへい》会盟征伐のこと、これを王事と謂ふ。その国のこと、これを政事と謂ふ」とみえていることから、朝聘つまり遣唐使のことを指していると理解してよい。

また④の「学は東方朔に類ひ、年は朱買臣に余る。二毛已に富めりと雖も、萬巻徒然に貧し」であるが、これは『駱賓王集《らくひんおうしゅう》』巻五の「詠懐古意上裴侍郎」の一文である「三十二餘罷、鬢是潘安仁《はんあんじん》、四十九仍入、年非朱買臣」に類似する。このことから、『駱賓王集』は宇合が唐土で見出して持ち帰ったとの説（井実、一九九五）もある。

⑥の「五言、西海道節度使を奉ずる作」は、「冗漫な語がなく、心情もよく表われている詩である」（江口、二〇〇〇）といわれる、

往歳《いにしとし》は東山の役《えだち》、今年は西海の行《たび》、行人一生の裏《うち》、幾度か辺兵に倦《う》まむ。

というもので、「以前は征夷持節大使として東山道の軍役に従事し、今年は西海道節度使として九州に赴任する。彷徨するような自分は、一生のうちで何度辺境の兵士となれば良いのか、倦みあきるのである」と歌っているのを知れば、前述の④の歌は自身の心裏とはかけ離れたものではないように思う。

このように宇合の『懐風藻』所収歌の②などは、国事に翻弄されて今日も暮れゆく異国の土地で独り徒に年月のみが過ぎ去ってゆくことを嘆いており、そこには華やかさとはうらはらの寂寥の世界が歌われている（村瀬、一九七三）。この我が身の不遇を嘆く心と、辺境での孤独な体験は、宇合を心の内面の個我の世界に向かわせる契機となった（服部、一九六七）という理解もあるが、まずは宇合の漢詩世界だけのことであろうと理解すべきだと思う。

③「七言、秋日左僕射長王が宅にして宴す」の歌も、宇合がのちに長屋王を自殺に追いこむことを考えれば、この交遊は宇合にとって苦衷なものになったと思うむきもあるが、詩宴への参加自体にはそのような政治的な立場をあまり考慮する必要はない。

そして、宇合には『経国集《けいこくしゅう》』巻一にみえる「棗賦」がある。次に宇合の「棗賦」について、松浦友久・東野治之氏の業績に拠りながら略述してゆこう。

『楚辞《そじ》』に始まる「賦」形式の作品は、後漢末までは文学の主流であって、『懐風藻』に始まる「詩」とは別に、どのような形で我が国に享受され再生産されていったかは興味あるテーマだが、その意味で現存するなかで最古といわれる宇合の二〇〇文字ほどの「棗賦」は、我が国文学史上貴重なものといってよい。宇合が、なぜ中国ほど日本では一般的な植物でない棗をテーマとしたかであるが、これは宇合が書籍によって知りえた中国的な要素に触発された結果であると考えられる。

ところで「棗賦」本文の内容であるが、四つの傍句をのぞいてすべてが対句で構成され、対偶表現に重点を置く駢賦として、かなり純度の高いものとの評価がある（松浦、一九六三）。この「棗賦」の素材源は、松浦氏の研究によって、類書と比較対照して『芸文類聚』と『初学記』共通の記事がもっとも多いことが指摘されている。その点で「棗賦」は、こうした類書利用の典型的な賦であり、漢文を創作する場合に類書を利用するという基本的なスタイルが、最初の賦である「棗賦」にすでにみられるということにも注目される。

さて、この宇合の「棗賦」はいつ作られたのであろうか。以前からは『続日本紀』神亀三年（七二六）九月庚寅（十五日）条に、内裏に「玉棗《しば》」が生えたので、聖武天皇《しょうむてんのう》は朝野の道俗らに「玉棗」の詩賦を作るように命じ、同月壬寅（二十七日）条には文人一一二人が詩賦を上《たてまつ》り、それを評価して一等には絁《あしぎぬ》二〇疋・綿三〇屯・布三〇端などが贈られ、二等から四等と不第までにも禄を賜わっていることがみえていることから、宇合の「棗賦」はこの時の作ではないかとされてきている（東野、一九七三）。賦中に、

…特にあるは西母が玉棗、麗しきは成王が圭桐、何《なんとなれば》則ち、深居を卜《うら》へて紫禁に栄《は》え、盤根を移して彤庭《とうてい》に茂し。地養の淳渥を飡《くら》ひ、天生の異霊を稟《う》く。金闕に依りて彩を播《ほどこ》し、玉管に随ひて形を流《し》く。本枝を百卉《ひゃくき》に固くし、声誉を千齢に植うればなり。

とあることを思えば疑いがない。

また『経国集』の目録には、「従三位勲二等行式部卿藤原朝臣宇合」とあり、この位署にあたる期間が神亀二年閏正月から天平六年（七三四）正月までであって、このことと矛盾しないことも神亀三年九月創作説の傍証となっている。

しかし、松浦氏は「棗賦」の素材となっている『初学記』が奏上されたのは唐の開元十五年（七二七）、わが国の神亀四年であり、天平七年三月帰国の遣唐使によって将来されたであろうことから、同七年四月から宇合の没した同九年八月までの二年間に作られた可能性が高いとされる。そして、盛

唐の新資料の『初学記』を活用していることは、そこに収められた「棗賦」の形式に興味をひかれ、従来の基本テキスト『芸文類聚』の素材に併せて「自らの棗賦」を試みたというのは、創作心理の自然な発展であるとされ、『初学記』を手にして一年以内の同八年春までには完成していたと主張されている（松浦、一九六三）。

これに対して、東野氏は目録の官位は作品制作時に関係させて理解するのが素直であり、「棗賦」は神亀二年閏正月から天平三年八月頃のあいだになったものと推定する。ところが、このように考えると、松浦氏の主張されるように『初学記』がまだ将来されておらず、宇合が看見する機会がなかったということが問題となる。

この点について東野氏は、『初学記』にみえる記事は宋代の『太平御覧《たいへいぎょらん》』にもみえるが、この『太平御覧』は『修文殿御覧《しゅうぶんでんぎょらん》』を藍本《らんぽん》としていることから、この『初学記』の記事は『修文殿御覧』にもあった可能性が高く、宇合が『修文殿御覧』を参照して棗賦を作ったことは否定できないことから、やはり作成時は神亀二年閏正月から天平三年八月頃で問題ないとしている（東野、一九七三）。この記事が『修文殿御覧』に掲載されていた確証はないが、蓋然性は少なくない。

宇合の詩賦について概述してきたが、これを適切に評価されているのが中西進氏である。中西氏は、宇合は遣唐副使として盛唐の新しい詩風をもたらし、その詩賦は題材の種類の多さ、自由さで天平詩の革新的な進展といってよく、詩序という散文や七言の詩、一二句という長い詩など、この詩の新しさは宇合という俊英の貴公子をピークとしてあらわれたものであるとして、宇合を高く評価している

（中西、一九六八）。

麻呂と『懐風藻』

麻呂は、『懐風藻』には「萬里」とあって、①「五言、暮春弟が園地にして置酒す」、②③「五言、神納言《しんのなごん》が墟《きょ》を過ぐ（二首）」、④「五言、仲秋釈奠《せきてん》」、⑤「五言、吉野川に遊ぶ」の五首がある。①は「弟が園地にして」とあることから麻呂が兄弟の、歌中に「良節の已に暮るるに乗りて、昆弟の芳筵を尋ぬ」とあるから、たぶん宇合の酒宴でのものであろう。

この詩で麻呂は自身のことを、

僕《われ》は聖代の狂生ぞ。直《ただ》に風月を以ちて情と為し、魚鳥を翫《もてあそびもの》と為す。名を貪り利を狥《もと》むることは、未だ冲襟《ちゅうきん》に適《かな》はず。…軒冕《けんべん》の身を栄えしむることを慮《おもいはか》らず、徒《ただ》に泉石の性を楽しばしむることを知るのみ。

と詠んでいる。自分は聖代の狂気の学生であるという。そして、山水池園の風景・自然を相手に過ごすことが自分の楽しみであり、名利を欲することや、ましてや高貴な官職につき栄進するなどのことは考えないというのである。狂生という風雅は、あるいは政治からの韜晦《とうかい》としての、もう一つの麻呂の立場を示しているのかもしれない（辰巳、一九九四）。

そして麻呂は、②では「君道誰か易《やす》きと云ふ、臣義本自難《もとよりかた》し」と、君主の道の容易でないこと、臣下の勤めはさらにむずかしいことを述べている。また①で「我が麤疎《そそ》あることを知れと」として、自分の行為に粗漏のあることを自認する。①について、林古渓は、老荘放達の気にみち、その身分を失ったようで、兵部卿麻呂の詩としては甚だよろしくないといわれる（林、一九五八）。確かに『尊卑分脈』の「麿卿伝」にも、常に「上には聖主有りて、下には賢臣有り。僕のごときは何を為さむや。なお琴酒を事とするのみ」と語っていたとあるから林のいうような気風が感じられる。一方で、江口氏は人間性を表現することに文学は帰着するのであるから、この詩も麻呂の一面として尊重すべきだといわれる（江口、二〇〇〇）。

しかし、①にもみられるように、麻呂の詩作には宇合の影響が色濃くあるように思われるし、当時の詩作のスタイルから考えて、麻呂が表現どおりの人間であったと理解するのは早計であると思う。さりとて詩作の全てが虚構と片づけることもできない。この権勢欲もなく上昇志向もない自虐的とも思われる性格には、たぶん麻呂自身の出生が大きく影響している。

麻呂の生母である藤原《ふじわらの》五百重《いおえの》娘《いらつめ》は、天武天皇に嫁して新田部《にいたべ》親王《しんのう》を生みながら、天武天皇の没後には異母兄の不比等《ふひと》とのあいだに麻呂を生んでいる。『尊卑分脈』は「不比等と密通し、麻呂卿を生ましむ」と、麻呂を密通の子と記す。これは事実ではないが、八世紀初頭に大宝律令を施行するなど、中国の儒教思想が急速に広まりつつあった天平時代に異母兄妹を父母とすることは、麻呂には終生の重荷になっていたのではないだろうか。

2　四子の倭歌

房前と長屋王・大伴旅人

まず房前の倭歌に触れるまえに、誰もがもつ疑問について考えておく。それは房前・宇合・麻呂にはいずれも詩賦や倭歌が伝わっているのに、武智麻呂のが一首もみえないことである。ただ、『万葉集』巻七・一一九四番歌～一一九五番歌、一二一八番歌～一二二二番歌は、「藤原卿作」とあって、これが武智麻呂だとする解釈もある。不比等説（伊藤、一九九六）、麻呂説（武田、一九五六・澤瀉、一九六〇）もあるが、多くは房前（東野他、一九九五）に擬しているから、武智麻呂と断定することはできない。

では、なぜ武智麻呂の詩賦・倭歌が伝わらないのか、文才がなかった（高橋、一九七〇ii）との説もあるが、大学助・大学頭・図書頭などを歴任し、習宜別業に文学の集会を開いたりしているから文才がなかったということはない。詩賦・倭歌を作らなかったのか、作ったが散失したのか、『懐風藻』『万葉集』に採られなかったのか、このような理由が考えられる。山野清二郎氏は房前ら三弟の歌が伝存し、『懐風藻』が二男仲麻呂の権勢盛んな時に成立していることから考えると、作らなかった可能性が高く、その理由として武智麻呂は詩宴グループでの作詩の場を共有しなかったのではないかと説かれているが（山野、一九七五）、これとても素直に納得する気にはなれない。後考をまつしかない。

それでは房前の倭歌に移るが、まず著名なのは第四章第3節でも少し触れたが、九州にあった大《おお》伴旅人《とものたびと》から、天平元年（神亀六・七二九）十月七日に梧桐《ごとう》の日本琴《やまとごと》一面を謹呈された時に付された歌への返歌である。夢見の旅人に琴が語った「いつになったら、この音を聞いてくださる方の膝を枕にできるのだろうか」との願いをうけて旅人は「言問はぬ　木にはありとも　愛《うるわ》しき　君が手馴《たな》れの琴にしあるべし」（素晴らしいお方のご寵愛を受ける琴に違いなかろう）との歌を添えて、日本琴を「中衛高明閤下」房前に献上したのである。

このことは『万葉集』巻五・八一〇番歌〜八一一番歌にみえており、大伴旅人からの献上をうけた房前は、天平元年十一月八日に「言問はぬ　木にもありとも　我が背子が　手馴れの御琴　地《つち》に置かめやも」との歌とともに、

跪《ひざまづ》きて芳音を承り、嘉懽《かかん》交《こもごも》深し。乃《すなわ》ち竜門の恩、また蓬身《ほうしん》の上に厚きことを知りぬ。恋望の殊念は、常の心の百倍なり。謹みて白雲の什《じゅう》に和《こた》へて、野鄙《やひ》の歌を奏す。房前謹状す。

［謹んでお手紙を賜り、幸いと喜びが共に深くて感激いたしております。そこで琴をお贈りくださったご恩が、またさらにこの卑しい我が身の上に厚いことを知りました。お目にかかりたさ、常日ごろの百倍です。遙か白雲の立つ筑紫の方から届いたお歌に謹んで唱和し、拙い歌をお目にかけます。房前謹んで申し上げます」（東野他、一九九五）

との返書を還使の大宰大監《だざいのだいげん》に託して届けている。

これについて、儀礼的な返書および返歌であって冷淡な態度があらわれている（武田、一九五七）、慣用的語句を連ね、儀礼的に謝辞を述べたに過ぎず、大伴旅人苦心の作に対する応返としてはそっけないとの評価がある。

大伴旅人が房前に日本琴と書簡を贈った趣旨について、長屋王の変事を契機とした藤原氏への全面降伏だとか、帰京と昇任を願った追従、中務卿《なかつかさきょう》任官への祝いだとか、朋友の旅人が清雅な遊びをもって房前を慰めた、方外の士たろうとする私的な感懐をこめた長屋王への追悼を意味するとの理解などわかれる。これに関して先考を論評して史的な関心をも視野に入れて詳考したものに梶川信行氏の論考（梶川、一九八六）がある。梶川氏は、長屋王の変以後八カ月もたって朝集使として上京する大宰大監大伴百代《おおとものももよ》に託したものであることからして、一つには純粋な意味での帰京願望があったとされている。

これ以外に、前述した巻七に収める七首を詠んだ「藤原卿」を房前にあてる説がある。しかし、これも「確証のあることではない」（伊藤、一九九六）ことから、ここでは触れない。

宇合の倭歌と『常陸国風土記』

宇合の倭歌としては『万葉集』に数首がみえている。まず『万葉集』巻一・七二番歌であるが、これは「（右一首、）式部卿藤原宇合」が、大行天皇《だいぎょうてんのう》である文武天《もんむてん》皇《のう》が難波宮に行幸した時に詠んだとされるものである。文武天皇の難波行幸は、文武天皇三年（六九九）正月と、慶雲三年（七〇六）九月の二回行われているが、宇合が持統天皇八年（六九四）生まれであることを考えれば、慶雲三年であるとしても一三歳で歌ったことになる。この点については、かつて詳細に論じたことがあるが、この七二番歌が宇合のものであるかは疑問である（木本、一九九九i）。

宇合の作詩が確実なのは、巻三・三一二番歌の「式部卿藤原宇合卿、難波の都を改め造らしめらる時に作る歌」の「昔こそ　難波田舎と　言はれけめ　今は都引き　都びにけり」である。「昔には難波は田舎と言われたものだが、今は都らしくなったものだ」というものである。宇合は神亀三年（七二六）十月に知造難波宮事《ちぞうなにわくうじ》に任じられている。造営工事は天平四年（七三二）三月まで続き、同六年九月に宅地班給しているから、この頃の作歌であろうと思うが、予祝の歌とみて神亀三年十月の作歌とする見解もある（伊藤、一九九六）。

巻八・一五三五番歌は「藤原宇合卿の歌一首」との題詞で、「我が背子を　何時ぞ今かと　待つなへに　面やは見えむ　秋の風吹く」との歌である。女の立場で男を待つ歌だが、秋風の音づれに、待つ男の来訪を確信したものとの考えもあり（東野他、一九九五）、決して希望的なものではなく焦慮と不安を詠んだところに特徴があるとの理解もある（伊藤他、一九九三）。

次の宇合の歌は、山科などを詠んだ次掲の『万葉集』巻九・一七二九番歌〜一七三一番歌の「宇合卿の歌三首」で、もとは高橋虫麻呂《たかはしのむしまろ》集歌であったらしいが、作歌時は明確でない。

暁《あかとき》の　夢に見えつつ　梶島の　磯越す波の　しきてし思ほゆ
山科の　石田《いわた》の小野の　ははそ原　見つつか君が　山道《やまじ》越ゆらむ
山科の　石田の社に　幣《ぬさ》置かば　けだし我妹《わぎも》に　直《ただ》に逢はむかも

一七二九番歌の梶島は、丹後・筑紫・近江、そして愛知県幡豆郡《はづぐん》吉良町宮崎の岬に近い小島だとする見解もあるが（東野他、一九九五）、確説ではなく不詳。後者の二首は山科の石田を詠んだもので、近江国への道筋にあたる。石田の社はいまの京都市伏見区石田森の田中明神（現在の天穂日命神社）かといわれ、旅先の夫を思う妻の立場、前歌をうけて旅行く夫の立場で、旅の宴席の座興で歌ったものらしい（伊藤、一九九六）。

この五首以外に宇合に関する歌とすれば、天平四年に宇合が西海道節度使に派遣される時に、高橋虫麻呂が作った歌である巻六・九七一番歌～九七二番歌と、聖武天皇が「酒を節度使の卿等に賜ふ」時に詠んだ九七三番歌～九七四番歌の四首である。九七三番歌は「節度使の卿等に」とあるから、宇合と同日に任じられた東海・東山道節度使の藤原房前や山陰道節度使の多治比県守《たじひのあがたもり》らに対するものでもあると思われるが、大宰府を想定させる「食《お》す国の　遠の朝廷《みかど》に」とあることや、巻五・七九四番歌に「大君の　遠の朝廷と　しらぬひ　筑紫の国に」とあることからしても宇合を意識していたことは疑いえない。

石田の森の天穂日命神社

また巻六・九七一番歌は、高橋虫麻呂が「竜田の山が露霜で色づく時に越えて筑紫に下向し、そして西海道の現状をご覧になるのでしょうが、春になったら飛ぶ鳥のように帰京してください。竜田道の岡辺の道に赤いつつじや桜が咲く時には迎えに行きましょう」との内容である。

そして、九七二番歌の反歌は、「千万《ちよろず》の　軍《いくさ》なりとも　言挙《ことあ》げせず　取りて来ぬべき　士《おのこ》とぞ思ふ」というもので、宇合が持節大将軍（持節大使・征夷持節大使）となって征夷に功績を挙げ、『尊卑分脈』の「宇合卿伝」に「軍国の務めを経営す」とあることを併考すると首肯される歌ともいえる。この歌は九七三番歌のような儀礼の場で歌われたものではなく、宇合のみを送別する私的な宴席などで朗詠されたものであろう（金井、一九七八ⅰ）。

宇合と高橋虫麻呂の関係は、宇合の常陸守時代に虫麻呂が下僚であった時以来のもので、虫麻呂の作に漢籍的表現の多いのは宇合の影響によるものとの成果もある（金井、一九七八ⅱ）。

また宇合の編に「古集」なるものがあるとの説がある。「古集」は、『万葉集』編纂資料の一つであるといわれる。それは巻七・一一六一番歌から一二四六番歌までのうち、人麻呂歌集所出歌をのぞく羈旅《きりょ》作という項目に含まれる歌が、「右の件の歌は、古集の中に出でたり」とあって、「古集」から用いられたものとされることからである。ただ、その対象歌が一一九六番歌以下の三六首（東野他、一九九五・佐竹他、二〇〇〇）、一一三〇番歌以下の一一七首とする理解もあり（伊藤、一九九六）わかれる。そして『万葉集』には「古歌集」というのもみえるが、これが「古集」と同じとする説もあるし、別の歌集とする見解もあって定まらない。

「古集」が宇合の編か、また高市黒人《たけちのくろひと》の編との主張もあるが、村瀬憲夫氏は「古集」に人麻呂歌集が含まれることを念頭に、宇合の歌には人麻呂歌集の歌が類歌として存在することから、宇合は人麻呂歌集に学んで歌を作っていたことが想像されるし、「古集」所収歌の制作時期の中心が万葉第三期であることに留意すると、第二期に活躍した高市黒人よりも第三期に活躍した宇合が編纂者として年代的に適うとされる（村瀬、一九七七）が、さらなる検証が求められる。

さて、宇合の倭歌とは直接関係しないが、彼には『常陸国風土記《ふどき》』や九州風土記の撰述に携わったとの事実がある。先考によってこの点にも触れておこう。

宇合の風土記撰述について、まず本格的に論じたのは秋本吉郎氏であろう（秋本、一九五五）。秋本氏は、出雲・播磨など国ごとに編述方針が異なる風土記が、九州にかぎり統一的な編述方針であるのは大宰府の指示によるものであり、この編述方針が常陸国と近似していると指摘する。

加えて九州風土記には、筑前・筑後・肥前・肥後・豊前・豊後・日向・大隅・壱岐の八国一島のものが残る甲類と筑前・筑後・肥前・肥後の四カ国だけの存在が確認される乙類の二種類あるが、なかでも乙類は用字・修辞など外貌においても『常陸国風土記』と酷似するという。この隔絶した地域の風土記が類似近似するのは、常陸国庁と九州を統括する大宰府とに、類同した編述指令を出した者が存したからであり、その条件である常陸と大宰府の双方にわたって在任し、年代的条件に適う唯一の人物が宇合であるとされる。

そして、『常陸国風土記』は和銅六年（七一三）～養老二年（七一八）五月、九州風土記甲類は天平四年～同十一年・同十二年、九州風土記乙類は同四年以後の成立であるとして、宇合が同四年冬より一カ年ほど九州に在住しており、常陸国は養老三年正月以降の在住であるが、編述の完了は宇合着任後と考えれば年代的矛盾は解消するとされる。

また秋本氏は、宇合は風土記編述指令者としてだけではなく、自らも筆を執っており、国の地体の条・筑波峯之会の条・高濱の条などの駢儷《べんれい》的美的修辞な条文は、『懐風藻』『経国集』に収める宇合の賦詩などを考える時、宇合が記述した可能性が高いとされる。

この秋本氏の研究成果をうけて、井上辰雄氏は『常陸国風土記』の文章は、きわめて豊かな文飾で綴られた四六駢儷体だが、その用字は『懐風藻』に収める宇合の「五言、吉野川に遊ぶ」と類似して荘子の思想や『文選《もんぜん》』の影響が著しいことを明示し（井上、一九八六）、増尾伸一郎氏も宇合は養老年間の後半を東国で過ごしたとみてよく、常陸守前任者の石川難波麻呂《いしかわのなにわまろ》による風土記初稿本へ校訂を加えて、常陸守在任中にはほぼ原撰本を撰録した可能性が高いと指摘している（増尾、一九九九）。

このようにしてみてくると、宇合の『懐風藻』『経国集』にみえる詩賦や『万葉集』にみえる倭歌、そして「古集」や常陸・九州の風土記撰述などのことを思えば、『尊卑分脈』の「宇合卿伝」にみえる「才は文武を兼ね」て、「翰墨の宗」と仰がれたということにも納得させられるのである。

麻呂と大伴坂上郎女

麻呂の倭歌については、大伴坂上郎女《おおとものさかのうえのいらつめ》との贈答歌が有名である。『万葉集』巻四・五二二番歌～五二四番歌の三首がそうである。以下に掲出する。

京職藤原大夫、大伴郎女に贈る歌三首、卿、諱《いみな》を麻呂といふ

娘子《おとめ》らが　玉櫛笥《たまくしげ》なる　玉櫛の　神さびけむも　妹に逢はずあれば
よく渡る　人は年にも　ありといふを　何時《いつ》の間にそも　我が恋ひにける
蒸し衾《ぶすま》　なごやが下に　臥せれども　妹とし寝ねば　肌し寒しも

大伴郎女の歌四首
佐保川の　小石踏み渡り　ぬばたまの　黒馬《くろま》の来夜《くよ》は　年にもあらぬか
千鳥鳴く　佐保の川瀬の　さざれ波　止む時もなし　我が恋ふらくは
来むと言ふも　来ぬ時あるを　来じと言ふを　来むとは待たじ　来じと言ふものを
千鳥鳴く　佐保の川門《かわと》の　瀬を広み　打橋渡す　汝《な》が来と思へば

右、郎女は佐保大納言卿の女《むすめ》なり。はじめ一品《いっぽん》穂積皇子《ほづみのみこ》に嫁ぎ、寵をかがふること類ひなし。しかくして皇子薨ぜし後時に、藤原麻呂大夫、郎女を娉《よば》ふ。郎女、坂上の里に家居す。仍りて族氏号《やからなず》けて坂上郎女といふ。

大伴坂上郎女は、左注に「佐保大納言卿の女なり」とあるから、大伴安麻呂《おおとものやすまろ》の娘で旅人の妹、大伴家持にとっては叔母にあたる。大伴坂上郎女と麻呂が親しくなったのは穂積親王が亡くなってからのこととある。穂積親王は霊亀元年（和銅八・七一五）七月に没しているから、もちろんこれ以降の麻呂が二〇歳を過ぎてからのことであるが、題詞に「京職藤原大夫、大伴郎女に贈る歌三首」とみえるから、麻呂の左右京職大夫任官の養老五年（七二一）六月より後のこと、麻呂の二七歳より以降のこととなる。

　しかし、養老五年以前とする説も尾山篤二郎氏以降根づよくある（尾山、一九四八）。例えば、橋本達雄氏は養老初年の作とみているし（橋本、一九九四）、伊藤博氏の『万葉集釋注』も長いが引くと「藤原麻呂が京職大夫になったのは養老五年（七二一）六月。前歌は養老四年暮れ頃の詠。これによれば、今の贈答は養老五年ということになる。しかし、これらの歌を贈られた大伴坂上郎女ははじめ天武天皇の子穂積皇子の寵を受け、和銅八年（七一五）七月に死別している。時に二〇歳ばかりであったらしく、養老六年頃に異母兄の大伴宿奈麻呂《おおとものすくなまろ》と結婚したと推定される。この贈答は、実際にはもう二、三年以前であったと見るのがおだやかであろう」とされる（伊藤、一九九六）。

　だが、そうすると養老五年六月以後の「京職藤原大夫」との題詞と矛盾するが、この「京職大夫」は後のことを表記したと理解することで解決をはかる。都合の良い考え方だが、このような論法で解決できるか問題である。巻四の成立は以前に論じたことがあるように、麻呂の死後二十年以上をへた天平宝字二年（七五八）八月以降の可能性が高い（木本、一九八七）ことから、もし後の官職を表記するならば、なぜ極官《ごっかん》の参議・兵部卿でなく京職大夫なのだろうかという疑問が湧く。成立は天平宝字二年八月以降だが、その時に参考とした歌の資料が、麻呂が京職大夫を帯任していた時にメモしたもので「京職藤原大夫」とあったのかもしれないということも考えられなくもない。

　基本的には、養老五年以降、『続日本紀』に兵部卿帯任が確認できる天平三年（七三一）八月以前であると考えてよいと思うが、上記の『万葉集釋注』がいうように大伴坂上郎女と異母兄の大伴宿奈麻呂との関係についても併考しなければならない。大伴坂上郎女は宿奈麻呂と二女をもうけていることが巻四・七五九番歌の左注から知られる。左注には、

右、田村大嬢と坂上大嬢とは、ともにこれ右大弁大伴宿奈麻呂卿の女なり。卿、田村の里に居れば、号けて田村大嬢といふ。ただし、妹坂上大嬢は、母が坂上の里に居れば、仍りて坂上大嬢といふ。

とある。

大伴宿奈麻呂との結婚が先か、麻呂の「娉ひ」が先か説はわかれる。久米常民氏は早くから前者の説を唱え（久米、一九七〇）、木下正俊氏の『万葉集全注』は、『万葉集新考』を引いて大伴家持の妻となった坂上大嬢の年恰好から推して、麻呂が娉う前に宿奈麻呂に嫁していたとする（伊藤他、一九八三）。また『新編日本古典文学全集』本も、宿奈麻呂との結婚が先のこととしている（東野他、一九九五）。

これに対して五味保義氏は後者、麻呂との交渉が先とし（五味、一九五四）、神堀忍氏はこの贈答歌直前の五二一番歌である「藤原宇合大夫、遷任して京に上る時に、常陸娘子《おとめ》が贈る歌」が養老五年秋七月中のことであると思われることを理由として、「五二二〜八の一群は、養老五年六月下旬に京職大夫に就任した麻呂が、その秋に坂上郎女に求婚した折の一連のものとみて差支えあるまい」（神堀、一九七三）とされる。

また遠藤宏氏は、大伴坂上郎女は神亀五年（七二八）頃以後には大宰府に下向していたろうから、それ以前であり、坂上大嬢が家持と交渉をもったのが天平五年で、この時坂上大嬢がこれに可能な年齢を考慮すると、養老五年六月以後であり、翌同六年にまで及んだか否かはきわどいと考えられる。そして同七年に大伴宿奈麻呂とのあいだに坂上大嬢が誕生したとして、大伴家持と交渉をもった天平五年は十一歳で、「若すぎるかもしれないが、辛うじて交渉は成り立ち得るのではないか」（遠藤、一九九七）とする。

しかし、これらは大伴坂上郎女と大伴宿奈麻呂・麻呂との交渉期間が重ならないことを前提としての立論であるが、それは確証のあることではない。さらに、この問題に論及したのが北野達氏で（北野、二〇〇四）、論証過程は省くが、北野氏は『続日本紀』天平元年八月五日の記事に「京職大夫従三位藤原朝臣麻呂」とあり、同三年八月十一日の記事に「兵部卿従三位藤原朝臣麿」とみえていることから、この間の以前をも念頭に入れつつ、この贈答歌の後の五三四番歌〜五三五番歌を詠んだ安貴王《あきおう》の事件が神亀元年（養老八・七二四）の頃と考えられることから、養老五年〜神亀元年のあいだのことであったとする。そして、この時には大伴坂上郎女は麻呂とほぼ同年の二七歳〜三〇歳で、すでに一女を持つ女であったとしている。そうすると先述のように宿奈麻呂、そして麻呂との交渉期間が交錯することになってやはり気になる。

だが、逢うこともなかった麻呂が大伴坂上郎女へ贈った挨拶歌と説く小野寺静子氏（小野寺、一九七二）、逢いにゆこうという積極的な表現がみられないとみる関本みや子氏（関本、一九八三）や、

「娉」とは婚姻以前の求婚段階を表すものであり、両者の婚姻は成就しなかったとする神堀忍氏（神堀、一九七三）、これを肯定する真下厚氏（真下、一九九八）、そして北野氏の麻呂と大伴坂上郎女の関係は正式な結婚というようなものではなく、恋愛関係に陥ったというに過ぎないとの主張もある（北野、二〇〇四）。そういうことであると、遠藤氏のように無理をして作歌時を詮索しなくともよくなる。

そして、北野氏の主張で注視すべきは、麻呂と大伴坂上郎女との関係について、麻呂が『懐風藻』所収歌にとりあげた嵇康《けいこう》は、大伴旅人の讃酒歌でおなじみの竹林の七賢人の一人であり、ここらあたりに麻呂と大伴坂上郎女の兄である旅人との精神的なつながりがあり、このことが二人の関係の派生に影響したのではないかとされることである。一考にあたいする見解だと思う。

勘案するに、前述したように麻呂の死後二〇年以上たった天平宝字二年八月以降の成立の可能性が高い巻四に、作歌時ではなく、もし後の官職を表記するならば、ふつうは「京職大夫」ではなく、極官の参議・兵部卿であろうという点を重視すれば、麻呂と大伴坂上郎女との贈答歌は、北野氏のいう「養老五年～神亀元年のあいだのこと」とするのがもっとも納得がゆくのである。

参考文献

笹山晴生他（新日本古典文学大系）『続日本紀』一～五、岩波書店、一九八九～一九九八
直木孝次郎他（東洋文庫）『続日本紀』1～4、平凡社、一九八六～一九九二
武田祐吉『増訂万葉集全註釋』三～一二、角川書店、一九五六～一九五七
澤瀉久孝『万葉集注釋』一～二〇、中央公論社、一九五七～一九六八
伊藤博他『万葉集全注』一～二〇、有斐閣、一九八三～二〇〇六
東野治之他（新編日本古典文学全集）『万葉集』1～4、小学館、一九九四～一九九六
伊藤博『万葉集釋注』一～一〇、集英社、一九九六～一九九八
佐竹昭宏他（新日本古典文学大系）『万葉集』二、岩波書店、二〇〇〇
杉本行夫『懐風藻』弘文堂、一九四三
林古渓『懐風藻新註』明治書院、一九五八
小島憲之（日本古典文学大系）『懐風藻』岩波書店、一九六四
江口孝夫（講談社学術文庫）『懐風藻』講談社、二〇〇〇
黒板勝美（新訂増補国史大系）『日本紀略』前篇、吉川弘文館、一九二九
黒板勝美（新訂増補国史大系）『尊卑分脈』吉川弘文館、一九六六
黒板勝美（新訂増補国史大系）『令集解』一・三、吉川弘文館、一九七二

黒板勝美（新訂増補国史大系）『令義解』吉川弘文館、一九七二
黒板勝美（新訂増補国史大系）『公卿補任』吉川弘文館、一九七四
井上光貞他（日本思想大系）『律令』岩波書店、一九七六
佐藤信他『歌経標式（注釈と研究）』桜楓社、一九九三
佐藤信他『藤氏家伝（注釈と研究）』吉川弘文館、一九九九
遠藤嘉基他（日本古典文学大系）『日本霊異記』岩波書店、一九六七
中田祝夫（講談社学術文庫）『日本霊異記』中、講談社、一九七九
竹内理三他『日本古代人名辞典』一〜七、吉川弘文館、一九五八〜一九七七

赤羽洋輔「奈良朝後期政治史に於ける藤原式家について（中）」『政治経済史学』四〇、一九六六
秋本吉郎「九州及び常陸風土記の編述と藤原宇合」『国語と国文学』三二―五、一九五五
浅野啓介「木簡が語る長屋王の変」『季刊考古学』一一二、二〇一〇
阿蘇瑞枝「長屋王の変」『古代史を彩る万葉の人々』笠間書院、一九七五
阿部猛「天応二年の氷上川継事件」『平安前期政治史の研究・新訂版』高科書店、一九九〇
五十嵐基善「天平期における節度使体制の軍事的意義について」『日本古代学』四、二〇一二
石井正敏『日本渤海関係史の研究』吉川弘文館、二〇〇一
井実充史「藤原宇合の不遇開陳の詩」『東洋文化』復刊七五、一九九五
磯崎茂佳「授刀舎人の特質」『首都大学東京（東京都立大学）・人文学報』四六〇、二〇一二
市大樹「大宝令施行直後の衛門府木簡群」『木簡研究』二九、二〇〇七
市大樹「『右大殿』付札考」『推論機能を有する木簡など出土文字資料の文字自動認識システムの開発』奈良文化

財研究所、二〇〇八
伊藤善允「天応元年六月の政変の意義」『政治経済史学』七四・七五、一九六九
稲光栄一「藤原広嗣の乱に関する一考察」『歴史教育』六―六、一九五八
井上薫「光明皇后と皇后宮職」『ヒストリア』二〇、一九五七
井上辰雄「『常陸国風土記』編纂と藤原氏」『古代中世の政治と地域社会』雄山閣出版、一九八六
井上辰雄「藤原不比等一族と田辺史」『史境』一八、一九八九
井上亘「光明立后の史的意義をめぐって」『学習院史学』三一、一九九三
井上亘「下座と動座」『続日本紀研究』二九一、一九九四
井上亘「参議朝政考」『日本古代朝政の研究』吉川弘文館、一九九八
茨木一成「式部卿の研究」『続日本紀研究』一〇―一一・一二、一九六三
荊木美行「九州風土記の編述について」『史料』一三七、一九九五
荊木美行『風土記逸文の文献学的研究』学校法人皇學館出版部、二〇〇二
荊木美行『風土記研究の諸問題』国書刊行会、二〇〇九
今泉隆雄「按察使制度の一考察」『国史談話会雑誌』一三、一九六九
井山温子「古代の『家』とその継承」『政治経済史学』三三八、一九九四
岩橋小弥太『上代官職制度の研究』吉川弘文館、一九六二
植垣節也「家伝と武智麻呂」『歴史教育』一五―四、一九六七
上田正昭『藤原不比等』朝日新聞社、一九八六
榎本淳一『唐王朝と古代日本』吉川弘文館、二〇〇八
榎本淳一「天平宝字元年十一月癸未勅の漢籍について」『史聚』四五、二〇一二

遠藤慶太「『家伝』『懐風藻』の典拠のこと」『日本歴史』七五九、二〇一一
遠藤慶太「議政官とヒメマチキミ」『史聚』四五、二〇一二
遠藤宏「最初期の大伴坂上郎女——藤原麻呂との贈答歌をめぐって」『国語と国文学』七四—四、一九九七
近江昌司「井上皇后事件と魘魅について」『天理大学学報』三九、一九六二
大久保あゆみ「聖武天皇の即位と左大臣長屋王」『政治経済史学』三七〇、一九九七
大友裕二「『藤原四子体制』の再検討」『皇學館論叢』四〇—三、二〇一〇
大友裕二「天平元年四月の礼式改変をめぐる覚書」『続日本紀研究』三九四、二〇一一
大野保「『宇合』年齢考」『早稲田大学国文学研究』五八、一九七六
大平敏之「『家伝』「武智麻呂伝」における藤原武智麻呂像」『大谷大学大学院研究紀要』二四、二〇〇七
大村峯司「中衛府成立の史的背景」『政治経済史学』三三・三四、一九六五
大森亮尚『日本の怨霊』平凡社、二〇〇七
大山誠一「所謂『長屋王家木簡』の再検討」『木簡研究』一一、一九八九
大山誠一「藤原房前没後の北家と長屋王家木簡」『日本歴史』五三四、一九九二
大山誠一『長屋王家木簡と奈良朝政治史』吉川弘文館、一九九三
大山誠一『長屋王家木簡と金石文』吉川弘文館、一九九八
沖森卓也「『家伝』の述作」『藤氏家伝（注釈と研究）』吉川弘文館、一九九九
奥田尚「武智麻呂政権の経済政策」『ヒストリア』五一、一九六八
奥田尚「天平初期における日羅関係について」『日本史論集』清文堂出版、一九七五
小倉章雄「授刀舎人寮について」『続日本紀研究』二四四、一九八六
小田愛「天平七年・九年の疱瘡流行について」『東アジア世界史研究センター年報』三、二〇〇九

小田切敏雄「天平四年節度使再考」『法政史学』七〇、二〇〇八
小野寛「『風流侍従』から天平の『風流』を考える」『論集上代文学』一九、笠間書院、一九九一
小野寺静子「大伴坂上郎女」『万葉集講座』六、有精堂、一九七二
尾山篤二郎『大伴家持の研究（上）』大八洲出版、一九四八
筧敏生「藤原宮子の大夫人号について」『日本歴史』四二三、一九八三
梶川信行「日本琴の周辺」『美夫君志』三二、一九八六
金井清一「高橋虫麻呂と藤原宇合」『国文学』二三―五、一九七八 i
金井清一「詩情ある武人藤原宇合」『歴史と人物』八七、一九七八 ii
金井清一「藤原宇合年齢考」『万葉詩史の論』笠間書院、一九八四 i
金井清一「長屋王と藤原不比等」『日本文学』三三―五、一九八四 ii
兼康保明「武智麻呂伝にみる伊吹山と神観念の変化」『近江の歴史と文化』思文閣出版、一九九五
加納重文「藤原百川」『京都女子大国文』一一一、一九九二
加納宏志「初期『参議』に関する一考察」『金城紀要』一〇、一九八六
亀田隆之「藤原魚名左降事件」『関西学院創立百周年文学部記念論文集』関西学院大学、一九八九
亀田隆之「律令貴族の改名に関する覚書」『人文論究』四二―三、一九九三
亀田隆之「氷上川継事件」『奈良時代の政治と制度』吉川弘文館、二〇〇一
川崎庸之「『懐風藻』について」『文学』一九―一一、一九五一
川崎庸之「聖武天皇とその時代」『南都仏教』二、一九五五
川崎庸之「長屋王時代」『記紀万葉の世界』東京大学出版会、一九八二 i
川崎庸之「武智麻呂伝についての一つの疑問」『記紀万葉の世界』東京大学出版会、一九八二 ii

神堀忍「大伴家持と坂上大嬢」『万葉集研究』二、塙書房、一九七三
神堀忍「大伴家持と政変」『国文学』二三―五、一九七八
菊地康明「上代国司制度の一考察」『書陵部紀要』六、一九五六
岸俊男「光明立后の史的意義」『ヒストリア』二〇、一九五七
岸俊男「元明太上天皇の崩御」『日本古代史講座』一一、学生社、一九六五
岸俊男「習宜の別業」『日本古代政治史研究』塙書房、一九六六
北啓太「天平四年の節度使」『奈良平安時代史論集』上、吉川弘文館、一九八四
北野達「藤原麻呂との贈答歌」『セミナー万葉の歌人と作品』一〇、和泉書院、二〇〇四
北村進「長屋王の変と小野老」『上代文学』五〇、一九八三
北山円生「武智麻呂の『釈奠文』」『風土記研究』二五、二〇〇〇
北山茂夫「白鳳末期の諸問題」『立命館文学』九三、一九五三
北山茂夫「藤原種継事件の前後」『日本古代政治史の研究』岩波書店、一九五九
北山茂夫「風雅の大官大伴旅人」『万葉集とその世紀』中、新潮社、一九八四
木本好信「長屋王政治の一考察」『史聚』五・六、一九七七i
木本好信「授刀舎人再置に関する一考察」『続日本紀研究』一九〇、一九七七ii
木本好信「藤原久須麿と大伴家持との相聞歌」『日本歴史』四六八、一九八七
木本好信「長屋王政権の実体」『米沢史学』五、一九八九i
木本好信「長屋王と『万葉集』」『國學院雑誌』九〇―八、一九八九ii
木本好信「藤原四子体制の実体について」『山形県立米沢女子短期大学紀要』二五、一九九〇
木本好信「藤原四子体制と宇合」『古代文化』四四―一、一九九二

木本好信「長屋王の年齢」『大伴旅人・家持とその時代』おうふう、一九九三ⅰ
木本好信「正倉院文書『人々進納銭注文』と橘夫人について」『藤原仲麻呂政権の基礎的考察』高科書店、一九九三ⅱ
木本好信「乙麻呂と巨勢麻呂」『藤原仲麻呂政権の基礎的考察』高科書店、一九九三ⅲ
木本好信「武智麻呂政権の成立」『奈良朝政治と皇位継承』高科書店、一九九五ⅰ
野村忠夫氏が提唱した房前を中心とする「藤四子体制」論と、瀧浪貞子氏がこれに反論し、かつ主張した武智麻呂中心の「武智麻呂政権」論を比較検討して、「武智麻呂政権」論が妥当であることを論じ、かつ「武智麻呂政権」成立には三弟宇合の尽力が多大であり、その存在を重視すべきことを論述する。
木本好信「藤原広嗣の乱について」『奈良朝政治と皇位継承』高科書店、一九九五ⅱ
木本好信「藤原宇合」「藤原田麻呂」「藤原百川」「藤原蔵下麻呂」『藤原式家官人の考察』高科書店、一九九八
木本好信「『万葉集』巻一・七十二番歌と藤原宇合」『万葉集研究』二三、塙書房、一九九九ⅰ
木本好信「石上国盛と石上国守」『続日本紀研究』三二〇、一九九九ⅱ
木本好信「藤原真楯薨伝について」『古代文化』五七―三、二〇〇五
木本好信「『続日本紀』藤原真楯薨伝・再論」『政治経済史学』四九一、二〇〇七ⅰ
木本好信「称徳女帝の『遺宣』」『日本歴史』七〇六、二〇〇七ⅱ
木本好信「藤原四子兄弟の政治的関係」『万葉時代の人びとと政争』おうふう、二〇〇八
木本好信「藤原麻呂について（上・下）」『甲子園短期大学紀要』二八・二九、二〇一〇・二〇一一
木本好信「氷上川継事件と藤原浜成」『奈良時代の政争と皇位継承』吉川弘文館、二〇一二
久米常民「大伴坂上郎女の生涯と文学」『万葉集の文学論的研究』桜楓社、一九七〇
粂川光樹「大伴旅人と長屋王」『国文学』二三―五、一九七八

倉本一宏『奈良朝の政変劇』吉川弘文館、一九九八
胡志昂「奈良朝の『翰墨之宗』——藤原宇合論」『野鶴群芳　古代中世国文学論集』笠間書院、二〇〇二
河内祥輔『古代政治史における天皇制の論理』吉川弘文館、一九八六
小島憲之『上代日本文学と中国文学』上、塙書房、一九六二
小杉則義「奈良〜平安時代初期の大学寮の変遷」『政治経済史学』五一九、二〇一〇
古藤真平「中衛府・近衛府官員制度の再検討」『古代世界の諸相』晃洋書房、一九九三
小林真由美「『藤氏家伝』の伊吹山伝説」『藤氏家伝を読む』吉川弘文館、二〇一一
五味智英「大伴旅人序説」『万葉集大成』一〇、平凡社、一九五四
五味保義「大伴坂上郎女」『万葉集大成』一〇、平凡社、一九五四
斎藤融「藤原不比等の諱について」『史聚』二三、一九八八
栄原永遠男「藤原広嗣の乱の展開過程」『太宰府古文化論叢』上、吉川弘文館、一九八三
栄原永遠男「北大家写経所と藤原北夫人発願一切経」『律令国家の政務と儀礼』吉川弘文館、一九九五
栄原永遠男「藤原豊成」『平城京の落日』清文堂出版、二〇〇五
坂本太郎「藤原広嗣の乱とその史料」『古典と史料』吉川弘文館、一九八九
坂元義種「按察使制の研究」『ヒストリア』四四・四五、一九六六
坂元義種「鎮撫使」『国史大辞典』九、吉川弘文館、一九八八
鷺森浩幸「藤原光明子家に関する一史料」『続日本紀研究』三〇五、一九九六
笹山晴生「中衛府設置に関する類聚三代格所載勅について」『続日本紀研究』二—九、一九五五
笹山晴生「中衛府の研究」『古代学』六—三、一九五七
笹山晴生「藤原不比等」『奈良の都』吉川弘文館、一九九二

佐藤健治「藤原南家と栄山寺」『中世の杜』東北大学文学部国史学科、一九九七
佐藤信「藤原浜成とその時代」『歌経標式（注釈と研究）』桜楓社、一九九三
佐藤信「『家伝』と藤原仲麻呂」『藤氏家伝（注釈と研究）』吉川弘文館、一九九九
佐藤美知子「帥時代の旅人とその周辺」『論集日本文学・日本語』一、角川書店、一九七八
佐野絵梨「長屋王の変と政治過程」『新潟史学』五六、二〇〇六
志田諄一「長屋親王の木簡をめぐって」『常総の歴史』三、一九八九
篠川賢「武智麻呂伝の史料性について」『藤氏家伝を読む』吉川弘文館、二〇一一
新川登亀男「奈良時代の道教と仏教——長屋王の世界観」『論集日本仏教』二、雄山閣出版、一九八六
菅野雅雄「日並皇子論」『美夫君志』二三、一九七九
菅野雅雄「大伴旅人試論」『大伴氏の伝承』桜楓社、一九八八
鈴木景二「国司部内巡行と在地社会——近江守藤原武智麻呂の事例から」『神戸大学史学年報』一一、一九九六
鈴木靖民『古代対外関係史の研究』吉川弘文館、一九八五
関隆司「藤原宇合私考一〜三」『高岡市万葉歴史館紀要』一一・一四・一七、二〇〇一・二〇〇四・二〇〇七
関根淳「『長屋王の変』の構造」『歴史における史料の発見』上智大学文学部平田研究室、一九九七
関根淳「『元明期』の上層権力構造」『史聚』三五、二〇〇二
関根淳「長屋王の『誣告』記事と桓武朝の歴史認識」『日本歴史』六六七、二〇〇三
関本みや子「万葉後期贈答歌の様相——藤原麻呂・坂上郎女贈答歌群をめぐって」『上代文学』五〇、一九八三
薗田香融「『国造豊足解』をめぐる二、三の問題」『関西大学文学論集』八—四、一九五九
平あゆみ「黄文王帝位継承企謀と橘奈良麻呂の変」『政治経済史学』二八七、一九九〇
高木博「佐保楼の夢」『万葉宮廷の哀歓』東京堂出版、一九七七

高重進「長屋王事件小考」『高松大学紀要』四七、二〇〇七
高島正人「中納言・参議の新置とその意義」『立正史学』五〇、一九八一
高島正人「知太政官事の性格と補任事情」『史聚』一七、一九八三
高島正人「藤原不比等の内政策の特質」『立正大学文学部研究紀要』一、一九八五
高島正人『奈良時代諸氏族の研究』吉川弘文館、一九八九
高島正人『藤原不比等』吉川弘文館、一九九七
高島正人『奈良時代の藤原氏と朝政』吉川弘文館、一九九九
高田宗平「藤原宇合の『論語』受容」『東アジアの短詩形文学』勉誠出版、二〇一二
高野正美「『古万葉』と長屋王派」『上代文学』三七、一九七六
高橋重敏「『藤氏家伝』にみえる判事の職と藤原武智麻呂」『(大阪府下高等学校社会科研究会)社会科研究』一二、一九七〇i
高橋重敏「藤氏家伝下所引の霊亀二年五月庚寅発布詔文について」『皇學館論叢』三―三、一九七〇ii
高橋崇「按察使の制度」『歴史地理』八五―三・四、一九五五
高橋誠「『長屋王の銭貨政策』について」『日本歴史』二五六、一九六九
瀧川政次郎「授刀舎人について」『続日本紀研究』三―四、一九五六
瀧川政次郎「山陰道節度使」『国學院大学紀要』一五、一九七七
瀧浪貞子「光明子の立后とその破綻」『史窓』四一、一九八四
瀧浪貞子「武智麻呂政権の成立」『古代文化』三七―一〇、一九八五

野村忠夫氏の『律令政治の諸様相』によって通説化された房前を中心とした「藤四子体制」論について、武智麻呂が房前に比べて官位も終始先行し、経歴も武智麻呂が職事官であるのに対して房前が散位的であった

こと、武智麻呂が従二位右大臣に昇ったのに房前が正三位参議に留まっていたことなどをあげて、武智麻呂を中心とする「武智麻呂政権」論を主張する。

瀧浪貞子「参議論の再検討」『史林』六九—五、一九八六
瀧浪貞子「藤原永手と藤原百川」『日本古代宮廷社会の研究』思文閣出版、一九九一
瀧浪貞子『女性天皇』集英社、二〇〇四
竹内理三「『参議』制の成立」『律令制と貴族政権』Ⅰ、御茶の水書房、一九五八
竹尾幸子「広嗣の乱と筑紫の軍制」『古代の日本』3九州、角川書店、一九七〇
武田清美「奈良時代初期の政治と皇親」『古代史研究の課題と方法』国書刊行会、一九八九
辰巳正明『長屋王とその時代』新典社、一九九〇
辰巳正明『悲劇の宰相長屋王』講談社、一九九四
辰巳正明「行人の詩——藤原宇合」『万葉集と比較詩学』おうふう、一九九七 i
辰巳正明「狂生の詩——藤原万里」『万葉集と比較詩学』おうふう、一九九七 ii
舘野和己「長屋王と藤原氏」『摂陵』一一六、一九九一
田中多恵子「長屋王の変についての一考察」『日本歴史』二八三、一九七一
茶園麻由「藤原宇合と『幽居』の詩」『懐風藻研究』五、一九九七
柄浩司「藤原宮子大夫人称号事件について」『中央大学大学院論究』一九、一九八七
辻克実「武智麻呂と房前」『奈良史学』三、一九八五
津田潔「藤原宇合論」『漢文学会々報』二五、一九七九
角田文衛「藤原袁比良」『古代文化』六—一、一九六一
角田文衛「不比等の娘たち」『古代文化』一二—四・五、一九六四

角田文衛「天皇権力と皇親勢力」『律令国家の展開』塙書房、一九六五
角田文衛「宝亀三年の廃后廃太子事件」『律令国家の展開』法藏館、一九八五
寺崎保広『長屋王』吉川弘文館、一九九九 i
寺崎保広『長屋王家木簡と二条大路木簡』私家版、一九九九 ii
寺崎保広『古代日本の都城と木簡』吉川弘文館、二〇〇六
寺崎保広「都を震撼させた長屋王の怨霊」『木簡と都城』私家版、二〇一二
東野治之「飛鳥奈良朝の祥瑞災異思想」『日本歴史』二五九、一九六九
東野治之「玉來の詩賦」『続日本紀研究』一六七、一九七三
東野治之「北家と北宮」『日本歴史』五一二、一九九一 i
東野治之「長屋王木簡の文体と用語」『万葉集研究』一八、塙書房、一九九一 ii
東野治之「長屋王家と大伴家」『続日本紀研究』二八三、一九九二 i
東野治之「日出づる処と日没する処」『古代史を語る』朝日新聞社、一九九二 ii
東野治之「『長屋親王』考」『長屋王家木簡の研究』塙書房、一九九六
遠山美都男『彷徨の王権聖武天皇』角川書店、一九九九
遠山美都男『古代日本の女帝とキサキ』角川書店、二〇〇五
遠山美都男『古代の皇位継承』吉川弘文館、二〇〇七
土佐朋子「藤原宇合『在常陸贈倭判官留在京』詩論」『和歌比較文学』四〇、二〇〇八
土佐秀里「藤原麻呂贈歌三首の趣向」『国文学研究』一四五、二〇〇五
土橋寛『持統天皇と藤原不比等』中央公論社、一九九四
友寄隆史「節度使設置について」『立正史学』四五、一九七九

虎尾達哉『日本古代の参議制』吉川弘文館、一九九八
虎尾俊哉『班田収授法の研究』吉川弘文館、一九六一
直木孝次郎『持統天皇』吉川弘文館、一九六〇
直木孝次郎「長屋王の変について」『奈良時代史の諸問題』塙書房、一九六八
直木孝次郎「磐之媛皇后と光明皇后」『赤松俊秀教授退官記念国史論集』文功社、一九七二
直木孝次郎「古代天皇の私的兵力について」『飛鳥奈良時代の研究』塙書房、一九七五ⅰ
直木孝次郎「天平十六年の難波遷都をめぐって」『飛鳥奈良時代の研究』塙書房、一九七五ⅱ
直木孝次郎「藤原不比等」『古代日本の人間像』Ⅲ、学生社、一九八五
直木孝次郎「長屋王邸出土木簡に関する二、三の考察」『日本の宗教と文化』同朋舎、一九八九
直木孝次郎『古代を考える難波』吉川弘文館、一九九二
直木孝次郎「額田王の年齢と蒲生野遊猟」『続日本紀研究』三三一、二〇〇一
直木孝次郎「藤原武智麻呂の墓と栄山寺」『日本古代の氏族と国家』吉川弘文館、二〇〇五
中尾浩康「天平期の節度使に関する一考察」『続日本紀研究』三八八、二〇一〇
中川収「藤原良継の変」『続日本紀研究』七―二・三、一九六〇
中川収「称徳・道鏡政権下の藤原氏」『続日本紀研究』一二六、一九六五
中川収「藤原良継の境涯」『北海道私学教育研究協会研究紀要』一二、一九六七ⅰ
中川収「光仁朝の成立と井上皇后事件」『日本歴史』二二七、一九六七ⅱ
中川収「藤原四子体制とその構成上の特質」『日本歴史』三二〇、一九七五ⅰ
中川収「養老六年の多治比三宅麻呂誣告事件」『政治経済史学』一〇八、一九七五ⅱ
中川収「藤原不比等の政界進出」『政治経済史学』一二〇、一九七六

中川收「長屋王首班体制の成立とその政治」『国史学』一〇三、一九七七
中川收「左大臣藤原魚名の左降事件」『國學院雑誌』八〇―一一、一九七九
中川收「長屋王とその王子たち」『政治経済史学』三〇〇、一九九一ⅰ
中川收『奈良朝政治史の研究』高科書店、一九九一ⅱ
中川收「藤原武智麻呂と房前」『古代文化』四五―八、一九九三
中川收「続・藤原武智麻呂と房前」『政治経済史学』三四七、一九九五ⅰ
中川收「県犬養橘宿禰三千代」『日本古代の社会と政治』吉川弘文館、一九九五ⅱ
中川收「聖武天皇の皇太子」『政治経済史学』三六五、一九九六ⅰ
中川收「長屋王の変をめぐる諸問題」『日本古代の国家と祭儀』雄山閣出版、一九九六ⅱ
中川收「橘三千代と長屋王の変」『奈良平安時代史の諸相』高科書店、一九九七ⅰ
中川收「阿倍内親王の立太子」『政治経済史学』三七〇、一九九七ⅱ
中川收「長屋王の変の密告について」『政治経済史学』四〇〇、一九九九
中川收「長屋王の変の密告について（追補）」『政治経済史学』四〇三、二〇〇〇
中島治代「元正女帝の登極とその背景」『史流』二五、一九八四
中西進「長屋王の生涯とその周辺」『万葉集の比較文学的研究』桜楓社、一九六三
中西進『万葉史の研究』桜楓社、一九六八
中西康裕「藤原北家と『左大臣家』」『続日本紀研究』二八一、一九九二
中西康裕「『続日本紀』と長屋王事件」『続日本紀研究』三〇〇、一九九六
中丸貴史「吉備真備の礼学思想」『〈琴〉の文化史』勉誠出版、二〇〇九
中村光一「陸奥出羽按察使の再検討」『古代中世の政治と地域社会』雄山閣出版、一九八六

中村順昭「平城遷都と長屋王」『昭和女子大学文化史研究』一五、二〇一二
並木宏衛「長屋王伝承」『武蔵野女子大学紀要』九、一九七四
奈良国立文化財研究所『平城京長屋王邸跡』吉川弘文館、一九九六
新野直吉『日本古代地方制度の研究』吉川弘文館、一九七四
二宮正彦「内臣、内大臣考」『続日本紀研究』九―一、一九六二
丹羽明弘「大伴旅人・日本琴の意味について」『甲南大学上代文学研究』五、一九九九
野崎千佳子「天平七年・九年に流行した疫病に関する一考察」『法政史学』五三、二〇〇一
野村忠夫「内、外位制と内、外階制」『律令官人制の研究』吉川弘文館、一九六七ⅰ
野村忠夫「武智麻呂と房前」『岐阜大学研究報告・人文科学』一五、一九六七ⅱ
野村忠夫『律令政治の諸様相』塙書房、一九六八
内臣として「機要ノ事ヲ知タル」一方で、中衛大将として親衛軍を掌握、中務卿として詔勅文案の審署・覆奏、上表の受納などを職掌とする地位を握った次子房前が、凡庸で健康にめぐまれず温良さだけが取り柄の長子武智麻呂に代わって、不比等の実質的後継者として四子兄弟の中心にあったと理解して、このような政治体制を「藤四子体制」と定義づける。
野村忠夫「八世紀中葉の藤原北家――永手・真楯（八束）・御楯（千尋）」『史聚』一二、一九八〇
野村忠夫「藤原式家の政治的進出」『政治経済史学』二二八、一九八五
野村忠夫『律令政治と官人制』吉川弘文館、一九九三
野村忠夫「藤原京家」『奈良朝の政治と藤原氏』吉川弘文館、一九九五
芳賀紀雄「終焉の志――旅人の望郷歌」『京都女子大国文』七八、一九七五
橋本克彦「按察使任国について」『中央大学文学部紀要・史学科』八、一九六三

橋本達雄「赤人と長屋王」『万葉宮廷歌人の研究』笠間書院、一九七五
橋本達雄「藤原麻呂、大伴郎女の贈答歌と巻十三」『専修国文』五四、一九九四
橋本政良「『日本霊異記』説話素材考」『姫路短期大学研究報告』二三、一九七八
長谷部将司「藤原仲麻呂と『武智麻呂伝』」『藤原仲麻呂政権とその時代』岩田書院、二〇一三
服部喜美子「万葉集『梶島』考――宇合の文学」『美夫君志』一一、一九六七
早川庄八『律令国家』小学館、一九七四
早川庄八「大宝令制太政官の成立をめぐって」『史学雑誌』八八―一〇、一九七九
早川庄八「新令私記・新令説・新令問答・新令釈」『続日本紀研究』二一八、一九八一
早川万年「元正天皇の美濃行幸をめぐって」『岐阜県歴史資料館報』二〇、一九九七
林陸朗「巡察使の研究」『国史学』六八、一九五七
林陸朗「天平の廟堂と官人構成の変化」『歴史学研究』二二八、一九五九
林陸朗『光明皇后』吉川弘文館、一九六一
林陸朗「皇位継承と親衛隊」『上代政治社会の研究』吉川弘文館、一九六九 i
林陸朗「奈良朝後期宮廷の暗雲」『上代政治社会の研究』吉川弘文館、一九六九 ii
林陸朗「天平期の藤原四兄弟」『国史学』一五七、一九九五 i
林陸朗「藤原四子体制と藤原麻呂」『日本歴史』五六三、一九九五 ii
原田貞義「旅人と房前」『万葉とその伝統』桜楓社、一九八〇
原田諭「天平の節度使について」『続日本紀研究』三二一、一九九九
彦由三枝子「大納言大伴旅人の薨去と藤原四卿政権の確立過程」『政治経済史学』二八四、一九八九
平川南「鎮守府論」『東北歴史資料館研究紀要』六、一九八〇

平沢竜介「歌学書としての『歌経標式』」『歌経標式〈注釈と研究〉』桜楓社、一九九三
平野邦雄「木簡に現われた長屋王と吉備内親王」『悲劇の宰相・長屋王邸を掘る』山川出版社、一九九二
平山圭「藤原房前の内臣について」『奈良大学大学院研究年報』五、二〇〇〇
平山城児「旅人の歌〈五五五〉の製作年代について」『立教大学日本文学』一三、一九六一
平山城児「大伴旅人」『万葉集講座』六、有精堂、一九七二
廣岡義隆「万葉・新嘗会歌群考」『万葉学論攷』続群書類従完成会、一九九〇
福井俊彦『交替式の研究』吉川弘文館、一九七八
福原栄太郎「藤原朝臣不比等の登場」『続日本紀の時代』塙書房、一九九四
福原栄太郎「天平九年の疫病流行とその政治的影響について」『神戸山手大学環境文化研究所紀要』四、二〇〇〇
古沢未知男「淡等謹状〈万葉〉と琴賦〈文選〉」『国語と国文学』三六―五、一九五九
堀江潔「奈良時代における『皇嗣』と皇太子制」『日本歴史』六〇九、一九九九
本間満「藤原武智麻呂の皇太子傅について」『日本私学教育研究所紀要・教科篇』三八―二、二〇〇二
真下厚「万葉贈答歌群のダイナミズム――藤原麻呂・大伴坂上郎女贈答歌群をめぐって」『国語と国文学』七五―五、一九九八
増尾伸一郎「〈君が手馴れの琴〉考」『史潮』新二九、一九九一
増尾伸一郎「神仙の幽り居める境――常世国としての常陸と藤原宇合」『古代東国と常陸風土記』雄山閣出版、一九九九
増尾伸一郎「『藤氏家伝』の成立と『懐風藻』」『藤氏家伝を読む』吉川弘文館、二〇一一
俣野好治「藤原永手」『平城京の落日』清文堂出版、二〇〇五
町田一也「『藤原四家』をめぐる諸問題」『北海学園大学大学院文学研究科年報・新人文学』四、二〇〇七

松浦友久「藤原宇合『棗賦』と素材源としての類書の利用について」『早稲田大学国文学研究』二七、一九六三
松尾光『天平政治と争乱』笠間書院、一九九五
松本肇「多治比三宅麻呂事件について」『上智史学』一八、一九七三
黛弘道「『日本書紀』と藤原不比等」『律令国家成立史の研究』吉川弘文館、一九八二
水口幹記「藤原朝臣麻呂の祥瑞関与」『早稲田大学大学院文学研究科紀要』四、一九九六
南谷美保「『続日本紀』に見る唐楽演奏の記録と礼楽思想の受容について」『四天王寺国際仏教大学紀要』四三、二〇〇六
宮川久「養老律令施行と『告密』」『立教日本史論集』六、一九九五
村瀬憲夫「藤原宇合と古集」『国語国文学論集』名古屋大学国語国文学学会、一九七三
村瀬憲夫「藤原宇合と高市黒人」『美夫君志』二一、一九七七
村山出「大伴淡等謹状」『上代文学の諸相』塙書房、一九九三
本川清裕「天平三年八月の参議推挙の実相」『古代史の研究』九、一九九三
桃裕行『上代学制の研究』吉川弘文館、一九八三
森公章「長屋王家木簡・長屋王邸関連論文目録（稿）」『続日本紀研究』三〇四、一九九六
森公章『長屋王家木簡の基礎的研究』吉川弘文館、二〇〇〇
森公章『奈良貴族の時代史』講談社、二〇〇九
森公章「長屋王家」『歴史読本』五六―一〇、二〇一一
森公章『古代豪族と武士の誕生』吉川弘文館、二〇一三
森田悌「『続日本紀』の編纂過程」『日本歴史』四三〇、一九八四
森田悌「北家牒にみえる家令」『古代国家と万葉集』新人物往来社、一九九一

森田悌「長屋王の治政」『金沢大学教育学部教科教育研究』二九、一九九三
森田悌『長屋王の謎』河出書房新社、一九九四
森田悌「天平元年二月紀の『長屋王宅』」『続日本紀研究』三二四、二〇〇〇
森田悌『王朝政治と在地社会』吉川弘文館、二〇〇五
八木充「藤原広嗣の叛乱」『山口大学文学会志』一一―二、一九六〇
八木充「『長屋王家木簡』と皇親家令所」『日本史研究』三五三、一九九二
矢嶋泉「『家伝』の資料性」『藤氏家伝（注釈と研究）』吉川弘文館、一九九九
山縣明人「天平元年段階における政治権力構造について」『政治経済史学』二八四、一九八九
山口博「藤原浜成論（上・下）」『古代文化』二七―一二・二八―一、一九七五・一九七六
山下信一郎『日本古代の国家と給与制』吉川弘文館、二〇一二
山田英雄「奈良時代における律の適用」『日本古代史攷』岩波書店、一九八七
山野清二郎「藤原武智麻呂小考」『埼玉大学紀要・人文科学篇』二四、一九七五
山本信吉「内臣考」『国學院雑誌』六二―九、一九六一
山本幸男「藤原良継・百川」『平城京の落日』清文堂出版、二〇〇五
楊樹藩『唐代政制史』正中書局、一九六七
横田健一『道鏡』吉川弘文館、一九五九
横田健一「家伝武智麻呂伝研究序説」『関西大学東西学術研究所論叢』五六、一九六二
横田健一「天平十二年広嗣の乱の一考察」『白鳳天平の世界』創元社、一九七三
横田健一「古代女帝の参謀たち――特に元明天皇時代後半期の藤原房前」『講座飛鳥の歴史と文学』二、駸々堂出版、一九八一

横田健一「大伴旅人と藤原房前の往復書簡」『郵政考古紀要』二四、一九九七
吉井巌「高市皇子と長屋王」『古代日本の人間像』Ⅲ、学生社、一九八五
義江明子『県犬養橘三千代』吉川弘文館、二〇〇九
吉川敏子「律令貴族と功封」『日本史研究』三八七、一九九四
吉川敏子「仲麻呂政権と藤原永手・八束（真楯）・千尋（御楯）」『続日本紀研究』二九四、一九九五
吉川敏子「奈良時代の内臣」『日本国家の史的特質・古代中世』思文閣出版、一九九七
吉川敏子「藤原宇合と藤原刷雄」『律令貴族成立史の研究』塙書房、二〇〇六
吉川敏子「女帝と皇位継承」『史聚』四一、二〇〇八
吉田孝「律令国家の諸段階」『律令国家と古代の社会』岩波書店、一九八三
米沢康「穂積朝臣老の境涯」『論集日本人の生活と信仰』同朋舎、一九七九
利光三津夫「藤原宇合と大和長岡」『法学研究』四〇―四、一九六七
龍前佳子「藤原宮子の称号問題について」『裁判と法の歴史的展開』敬文堂、一九九二
渡辺晃宏「二条大路木簡と皇后宮」『平城京長屋王邸跡・本文編』吉川弘文館、一九九六
渡辺晃宏『平城京と木簡の世紀』講談社、二〇〇一
渡部育子「奈良朝における国司監察制度について」『続日本紀研究』一八八、一九七六
渡部育子「『続日本紀』天平九年正月丙申条・四月戊午条管見」『続日本紀研究』三〇〇、一九九六
渡部育子『元明天皇・元正天皇』ミネルヴァ書房、二〇一〇
渡部育子「藤原仲麻呂の東北経営と藤原朝獦」『藤原仲麻呂政権とその時代』岩田書院、二〇一三
渡辺久美「藤氏の四家」『史窓』三二、一九七五

おわりに

本書では、多くのところで野村忠夫氏の『律令政治の諸様相』（塙書房、一九六八）を参考にし、また論述を進めるにあたっての検討材料に用い、さらに反論を加えている。これは野村氏の成果が「藤原四子」に関するはじめての本格的な成果であったからである。

しかし、それだけではない。野村氏の該書が公刊されてから四〇年余もたった今、そのあいだに瀧浪貞子氏をはじめとする野村氏の所説に訂正を迫る論考も発表されてきているが、いまだ野村説に拘泥されて、その後の研究成果が十分に敷衍されていない状況にあるのに加えて、最近になって該書が復刊されたという現況を考慮すれば、これについて四〇年余の研究成果に立脚してしかるべき検討と反論が必要とも考えたからである。

つまり長屋王の変における「藤原四子」の政治的な立場、ことに房前の立場をめぐっては異論があって、大別すると、四子が一致協力したとする見解に対して、房前は長屋王の政治路線に協調して、武智麻呂らと乖離していたと理解する二説があり、本書では後者の立場で詳しく論述してきた。そして、長屋王を打倒したことによって成立した政権の実態についても、上述の二説の延長線上として、房前が政権の中枢にあったとの見解に対して、房前は武智麻呂を中心とする政権から一線を画した存在であったと理解する二説があるが、これについても後者を主張している。これらのことについても留意してご味読いただくことをお願いする。

ところで、「藤原四子」を叙述するにあたっては、武智麻呂のように『武智麻呂伝』に、「其の性は温良にして、其の心貞しく固し。礼に非ずは履《ふ》まず、義に非ずは領《おさ》めず、毎《つね》に恬惔《てんたん》を好みて、遠く憒閙《かいどう》を謝《さ》る」、つまり穏やかで素直、正義感があり、礼・義を尊び、無欲で落ち着きがある。そして些細なことは気にしないし、有様は暢びやかとあるように、その性格が明記されている場合は比較的イメージしやすい。もちろん、『武智麻呂伝』には仲麻呂による大幅な修飾があるから吟味が必要ではある。

伝記はないが、宇合のように『尊卑分脈』の「藤氏大祖伝」に、「器宇は弘雅にして、風範は凝深なり。博く墳典を覧じて、才は文武を兼ぬ。軍国の務めを経営すると雖も、特に心を文藻に留む。天平の際、独り翰墨の宗たりて、集二巻有ると猶伝ふなり」と度量は弘雅で、中国古典に通じて文武に才能があった、麻呂のように「人となりは恵弁にして多く能く文を属《つく》る。才は世に出ると雖も、琴酒に沈湎《ちんめん》す。常に談りて云はく、上には聖主有りて、下には賢臣有り。僕のごときは何を為さむや。なお琴酒を事とするのみ」と性格は恵弁で文才もあるが、飲酒にふけったなどと甍伝のようなものがみえていて、ずいぶんと参考になるのもある。しかし、房前については事績のみで性格をうかがわせるようなこれに類するものがみえない。
けれども、伝や薨伝的なものだけでは武智麻呂らの実像は詳しくはわからないし、房前についてはもちろんその人物像の把握はむずかしい。本書の叙述にあたっては、「藤原四子」時代の歴史的背景、ことに政治的な背景をふまえながら、「藤原四子」の動向に焦点をあてつつ、より具体像についてと配慮・留意したつもりである。このことが読者諸賢に伝わることを祈念して拙い筆を擱くことにするが、最後に本書『藤原四子』の公刊にあたっては、編集を担当してくださった堀川健太郎・岩崎奈菜両氏のご高配を賜った。堀川氏からは表紙のことをはじめ、多くのことでアドバイスをいただいたことに感謝し、心よりお礼を申し上げたいと思う。

二〇一三年二月

木本好信

藤原四子略年譜

元号	西暦	武智麻呂		房前		宇合		麻呂		一般事項
		関係事項								
天武九	六八〇	1	4月大原第で誕生							
一〇	六八一	2		1	誕生					2月草壁立太子
持統八	六九四	15		14		1	誕生			12月藤原宮遷都
九	六九五	16		15		2		1	誕生	
大宝元	七〇一	22	正六位上、内舎人	21		8		7		8月大宝律令撰定
二	七〇二	23	正月中判事	22		9		8		12月持統天皇没
三	七〇三	24	4月中判事を辞す	23	正月正六位下、東海道巡察使	10		9		閏4月右大臣阿倍御主人没
慶雲元	七〇四	25	3月大学助	24		11		10		
二	七〇五	26	12月従五位下	25	12月従五位下	12		11		5月刑部親王没
三	七〇六	27	7月大学頭	26		13		12		

	四	七〇七	28		27	10月造山陵司	14		13	7月元明天皇即位
和銅	元	七〇八	29	3月図書頭兼侍従	28		15		14	12月平城地鎮祭
	二	七〇九	30		29	9月東海・東山道巡察使	16		15	
	四	七一一	32	4月従五位上	31	4月従五位上	18		17	
	五	七一二	33	6月近江守	32		19		18	正月古事記完成、9月出羽国建つ
	六	七一三	34	正月従四位下	33		20		19	
霊亀	元	七一五	36	正月従四位上	35	正月従四位下	22		21	9月元正天皇即位
	二	七一六	37	10月式部大輔	36		23	8月正六位下、従五位下、遣唐副使	22	4月和泉監設置
養老	元	七一七	38		37	10月参議朝政	24		23	11月正六位下、従五位下、美濃介在任	3月左大臣石上麻呂没、9月元正天皇美濃国行幸
	二	七一八	39	9月式部卿	38		25	12月唐より帰	24		

							国、正五位下			
三	七一九	40	正月首皇太子を賛引、正四位下、7月東宮傅	39	正月従四位上	26	正月正五位上、常陸守、7月按察使	25		7月按察使設置
五	七二一	42	正月従三位、中納言、3月帯刀資人を賜わる。9月造宮卿、12月御装束事	41	正月従三位、10月内臣	28	正月正四位上	27	正月従四位上、6月左右京大夫	正月長屋王右大臣、12月元明太上天皇没
六	七二二	43		42	2月授刀頭在任	29		28		
神亀元	七二四	45	2月正三位、知造宮事	44	2月正三位	31	4月持節大将軍、式部卿在任、11月征夷持節大使	30		2月聖武天皇即位、長屋王左大臣、3月藤原宮子称号事件
二	七二五	46		45		32	閏正月従三位、勲二等	31		
三	七二六	47		46	近江・若狭按察使在任ヵ	33	10月知造難波宮事	32	正月正四位上、9月播磨国行幸装束司	

五	七二八	49	7月播磨守、按察使兼任	48		35		34		7月中衛府新置、9月皇太子没
天平元	七二九	50	2月長屋王を窮問、3月大納言	49	9月中務卿、10月中衛大将在任	36	2月六衛の兵を率いて長屋王宅を囲む	35	3月従三位、8月京職大夫在任	2月長屋王の変、8月光明子立后
三	七三一	52	9月大宰帥	51		38	8月参議、11月畿内副惣管	37	8月参議、兵部卿在任、11月山陰道鎮撫使	7月大伴旅人没、11月畿内惣管・鎮撫使創設
四	七三二	53		52	8月東海・東山道節度使	39	3月知造難波宮事により物を賜わる、8月西海道節度使	38		2月阿倍広庭没、8月節度使任命
五	七三三	54	12月県犬養橘三千代への贈位使	53		40	12月県犬養橘三千代への贈位使	39		正月県犬養橘三千代没、4月遣唐使進発
六	七三四	55	正月従二位、右大臣	54		41	正月正三位	40		4月節度使停止、11月遣唐使帰国
八	七三六	57		56	11月民部卿在任	43		42		11月葛城王ら橘

					任					賜姓
九	七三七	58	7月正一位、左大臣、左京私第で没、8月佐保山で火葬	57	4月正三位、参議民部卿で没、10月贈正一位、左大臣	44	8月正三位、参議式部卿大宰帥で没	43	正月陸奥持節大使、7月従三位、参議兵部卿で没	9月私出挙禁止・防人停止
天平宝字四	七六〇		8月贈太政大臣		8月贈太政大臣					正月藤原仲麻呂大師、6月光明太皇太后没

主要人名索引

（系譜・表を除く）

あ　行

か　行

さ 行

た 行

な　行

は　行

ま　行

や　行

ら・わ行

《著者紹介》

木本好信（きもと・よしのぶ）

1950年　兵庫県生まれ。
1978年　駒澤大学大学院人文科学研究科日本史学専攻博士後期課程満期退学。
2003年　博士（学術）。
現　在　前甲子園短期大学学長。
著　書　『江記逸文集成』国書刊行会，1985年。
『平安朝日記と逸文の研究』桜楓社，1987年。
『奈良朝典籍所載仏書解説索引』国書刊行会，1989年。
『大伴旅人・家持とその時代』桜楓社，1993年。
『藤原仲麻呂政権の基礎的考察』高科書店，1993年。
『奈良朝政治と皇位継承』高科書店，1995年。
『藤原式家官人の考察』高科書店，1998年。
『平安朝官人と記録の研究』おうふう，2000年。
『律令貴族と政争』塙書房，2001年。
『奈良時代の人びとと政争』おうふう，2003年。
『奈良時代の藤原氏と諸氏族』おうふう，2004年。
『万葉時代の人びとと政争』おうふう，2008年。
『藤原仲麻呂』ミネルヴァ書房，2011年。
『奈良時代の政争と皇位継承』吉川弘文館，2012年ほか。

ミネルヴァ日本評伝選
藤《ふじ》原《わらの》四《よん》子《し》
――国家を鎮安す――

2013年5月10日　初版第1刷発行　〈検印省略〉

定価はカバーに
表示しています

著　者　木　本　好　信
発行者　杉　田　啓　三
印刷者　江　戸　宏　介

発行所　株式会社　ミネルヴァ書房
607-8494 京都市山科区日ノ岡堤谷町1
電話代表（075）581-5191
振替口座 01020-0-8076

共同印刷工業・新生製本

ISBN978-4-623-06652-0
Printed in Japan

刊行のことば

歴史を動かすものは人間であり、興趣に富んだ人間の動きを通じて、世の移り変わりを考えるのは、歴史に接する醍醐味である。

しかし過去の歴史学を顧みるとき、人間不在という批判さえ見られたように、歴史における人間のすがたが、必ずしも十分に描かれてきたとはいえない。二十一世紀を迎えた今、歴史の中の人物像を蘇生させようとの要請はいよいよ強く、またそのための条件もしだいに熟してきている。

この「ミネルヴァ日本評伝選」は、正確な史実に基づいて書かれるのはいうまでもないが、単に経歴の羅列にとどまらず、歴史を動かしてきたすぐれた個性をいきいきとよみがえらせたいと考える。そのためには、対象とした人物とじっくりと対話し、ときにはきびしく対決していくことも必要になるだろう。

今日の歴史学が直面している困難の一つに、研究の過度の細分化、瑣末化が挙げられる。それは緻密さを求めるが故に陥った弊害といえるが、その結果として、歴史の大きな見通しが失われ、歴史学を通しての社会への働きかけの途が閉ざされ、人々の歴史への関心を弱める危険性がある。今こそ歴史が何のためにあるのかという、基本的な課題に応える必要があろう。評伝という興味ある方法を通じて、解決の手がかりを見出せないだろうかというのも、この企画の一つのねらいである。

狭義の歴史学の研究者だけでなく、多くの分野ですぐれた業績をあげている著者たちを迎えて、従来見られなかった規模の大きな人物史の叢書として、「ミネルヴァ日本評伝選」の刊行を開始したい。

平成十五年（二〇〇三）九月

ミネルヴァ書房

ミネルヴァ日本評伝選

上代

- *俾弥呼　古田武彦
- 日本武尊　西宮秀紀
- 仁徳天皇　若井敏明
- 雄略天皇　吉村武彦
- *蘇我氏四代　遠山美都男
- 推古天皇　義江明子
- 聖徳太子　仁藤敦史
- 斉明天皇　武田佐知子
- 小野妹子・毛人　大橋信弥
- *額田王　梶川信行
- 弘文天皇　遠山美都男
- 天武天皇　新川登亀男
- 持統天皇　丸山裕美子
- 阿倍比羅夫　熊田亮介
- *藤原四子　木本好信
- 柿本人麻呂　古橋信孝
- *元明天皇・元正天皇　渡部育子
- 聖武天皇　本郷真紹
- 光明皇后　寺崎保広
- 孝謙天皇　勝浦令子
- 藤原不比等　荒木敏夫
- 吉備真備　今津勝紀
- *藤原仲麻呂　木本好信
- 道　鏡　吉川真司
- 大伴家持　和田　萃
- *行　基　吉田靖雄

平安

- *桓武天皇　井上満郎
- 嵯峨天皇　西別府元日
- 宇多天皇　古藤真平
- 醍醐天皇　石上英一
- 村上天皇　京樂真帆子
- 花山天皇　上島　享
- *三条天皇　倉本一宏
- 藤原薬子　中野渡俊治
- 小野小町　錦　仁
- 藤原良房・基経　瀧浪貞子
- 菅原道真　竹居明男
- *紀貫之　神田龍身
- 源高明　所　功
- *安倍晴明　斎藤英喜
- 藤原実資　橋本義則
- *藤原道長　朧谷　寿
- 藤原伊周・隆家　倉本一宏
- 藤原定子　山本淳子
- 清少納言　後藤祥子
- 紫式部　竹西寛子
- 和泉式部　ツベタナ・クリステワ
- 大江匡房　小峯和明
- 阿弖流為　樋口知志
- 坂上田村麻呂　熊谷公男
- *源満仲・頼光　元木泰雄
- 平将門　西山良平
- 藤原純友　寺内　浩
- 空　海　頼富本宏
- 最　澄　吉田一彦
- *空　也　石井義長
- 奝　然　上川通夫
- *源　信　小原　仁
- 後白河天皇　美川　圭
- 式子内親王　奥野陽子
- 建礼門院　生形貴重
- 藤原秀衡　入間田宣夫
- 平時子・時忠　元木泰雄
- 平維盛　根井　浄
- 守覚法親王　阿部泰郎
- 藤原隆信・信実　山本陽子

鎌倉

- 源頼朝　川合　康
- *源義経　近藤好和
- 源実朝　神田龍身
- 後鳥羽天皇　五味文彦
- 九条兼実　村井康彦
- 九条道家　上横手雅敬
- 北条時政　野口　実
- 熊谷直実　佐伯真一
- *北条政子　関　幸彦
- 北条義時　岡田清一
- 曾我十郎・五郎　杉橋隆夫
- 北条時宗　近藤成一
- 安達泰盛　山陰加春夫
- 平頼綱　細川重男
- 竹崎季長　堀本一繁
- 西　行　光田和伸
- 藤原定家　赤瀬信吾
- *京極為兼　今谷　明

*兼好　島内裕子
重源　横内裕人
*運慶　根立研介
快慶　井上一稔
法然　今堀太逸
慈円　大隅和雄
明恵　西山　厚
親鸞　末木文美士
恵信尼・覚信尼　西口順子
覚如　今井雅晴
道元　船岡　誠
叡尊　細川涼一
*忍性　松尾剛次
*日蓮　佐藤弘夫
一遍　蒲池勢至
夢窓疎石　田中博美
*宗峰妙超　竹貫元勝

南北朝・室町

後醍醐天皇　上横手雅敬
護良親王　新井孝重
*赤松氏五代　渡邊大門
*北畠親房　岡野友彦
楠正成　兵藤裕己
*新田義貞　山本隆志
光厳天皇　深津睦夫
足利尊氏　市沢　哲
佐々木道誉　下坂　守
円観・文観　田中貴子
足利義詮　早島大祐
足利義満　川嶋将生
足利義持　吉田賢司
足利義教　横井　清
大内義弘　平瀬直樹
伏見宮貞成親王　松薗　斉
山名宗全　山本隆志
日野富子　脇田晴子
世阿弥　西野春雄
雪舟等楊　河合正朝
宗祇　鶴崎裕雄
*満済　森　茂暁
一休宗純　原田正俊
蓮如　岡村喜史

戦国・織豊

北条早雲　家永遵嗣
毛利元就　岸田裕之
毛利輝元　光成準治
*今川義元　小和田哲男
*武田信玄　笹本正治
*武田勝頼　笹本正治
*真田氏三代　笹本正治
三好長慶　天野忠幸
*宇喜多直家・秀家　渡邊大門
*上杉謙信　矢田俊文
島津義久・義弘　福島金治
長宗我部元親・盛親　平井上総
吉田兼倶　西山　克
山科言継　松薗　斉
*雪村周継　赤澤英二
織田信長　三鬼清一郎
豊臣秀吉　藤井譲治
*北政所おね　田端泰子
*淀殿　福田千鶴
前田利家　東四柳史明
*黒田如水　小和田哲男
*蒲生氏郷　藤田達生
*細川ガラシャ　田端泰子
伊達政宗　伊藤喜良
*支倉常長　田中英道
ルイス・フロイス　エンゲルベルト・ヨリッセン
*長谷川等伯　宮島新一
顕如　神田千里

江戸

徳川家康　笠谷和比古
徳川家光　野村　玄
徳川吉宗　横田冬彦
*後水尾天皇　久保貴子
光格天皇　藤田　覚
崇伝　杣田善雄
春日局　福田千鶴
*池田光政　倉地克直
シャクシャイン　岩崎奈緒子
*田沼意次　藤田　覚
*二宮尊徳　小林惟司
末次平蔵　岡美穂子
*高田屋嘉兵衛　生田美智子
*林羅山　鈴木健一
吉野太夫　渡辺憲司
中江藤樹　辻本雅史
山崎闇斎　澤井啓一
山鹿素行　前田　勉
*北村季吟　島内景二
貝原益軒　辻本雅史
松尾芭蕉　楠元六男
*ケンペル　B・M・ボダルト＝ベイリー
荻生徂徠　柴田　純
*雨森芳洲　上田正昭
石田梅岩　高野秀晴
前野良沢　松田　清
平賀源内　石上　敏
本居宣長　田尻祐一郎
杉田玄白　吉田　忠
上田秋成　佐藤深雪
木村蒹葭堂　有坂道子
*大田南畝　沓掛良彦
菅江真澄　赤坂憲雄
*鶴屋南北　諏訪春雄
良寛　阿部龍一
*山東京伝　佐藤至子
*滝沢馬琴　高田　衛
平田篤胤　山下久夫
シーボルト　宮坂正英
本阿弥光悦　岡　佳子
小堀遠州　中村利則
狩野探幽・山雪　山下善也
尾形光琳・乾山　河野元昭
*二代目市川團十郎　田口章子
与謝蕪村　佐々木丞平
伊藤若冲　狩野博幸
鈴木春信　小林　忠
円山応挙　佐々木正子
*佐竹曙山　成瀬不二雄
葛飾北斎　岸　文和
酒井抱一　玉蟲敏子

孝明天皇　青山忠正
＊和宮　辻ミチ子
徳川慶喜　大庭邦彦
島津斉彬　原口泉
＊古賀謹一郎　小野寺龍太
＊栗本鋤雲　小野寺龍太
西郷隆盛　家近良樹
＊塚本明毅　塚本学
＊月性　海原徹
＊吉田松陰　海原徹
＊高杉晋作　海原徹
ペリー　遠藤泰生
オールコック　佐野真由子
アーネスト・サトウ　奈良岡聰智
緒方洪庵　米田該典
冷泉為恭　中部義隆

近代

＊明治天皇　伊藤之雄
＊大正天皇　F・R・ディキンソン
＊昭憲皇太后・貞明皇后　小田部雄次
大久保利通　三谷太一郎
山県有朋　鳥海靖
木戸孝允　落合弘樹
井上馨　伊藤之雄
＊松方正義　室山義正
北垣国道　小林丈広
板垣退助　小川原正道
長与専斎　笠原英彦
大隈重信　五百旗頭薫
伊藤博文　坂本一登
井上毅　大石眞
井上勝　老川慶喜
＊桂太郎　小林道彦
渡辺洪基　瀧井一博
＊乃木希典　佐々木英昭
林董　君塚直隆
＊児玉源太郎　小林道彦
＊高宗・閔妃　木村幹
山本権兵衛　室山義正
高橋是清　鈴木俊夫
小村寿太郎　簑原俊洋
＊犬養毅　小林惟司
加藤高明　櫻井良樹
加藤友三郎・寛治　麻田貞雄
牧野伸顕　小宮一夫
田中義一　黒沢文貴
内田康哉　高橋勝浩
石井菊次郎　廣部泉
平沼騏一郎　堀田慎一郎
宇垣一成　北岡伸一
宮崎滔天　榎本泰子
＊浜口雄幸　川田稔
幣原喜重郎　西田敏宏
関一　玉井金五
水野広徳　片山慶隆
広田弘毅　井上寿一
安重根　上垣外憲一
＊グルー　廣部泉
＊永田鉄山　森靖夫
東條英機　牛村圭
今村均　前田雅之
蔣介石　劉岸偉
石原莞爾　山室信一
木戸幸一　波多野澄雄
＊岩崎弥太郎　武田晴人
伊藤忠兵衛　末永國紀
五代友厚　田付茉莉子
大倉喜八郎　村上勝彦
＊安田善次郎　由井常彦
渋沢栄一　武田晴人
益田孝　鈴木邦夫
山辺丈夫　宮本又郎
武藤山治　阿部武司・桑原哲也
西原亀三　森川正則
小林一三　橋爪紳也
大倉恒吉　石川健次郎
大原孫三郎　猪木武徳
＊河竹黙阿弥　今尾哲也
イザベラ・バード　加納孝代
＊林忠正　木々康子
＊森鷗外　小堀桂一郎
二葉亭四迷　ヨコタ村上孝之
夏目漱石　佐々木英昭
巌谷小波　千葉信胤
樋口一葉　佐伯順子
＊島崎藤村　十川信介
泉鏡花　東郷克美
有島武郎　亀井俊介
永井荷風　川本三郎
北原白秋　平石典子
菊池寛　山本芳明
宮澤賢治　千葉一幹
正岡子規　夏石番矢
高浜虚子　坪内稔典
与謝野晶子　佐伯順子
＊種田山頭火　村上護
＊斎藤茂吉　品田悦一
＊高村光太郎　湯原かの子
萩原朔太郎　エリス俊子
＊原阿佐緒　秋山佐和子
＊狩野芳崖・高橋由一　古田亮
竹内栖鳳　北澤憲昭
黒田清輝　高階秀爾
中村不折　石川九楊
横山大観　高階秀爾
＊橋本関雪　西原大輔
小出楢重　芳賀徹
土田麦僊　天野一夫
岸田劉生　北澤憲昭
松旭斎天勝　川添裕
中山みき　鎌田東二
佐田介石　谷川穣
ニコライ　中村健之介
出口なお・王仁三郎　川村邦光
島地黙雷　阪本是丸
＊新島襄　太田雄三
木下広次　冨岡勝
嘉納治五郎　クリストファー・スピルマン
柏木義円　片野真佐子
津田梅子　田中智子
＊澤柳政太郎　新田義之
河口慧海　高山龍三

山室軍平　室田保夫
大谷光瑞　白須淨眞
*久米邦武　高田誠二
フェノロサ　伊藤　豊
三宅雪嶺　長妻三佐雄
*岡倉天心　木下長宏
志賀重昂　中野目徹
徳富蘇峰　杉原志啓
竹越與三郎　西田　毅
内藤湖南・桑原隲蔵　礪波　護
岩村　透　今橋映子
*西田幾多郎　大橋良介
金沢庄三郎　石川遼子
上田　敏　及川　茂
柳田国男　鶴見太郎
厨川白村　張　競
天野貞祐　貝塚茂樹
大川周明　山内昌之
西田直二郎　林　淳
折口信夫　斎藤英喜
九鬼周造　粕谷一希
辰野　隆　金沢公子
シュタイン　瀧井一博
*西　周　清水多吉
*福澤諭吉　平山　洋
福地桜痴　山田俊治
田口卯吉　鈴木栄樹

*陸　羯南　松田宏一郎
黒岩涙香　奥　武則
*吉野作造　田澤晴子
野間清治　佐藤卓己
山川　均　米原　謙
岩波茂雄　十重田裕一
*北　一輝　岡本幸治
*穂積重遠　大村敦志
中野正剛　吉田則昭
満川亀太郎　福家崇洋
*北里柴三郎　福田眞人
高峰譲吉　木村昌人
田辺朔郎　秋元せき
*南方熊楠　飯倉照平
寺田寅彦　金森　修
石原　純　金子　務
J・コンドル　鈴木博之
辰野金吾　河上眞理・清水重敦
*七代目小川治兵衛　尼崎博正
ブルーノ・タウト　北村昌史

現代

昭和天皇　御厨　貴
高松宮宣仁親王　後藤致人
*李方子　小田部雄次
吉田　茂　中西　寛
マッカーサー　柴山　太
石橋湛山　増田　弘
重光　葵　武田知己
市川房枝　村井良太
*池田勇人　藤井信幸
高野　実　篠田　徹
和田博雄　庄司俊作
朴正熙　木村　幹
竹下　登　真渕　勝
*松永安左エ門　橘川武郎
鮎川義介　井口治夫
*出光佐三　橘川武郎
松下幸之助　米倉誠一郎
渋沢敬三　井上　潤
*本田宗一郎　伊丹敬之
井深　大　武田　徹
*佐治敬三　小玉　武
幸田家の人々　金井景子
*正宗白鳥　大嶋　仁
大佛次郎　福島行一

*川端康成　大久保喬樹
*薩摩治郎八　小林　茂
松本清張　杉原志啓
安部公房　鳥羽耕史
*三島由紀夫　島内景二
井上ひさし　成田龍一
R・H・ブライス　菅原克也
金素雲　林　容澤
柳　宗悦　熊倉功夫
バーナード・リーチ　鈴木禎宏
イサム・ノグチ　酒井忠康
川端龍子　岡部昌幸
藤田嗣治　林　洋子
*井上有一　海上雅臣
*手塚治虫　竹内オサム
山田耕筰　後藤暢子
古賀政男　藍川由美
*吉田　正　金子　勇
武満　徹　船山　隆
*力道山　岡村正史
*西田天香　宮田昌明
安倍能成　中根隆行
サンソム夫妻　平川祐弘・牧野陽子
和辻哲郎　小坂国継

矢代幸雄　稲賀繁美
石田幹之助　岡本さえ
*平泉　澄　若井敏明
安岡正篤　片山杜秀
島田謹二　小林信行
前嶋信次　杉田英明
保田與重郎　谷崎昭男
*福田恆存　川久保剛
井筒俊彦　安藤礼二
佐々木惣一　松尾尊兊
*瀧川幸辰　伊藤孝夫
矢内原忠雄　等松春夫
福本和夫　伊藤　晃
*フランク・ロイド・ライト　大久保美春
大宅壮一　有馬　学
今西錦司　山極寿一

*は既刊
二〇一三年五月現在